Stanley M. Davis ist ein namhafter Unternehmensberater, Schriftsteller und Redner. Er war über ein Jahrzehnt Professor an der Harvard Business School und hat außerdem an den Universitäten von Columbia und Boston gelehrt. Er lebt und arbeitet in Boston, Massachusetts.

William H. Davidson studierte Betriebswirtschaft in Harvard und promovierte dort. Er ist Autor vieler Bücher und Gründer der Firma Management Education Services Associates für Managemententwicklung und -beratung. Außerdem lehrt er an der University of Southern California. Er lebt mit seiner Frau und drei Söhnen in Palos Verdes, Kalifornien.

Dieses Buch wurde auf chlor- und säurefreiem Papier gedruckt.

Vollständige Taschenbuchausgabe Januar 1995
Droemersche Verlagsanstalt Th. Knaur Nachf., München

Titel der Originalausgabe „2020 Vision"
Einzig berechtigte Übersetzung aus dem Amerikanischen
von Dr. Mara Huber
Umschlaggestaltung Schlotterer & Partner, München
Druck und Bindung Elsnerdruck, Berlin
Printed in Germany
ISBN 3-426-79000-9

5 4 3 2 1

Stanley M. Davis
William H. Davidson

Vision 2020

Wie Unternehmen
die Zukunft gestalten

Knaur

Für Bobbi Davis,
ihre Ästhetik, Bildung und Stärke

Inhalt

Die Kapitel-Symbole

Weil wir durch Bilder ebenso wie durch Worte lernen, hat jedes Kapitel in *VISION 2020* ein graphisches oder visuelles Symbol, das den Schlüsselbegriff und das wichtigste Thema des Kapitels darstellt. Information ist der Kern der heutigen Wirtschaft, und jedes Symbol ist auch eine visuelle Entsprechung eines starken Einflusses, den die Information auf alle Unternehmen und ihre Organisationen hat.

Von Träumen der Zukunft bin ich mehr fasziniert als von der Geschichte der Vergangenheit.

Thomas Jefferson

Kapitel 1
Gerade ausgewachsen, aber noch nicht reif

In unserer Wirtschaft tritt Information in vier Formen und vier Funktionen auf – dargestellt durch das in sich verschachtelte Gitter, – die in Verbindungen von zunehmender Komplexität und Differenziertheit jeden Aspekt der heutigen Firmen verändern.

Zum erstenmal geschieht es oft unter der Dusche. Man sieht sich im Badezimmerspiegel und bemerkt unwillkürlich, was die Zeit angerichtet hat. Irgendwo in der Mitte des Lebens denkt man nicht mehr, wie alt man ist, sondern beginnt, sich zu fragen, wie viele Jahre man noch hat.

Wo und wann immer dies auch geschieht: Gewöhnlich ändern wir dann unsere Lebensweise, und das bedeutet etwas. Wenn uns zutiefst bewußt ist, daß unser Leben endlich ist, sind wir oft toleranter bei Kleinigkeiten und konzentrieren uns auf das, was uns am wichtigsten ist. Auch Volkswirtschaften erreichen eine Mitte ihres Lebens, und ein klares Bewußtsein vom Lebenszyklus unserer Wirtschaft kann eine ebenso verwandelnde Wirkung haben.

Wie jeder weiß, sind wir jetzt in einer sogenannten Informationswirtschaft. Doch der Ausdruck wird so geläufig und so oberflächlich verwendet, daß er fast bedeutungslos geworden ist. Obwohl die Informationswirtschaft Mitte der 1950er Jahre begann, war sie den meisten von uns erst Mitte der 70er Jahre bewußt. Zwei Jahrzehnte lang wußte niemand, daß wir eine neue Wirtschaft hatten. Dann wußten ein Jahrzehnt lang einige wenige Intellektuelle und Wirtschafts-Visionäre Bescheid und handelten, während fast alle anderen nur diskutierten und debattierten. In den 80er Jahren waren sich alle einig, daß wir in einer grundlegend anderen Wirtschaft waren. Immer noch diskutierten und debattierten wir und ließen Chancen ungenutzt, aufgrund unserer Erkenntnis zu handeln.

Nun bietet sich uns eine neue Erkenntnis und eine neue Chance. *Diese gegenwärtige Wirtschaft wird in den 2020er Jahren enden, etwa siebzig Jahre nach ihrem Anfang. Wir haben sie schon zur Hälfte hinter uns.* Dreißig und ein paar Jahre, und zur Hälfte hinter uns!

Was bedeutet das? Was können wir mit dieser Erkenntnis anfangen? Sollen wir eine Depression oder neue Energie bekommen? Erkenntnisse in der Mitte des Lebens über uns selbst und über unsere Wirtschaft sind Chance und Risiko. Wenn wir sie nutzen, können sie verwandelnd wirken. Wenn wir sie abschütteln, werden wir uns wohl kaum die Gewinne sichern, die in unserem persönlichen und kollektiven Leben den Unterschied machen.

Nun, da unsere Informationswirtschaft in der Mitte ihres Lebens ist und die Rezession eine allgegenwärtige Sorge, ändern sich die Grundlagen jedes Unternehmens so radikal, daß Sie in fünf bis zehn Jahren besser nicht das gleiche Geschäft betreiben sollten wie heute. Sie sollten lieber als erster statt als letzter wissen, warum es so ist und was zu tun ist. Wenn Sie nach dieser kurzen Zeit noch immer das gleiche Geschäft betreiben, werden Sie wahrscheinlich kein Geschäft mehr damit machen. Noch schlimmer – Sie werden das erst bemerken, wenn es zu spät ist. Marginale Verbesserungen werden nicht ausreichen, um wettbewerbsfähig zu sein. Wenn Sie dasselbe tun, nur etwas besser, können Sie 5, 10, 15 Prozent Verbesserung bekommen. Aber Ihre Konkurrenz wird Verbesserungen um ein Vielfaches anstreben. Um 100, 300, 500 Prozent Verbesserung zu bekommen, können Sie nicht das Gleiche besser machen. Sie müssen etwas grundlegend anderes tun, und dabei wird sich Ihr Unternehmen von Grund auf wandeln.

Im Zeitalter der intelligenten Toiletten

Ein deutliches Beispiel eines solchen Wandels findet sich im Geschäft mit Sanitäreinrichtungen. Einer von uns war in Japan, und im Haus seines Gastgebers wurde ihm zu Ehren eine Teezeremonie abgehalten. Als er in Anzug und Schlips und ohne Schuhe auf einer Tatami kniete und wartete, daß die Zeremonie begann, mußte er zur Toilette. Er ging auf Socken den Flur entlang. Als er fertig war, mußte er einen Knopf an einer elektronischen Schalttafel drücken, um zu spülen. Die Bezeichnungen waren alle auf Japanisch. Ehe er es sich versah, hatte er den falschen Knopf gedrückt und wurde von dem Strahl der integrierten Toilette durchnäßt!

Japans führender Sanitärhersteller Toto Ltd. verkauft jetzt eine „papierlose“ Toilette, die warmes Wasser spritzt wie ein Bidet, mit warmer Luft trocknet und sogar Parfüm zerstäubt. „Intelligente“ Toiletten sind in Japan jetzt üblich. Die Maschine hält den Sitz im Winter warm und desinfiziert die Schüssel automatisch nach jedem Gebrauch. Bei anderen Modellen kann man Wasserdruck, Temperatur und Winkel des Strahls regulieren. Neue Modelle analysieren den Urin und messen Körpertemperatur, Gewicht, Blutdruck und Puls. Über fünf Millionen intelligente Toiletten sind verkauft worden, und das Produkt wird gerade im amerikanischen Markt eingeführt. Sanitäranlagen sind ein sehr reifes Geschäft, das durch die Kombination seiner Keramik-Kernprodukte mit Information neues Wachstum gefunden hat. Wir sind im Zeitalter der intelligenten Toiletten.

Vollkommen selbsttätige Hi-Tech-Toiletten sind im hygienischen Japan ein Renner geworden. Inax, die Nummer Zwei im japanischen Toilettenkrieg, hatte einen sehr beliebten Werbespot, in dem ein Gorilla an der Schalttafel einer intelligenten Toilette herumfingerte, in die Schüssel spähte und von dem Strahl naßgespritzt wurde. Dieses Wachstum bei papierlosen Toiletten ist besonders erstaunlich, wenn man bedenkt, daß noch im Januar 1990 erst 40% der japanischen Haushalte an die öffentliche Kanalisation angeschlossen waren, und daß Bettpfannen und Außentoiletten noch immer verbreitet sind.

Nippon Telegraph & Telephone Public Corporation hat an der Entwicklung einer Toilette mitgearbeitet, die Informationen über Blutdruck, Puls, Temperatur, Urin und Gewicht nicht nur ermittelt, sondern auch verarbeitet, speichert und übermittelt. Die Information kann auf einer Flüssigkristall-Anzeige abgerufen werden, die an der Toilette, an der Wand daneben oder auf einem Regal sein kann. Die Toilette speichert Daten von bis zu 130 Tagen, druckt sie aus, übermittelt sie an einen Personalcomputer oder per Modem an einen medizinischen Dienst zur weiteren Analyse. Die Anlage mit dem stolzen Preis von 7000 Dollar wird ihren Markt zuerst im Gesundheitswesen haben und in Privathaushalte einziehen, wenn der Preis fällt. Wenn das geschieht, wird die intelligente Toilette wahrscheinlich in der Lage sein, den „Sitzabdruck" eines Benutzers von dem eines anderen zu unterscheiden.

American Standard, das ebenfalls den Sanitärmarkt bedient, hat im amerikanischen Markt eine intelligente Badewanne eingeführt. Der Benutzer wählt mit elektronischen Knöpfen Temperatur, Feuchtigkeit, Musik, Luft und Wasserzufuhr. Die Wanne hat einen Anschluß, der es dem Besitzer ermöglicht, sie per Fernbedienung anzuweisen, die Umgebung zu einer bestimmten Zeit vorzubereiten. Jetzt kann man nicht nur ein Büro von zuhause aus steuern, sondern auch seine „Badezimmer-Umgebung" vom Büro aus.

Im Beispiel intelligenter Sanitäranlagen in Japan und Amerika verbirgt sich ein wichtiges Prinzip: *Heute sind auf Information basierende Verbesserungen der wichtigste Weg geworden, reife Geschäfte zu revitalisieren und in neue zu verwandeln.*

In jeder Wirtschaft wird die Kerntechnologie zur Basis für Revitalisierung und Wachstum. Informationstechnologien sind der Kern für die heutige Wirtschaft, und um zu überleben, müssen alle Unternehmen *informationalisieren.*[1] Vom kleinen Tante-Emma-Laden bis zum riesigen Multi müssen alle begreifen, daß nicht nur jede wirtschaftliche Tätigkeit von der Information abhängt, die ihr Schicksal gestaltet und steuert. Das haben wir schon gehört. Und es ist zwar wahr, aber diese Wahrheit manifestiert sich so langsam – über Jahrzehnte –, daß die Menschen ihrer überdrüssig geworden sind. Für viele ist sie kalter Kaffee.

Statt auf die mehr oder weniger große Neuheit dieser Wahrheit müssen wir uns auf ihre wachsende Macht und Tragweite konzentrieren. Das Entscheidende ist, daß der wirtschaftliche Wert durch Ermittlung, Anwendung und Verkauf von Information signifikant schneller wächst als der Mehrwert durch Produktion traditioneller Güter und Dienstleistungen. Reife Geschäfte werden weiter existieren, ebenso wie Landwirtschaft und Industrie, aber ihr Anteil an der Gesamtwirtschaft schrumpft, und sie brauchen einen noch geringeren Anteil an der Wirtschaft, um ihren Bedarf an Ressourcen zu decken. Den Informationsgehalt einer beliebigen Ware oder Dienstleistung zu steigern, eine intelligente Version von etwas weniger Intelligentem zu produzieren, wird ein höheres Input an Ressourcen erfordern und im Output produktiver sein. Alle Unternehmen werden in diesem Sinn intelligenter werden oder stärker informationalisierten Konkurrenten weichen.

Der Wert jedes Produkts kann durch Integration von Intelligenz, Informationsgehalt und Service gesteigert werden. Selbst die reifsten Produkte können durch mehr Informationsmerkmale und -funktionen modernisiert werden. Die Wertsteigerung kommt weniger von materiellen Veränderungen als von neuen immateriellen Dingen. Auswahl, Vielfalt und Service, die in traditionelle Produkte eingebettet werden, schaffen intelligente Produkte und neue Marktchancen.

Die Profitabilität aufgrund der neuen Merkmale übertrifft sogar oft den Gewinn aus der ursprünglichen Ware oder Dienstleistung. *Je mehr Information man in ein Produkt stecken kann oder je mehr man ein Produkt nutzen kann, um Information zu bekommen, umso mehr entwickelt man sich über den ursprünglichen Zweck hinaus und zu neuen Zwecken hin. Diese basieren auf Information und können weit größere Chancen darstellen als die ursprünglichen.*

Und wir dachten, es ginge um Ballspiele

Sportmannschaften sind ein Paradebeispiel für reife Unternehmen, die eine neue Generation hervorgebracht haben – informationalisierte Unternehmen, deren wirtschaftlicher Wert den des ursprünglichen Sports in den Schatten stellt. Sportmannschaften galten einst als Ansammlung verlustträchtiger Steueroasen. Heute kann man Wachstum bei ihnen nicht länger durch mehr Spiele, höhere Eintrittspreise und mehr Zuschauer im Stadion erreichen. Sie werden mehr wie milliardenschwere Unerhaltungskonzerne gemanagt, in denen die Sportmannschaft ein kleiner Kern ist, umgeben von viel größeren Informationsgeschäften. Ob dieser Trend nun gut ist oder schlecht – wir können ihn in fast allen Unternehmen erwarten, während die Informationswirtschaft reift.

Das Geschäft der amerikanischen National Basketball Association (NBA) hat sich zum Beispiel in den letzten sechs Jahren fast verdreifacht, und der Wert von NBA-Lizenzen ist in den 1980er Jahren schneller gestiegen als bei jedem anderen Berufssport. Die Spiele sind das Kerngeschäft, aber sie werden inzwischen fast überschattet von Einzelhandelslizenzen, Videofilmen, Fernsehproduktion, der Vermarktung von Veranstaltungen, Verlagen, Sponsorgeschäften, Verkäufen an Medien und anderen Informationsgeschäften, die auf dem Sport aufbauen. Das Durchschnittsgehalt eines NBA-Spielers stieg innerhalb von fünf Jahren von 275000 Dollar bis auf 510000 Dollar in der Spielsaison 1988–89, und der Bevollmächtigte erwartet, daß das Durchschnittsgehalt bis 1993 auf 1 Million Dollar steigt. Raffiniertere Agenten haben auch dazu beigetragen, aber der Markt mußte die Dollars, um die sie feilschten, erst einmal hergeben – und die kamen aus Informations-Dienstleistungen, nicht aus Basketballspielen.

Die Einkünfte der Oberligen stiegen noch schneller als die Spielergehälter – von 160 Millionen Dollar in 1984 auf 351 Millionen in 1989

–, und sollen einer Prognose zufolge 1993 600 Millionen erreichen. Senderechte bringen den größten Teil dieser Steigerung: NBC hat 600 Millionen Dollar für vier Jahre NBA-Basketball gezahlt, mehr als dreimal so viel wie für den letzten Vertrag, und CBS hat 1 Milliarde Dollar für sieben Jahre NCAA-Basketball gezahlt, mehr als das Doppelte des Vorgängervertrages. Diese Steigerungen reflektieren den Wertzuwachs der Informations-Spinoffs des Sports.

Die Boston Celtics geben zum Beispiel dem Begriff „Expansion Team" einen neuen Sinn. Nach ihrem Rekord, der sechzehnten NBA-Meisterschaft, brachten sie 1986 bei einer öffentlichen Auktion fast 45 Millionen Dollar auf und gingen als einzige Profi-Sportmannschaft an die New Yorker Börse. Dieses Geld verwendeten sie, um eine Medienmacht zu werden, so daß sie Celtics-Spiele auf ihren eigenen Sendern ausstrahlen, die Mittelsmänner ausschalten und die Werbeeinnahmen behalten konnten. Turner Broadcasting System, der Eigentümer von Cable News Network (CNN) und WTBS, kam von der anderen Seite zu der gleichen Verbindung und kaufte die Atlanta Hawks und die Atlanta Braves. Die Strategie ist freilich nur so gut wie das Produkt.

Der amerikanische Football hat ein ähnliches Wachstum bei seinen Spinoffs, aber die Einkünfte haben mit den ins Unermeßliche steigenden Gehältern nicht Schritt gehalten, und die National Football League erlebte einen schwierigen Einbruch bei den Gewinnen. Trotz dieser Probleme schloß die NFL zwei Vierjahresverträge ab: einen über 900 Millionen Dollar, mit 80% Steigerung, mit ABC für die Footballsendung am Montagabend und den anderen über 450 Millionen Dollar – mehr als das Doppelte des alten Preises – mit ESPN für Spiele am Sonntagabend. Neuere, aggressivere Eigentümer entscheiden sich eher für Einkommenssteigerungen als für die von Langzeit-Eigentümern favorisierten Gehaltsbeschränkungen, und das Wachstum kommt eindeutig mehr durch Information als durch den Sport. Da immer mehr Haushalte Kabelanschluß bekommen, werden die Zuschauer jedes NFL-Spiel für eine Gebühr sehen können, die dem Preis einer Kinokarte entspricht. Diese potentiell sehr reiche Einkommensquelle könnte das wirtschaftliche Gleichgewicht zwischen den Mannschaften gefährden, wenn die Einkünfte nicht gleichmäßig unter ihnen allen aufgeteilt würden, sondern an die Mannschaften gingen, die Zuschauer haben. Wenn die Mannschaften Gänse sind, sind ihre goldenen Eier dann Informationspakete, nicht die Spiele selbst? Wir glauben es nicht, aber das Informationsspiel beeinflußt das Ballspiel gewiß stärker als jeder andere Faktor.

Der gewinnträchtigste Berufssport und größte Kassenschlager in den Medien ist Baseball. Im Dezember 1988 willigte CBS ein, dem Oberliga-Baseball 1,1 Milliarden Dollar für vier Jahre Exklusivrechte ab 1990 zu zahlen. Dies umfaßt zwölf reguläre Spiele pro Saison, das All-Star-Spiel, die Meisterschaftsspiele beider Ligen und die World Series, was rund 1 Million Dollar pro Spiel ergibt. Die Verlockung besteht, weil jeder vierte amerikanische Haushalt Baseball sieht, fast doppelt so viele Zuschauer, wie die Sendernetze zur Hauptsendezeit haben. Doch die Netze können mit Sportveranstaltungen nicht nur große Gewinne, sondern auch große Verluste machen. ABC profitierte nicht schlecht von den 15,5 Millionen Dollar, die es für die Winterolympiade 1980 bezahlte, soll aber von den 309 Millionen, die es für die Olympiade von 1988 bezahlt hat, etwa 65 Millionen verloren haben.

Baseball, Football, Basketball und Hockey bringen – in dieser Reihenfolge – am meisten Geld ein, zusammen rund 3 Milliarden Dollar. Der Hochschulsport bringt noch einmal fast die Hälfte dieser Summe ein. Pferde- und Autorennen bringen eine weitere Milliarde. Golf, Tennis, Boxen, Ringen, Skifahren, europäischer Fußball und eine Menge anderer Zuschauer-Sportarten bringen noch einmal rund eine Milliarde, und durch die gedruckte Information über sie alle kommt eine weitere Milliarde hinzu. Das macht zwischen 7 und 8 Milliarden Dollar für Zuschauersport im Informations-Zeitalter, und der Löwenanteil durch Senderechte statt durch Karten für das Stadion. Zusätzlich geben die Amerikaner etwa sechsmal so viel für

Breitensport aus. Man muß sich einmal vorstellen, welche Chancen auf Leute warten, die auf die Informationsader im Breitensport stoßen!

Sowohl Sanitärfirmen als auch Sportmannschaften informationalisieren ihr Geschäft. Die ersteren revitalisieren sich mit wertvollen neuen Leistungen, die letzteren finden neues Wachstum, weil sie die Information selbst als wertvolles neues Geschäft sehen. Trends wie diese entwickeln sich in *allen* Branchen. Sie kommen nicht auf, weil es Verlagerungen an der Börse oder in der Weltpolitik gibt, sondern weil die technologische Basis dieser Wirtschaft reif wird. Wir haben eine Reihe von Wirtschaftsformen durchlaufen, die immer höher entwickelt waren: von der frühen Wirtschaft der Jäger und Sammler über die der Landwirtschaft und der Industrie bis zur heutigen Informationswirtschaft. In jeder dieser Wirtschaftsformen benutzen Unternehmen die Kerntechnologie, um ihre Aktivitäten weiterzuentwickeln. „Toiletten-Aktivitäten" sind zum Beispiel von den Büschen über Außentoilette und Wasserklosett im Haus bis zur intelligenten Toilette fortgeschritten. Die Überwachung der Körperfunktionen durch die Toilette von morgen zeigt, daß die Technologien der nächsten Wirtschaft – der Biowirtschaft – auf dem Vormarsch sind.

Wie weiß man, an welcher Stelle des Lebenszyklus man ist?

Volkswirtschaften und ihre Industrien, Unternehmen und Produkte haben einen *Lebenszyklus* – wie Menschen und andere belebte Dinge. Bemerkenswerterweise haben all diese Dinge, so verschieden sie auch sind, in gemeinsamen Lebensphasen gemeinsame Merkmale.

Im Lebenszyklus einer Volkswirtschaft führt jeder technologische Durchbruch zu einem Quantensprung im Wirtschaftswachstum.

Wenn die betreffende Technologie reif wird, verlangsamt sich das Wachstum. Nach der Mitte des Lebens beruht der Wettbewerbsvorteil eines Unternehmens mehr auf Marketing-Techniken und nominellen Produktveränderungen wie Form und Farbe. Der weitere Fortschritt ist sehr geringfügig; man macht dasselbe ein wenig besser. Der Alterungsprozeß hat eingesetzt.

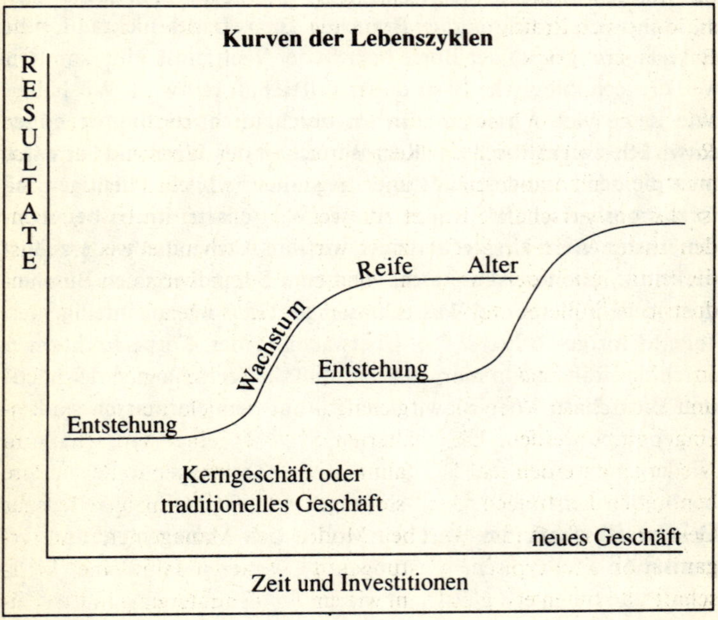

Abb. 1

Lebenszyklen von Wirtschaftsordnungen ähneln oft S-Kurven, nicht viel anders als menschliche Lebenszyklen (vgl. Abb. 1). Bei jedem Zyklus ist die erste Phase *embryonisch*, ein Stadium der Entstehung im Rahmen der früheren Wirtschaft, wie bei einem Kind, das von Erwachsenen geboren und aufgezogen wird. Obwohl wir wissen, daß in dieser Phase sehr viel Wachstum und Differenzierung stattfindet, braucht das Neugeborene vom wirtschaftlichen Standpunkt aus gesehen enorme Investitionen und trägt etliche Jahrzehnte lang nicht viel zur Gesamtwirtschaft bei.

Nach dieser relativ langen Entstehungs- und Entwicklungszeit wird ein entscheidender Startpunkt erreicht, und die neue Wirtschaft tritt in die *Wachstumsphase* ein, auf der menschlichen Ebene vergbleichbar mit dem frühen Erwachsenenalter. Dann beginnen unsere Investitionen sich kräftig auszuzahlen, die Produktivität steigt und die Erträge sind hoch.

Wiederum wie ein Mensch entwickelt sich eine Wirtschaft weiter zur *Reife*. Hier verhält sich der Kernsektor, der der Wirtschaft den Namen gibt, allen anderen Sektoren gegenüber wie ein Patriarch und ist das vorherrschende Mittel zur Wertschöpfung. Im bevorstehenden dritten Viertel unseres jetzigen wirtschaftlichen Lebenszyklus ist die Information der Patriarch, ebenso, wie Landwirtschaft und Industrie in früheren Volkswirtschaften vorherrschten.

In der vierten und letzten Phase der *Alterung* schwinden Vitalität und Erträge der Wirtschaft, gleichgültig, wie viele Ressourcen hineingepumpt werden. Die gealterten Sektoren einer Wirtschaft im Niedergang werden sehr kapitalintensiv und erbringen weiterhin ihre benötigten Leistungen, doch sie tragen nur einen winzigen Teil zur Gesamtwirtschaft ihrer Zeit bei. Modelle für Management und Organisation sind typische Leistungen der späteren Jahre einer Wirtschaft und treten erst gleichsam wie ein Sonnenuntergang in Erscheinung.

Anders als bei Menschen bedeutet das Ende des vierten Viertels einer Wirtschaft nicht den Tod. Er bedeutet nur den Tod der Vorherrschaft. Der Sektor, der der Wirtschaft den Namen gegeben hat (Landwirtschaft, Industrie, Information) tritt sein Recht auf den Titel ab. Er lebt in der nächsten Wirtschaft weiter, aber nur als eine von vielen nicht mehr vorherrschenden Kategorien.

Der Anfang der Kurve eines Lebenszyklus ist von Lernen und Investitionen gekennzeichnet, das Ende von schwindenden Erträgen, und die Phasen von Wachstum und Reife dazwischen sind generell fünfmal produktiver als die Alterungsphase. Gewöhnlich ist die Kurve eines Lebenszyklus nicht glockenförmig, d.h. sie fällt nicht auf das wirtschaftliche Niveau ihrer Entstehung zurück. Dies kann jedoch geschehen, zum Beispiel im Verschwinden von Produkten oder Zivilisationen. Besonders Technologien können völlig überholt werden und für immer verschwinden, wie zum Beispiel die Galeere, der Kreuzbogen und die Kutscherpeitsche. Doch meistens bleiben die Gewinne aus einer Wirtschaftsordnung erhalten, und der produktive Aufstieg der nächsten baut auf den Erträgen ihrer Vorgänger auf.

Die wirtschaftlichen Aktivitäten, die die Infrastruktur einer aufkommenden Wirtschaft bilden, steigen als erste an der Kurve des Lebenszyklus auf. Sind sie etabliert, folgen ihnen alle anderen Sektoren, die auf der Wissenschaft und Technologie der Basis aufbauen. Als zum Beispiel die frühe industrielle Basis vorhanden war, wurde die Landwirtschaft mechanisiert, und als die spätindustrielle Basis sich entwickelte, folgte ihr die Industrialisierung der Dienstleistungen. Ähnlich werden, sobald die Informationsbasis von Computern und moderner Kommunikation voll etabliert ist, alle Aktivitäten den Infrastruktur schaffenden Unternehmen auf der gleichen ansteigenden S-Kurve folgen.

Würde man den Lebenszyklus für verschiedenartige Unternehmen auf einer einzigen Graphik darstellen, so würde man eine gestaffelte Folge recht ähnlicher S-Kurven sehen, die zu verschiedenen Zeiten erscheinen. Anbieter von Finanz-Dienstleistungen haben sich zum Beispiel mit als erste der neuen Infrastruktur angepaßt und informationalisiert. Nicht weit dahinter liegt die Industrieproduktion. Andere Branchen, etwa das Verlagswesen, sind langsam im Anpassen und Profitieren. Sogar im Zeitalter des Desktop Publishing kann es noch bis zu einem Jahr dauern, bis aus einem Manuskript in der Hand ein Buch im Laden wird, und ein nicht vorrätiges Buch im Laden zu bestellen, kann Wochen, wenn nicht gar Monate dauern.

Generell entwickeln sich Geschäfte aus einer Kombination von technologischem Fortschritt und Nachfragesog. Eines ist nicht unbedingt wichtiger als das andere, aber die Technologie kommt früher. Erst bei der Alterung geht die Vorherrschaft von der Technologie an das Marketing über. Der Markt hat kein Bedürfnis nach Elektromagnetismus, Fernsehen oder dem Telefon zum Ausdruck gebracht. Wissenschaftliche Entdeckungen und technologische Innovationen haben sie ermöglicht, und aus den Möglichkeiten ergab sich die Nachfrage. Die Kerntechnologien jeder Wirtschaft sind diejenigen, die die Grundlagen für die übrige Wirtschaft liefern. Der Verbrennungsmotor und die Elektrizität waren Kerntechnologien in der Industriewirtschaft. Ein Verständnis dieser Technologien war nötig, um Wohnungen und Unternehmen, Transport- und Kommunikationssysteme zu schaffen. Information ist die Kerntechnologie der heutigen Wirtschaft. Deshalb brauchen wir einen einfachen Plan der Architektur, einen unkomplizierten Zugang, um alle Informationstechnologie zu verstehen.

Ein Schnellkurs über die Architektur der Information

Form und Funktion sind das Wesentliche an der Architektur; schon Aristoteles unterscheidet zwischen ihnen. Form und Funktion sind gängige Begriffe, um alles von Körperteilen bis zu Autoteilen zu unterscheiden, und die Wechselbeziehung von Form und Funktion bestimmt oft, warum und wie die Teile ein Ganzes ausmachen.

Die Architektur der Information

FORMEN	Erzeugen	Verarbeiten	Speichern	Übermitteln
Daten		Hier begannen Computer		
Text				
Ton				Hier begannen Telefone
Bild				

FUNKTIONEN

Abb. 2

Wenn wir von der Architektur der Information sprechen, ist es deshalb sinnvoll, die Information unter den Aspekten Form und Funktion zu betrachten. Form ist hier schlicht die Gestalt und Struktur der Information, und Funktion bezeichnet, was im Hinblick auf sie geschieht oder getan wird. Die meiste Information in unserer Wirtschaft kann in vier verschiedene Formen und vier verschiedene Funktionen klassifiziert werden (vgl. Abb. 2). Diese Begriffe sind weitgehend selbstevident, und es ist sehr schwierig, viel über einen von ihnen zu sagen, ohne in eine Besprechung des anderen abzuschweifen. Ihre Aussagekraft kommt vom Verständnis ihrer Wechselwirkungen.

In unserer Wirtschaft tritt Information in vier Formen auf: Daten, Text, Ton und Bild. Alle diese Formen sind geistige Eindrücke, die wir über die Sinne aufnehmen, und in dieser Wirtschaft sind der Gesichtssinn und das Gehör am wichtigsten. Andere Formen, die Informationen haben, sprechen andere Sinne an. Geschmack, Gefühl und Geruchssinn beispielsweise werden vielleicht in der Biowirtschaft der Zukunft wichtig, aber ihre kommerzielle Aufbereitung ist noch Jahrzehnte entfernt. Andere Sinne, etwa Intuition und außersinnliche Wahrnehmung sind ebenfalls noch in der Kindheitsphase, was kommerzielle Anwendungen betrifft, und auch sie gehören – wenn überhaupt – in die nächste Wirtschaft. Neuronale Netzwerk-Computer und künstliche Intelligenz werden sich weit mehr entwickeln müssen, bevor wir das Potential dieser Sinne auch nur verstehen können.

Daten sind alle Fakten, Zahlen, Buchstaben, Symbole und dergleichen, die von einem Computer verarbeitet oder produziert werden können. Daten hat es natürlich schon vor Computern gegeben, aber es ist die einzigartige Fähigkeit des Computers, Daten zu bearbeiten, die zur Informationswirtschaft selbst geführt hat. Wenn Text, Ton und Bild in einem Computer auf die reinen Bits „0" und „1" reduziert sind, sind sie Daten. Meist bezeichnen „Daten" jedoch Zahlen.

Text ist geschriebene Sprache, im Unterschied zu gesprochener Sprache, die die Technologie einfach als eine Form des Tons behandelt. Text kann von Hand geschrieben oder maschinell gedruckt sein. In der ersten Hälfte dieser Wirtschaft bedeutete Text ausschließlich gedruckte Sprache. Obwohl handgeschriebene Worte die Bedeutung des gedruckten Wortes nie ersetzen werden, werden sie in der zweiten Hälfte der Wirtschaft als nützliche Information wiederentdeckt, weil Maschinen lernen, Handschrift zu interpretieren und sie in allgemeinere Information umzuformen. Unterschriften und handschriftliche Notizen können zum Beispiel von der Maschine gelesen und in Druckschrift gebracht oder zur Identifizierung benutzt werden.

Ton ist, was wir hören, und in dieser Wirtschaft hören wir vor allem Stimme und Musik. Radio, Telefon, Schallplatten und Tonbandgeräte sind die Art von Produkten, die wir für den Umgang mit dieser Form der Information benutzen, und jahrzehntelang waren sie sehr unterschiedliche Geschäfte. Die Produkte und ihre Funktionen, der Wettbewerb und die gesetzlichen Rahmenbedingungen waren anders und konkurrierten nicht gegeneinander. In der heutigen Wirtschaft trifft das nicht mehr zu.

Bilder sind visuelle Formen. Es können Fotos oder Zeichnungen sein. Sie können künstlerisch oder praktisch, realistisch oder interpretierend sein. Sie können Präsentationen oder Repräsentationen, Eindrücke oder Ausdrücke sein – solange man sie sehen kann. Tabellen und Diagramme, Gesichter und Landschaften sind Bilder. Manche sind schwarzweiß, andere farbig. Das gescannte Bild einer Text- oder Datenseite wird als ein einziges Bild behandelt, obwohl neue Programme gelernt haben, sie wieder umzuformen. So sind Kopierer, Telefax, Drucker und Scanner vier getrennte Maschinen, die im wesentlichen ähnliche Funktionen haben und deshalb in der Zukunft wahrscheinlich verschmelzen werden. In der Informationswirtschaft bestehen jedoch grundlegende Unterschiede zwischen unbewegten und bewegten sowie zwischen natürlichen und graphisch hergestellten Bildern. Die frühen Jahrzehnte unserer Wirtschaft haben wichtige technische und wirtschaftliche Entwicklungen *innerhalb* jeder Form der Information hervorgebracht: vom Mono zum Stereoton, von schwarzweißem zu Farbfernsehen, von Bleisatz zu elektronischem Satz, von Additionsmaschinen zu Taschenrechnern. Außerdem sind Text, Daten, Ton und Bild manchmal untereinander übersetzbar. Ein Bild kann tausend Worte wert sein und aus hunderttausend Punkten bestehen. Punkte können Zahlen, Buchstaben oder Symbole sein. Musik kann man nach Noten spielen und die punktartigen (♪) Bilder in Töne übersetzen; Sekretärinnen nehmen Diktat auf und übersetzen Ton in Text; Zahlen können in der Bedeutung aller dieser Formen benutzt werden, wenn digitalisierte Bits aus und in Computer übersetzt werden. Ständig entstehen neue Verbindungen zwischen den Formen. Branchen, die jahrzehntelang nie auf den Gedanken kamen, sie seien verwandt – Computer, Telekommunikation, Fernsehen, Verlagswesen usw. –, begannen, die Verwandtschaft zu sehen, und damit ging eine Neudefinierung der gegenwärtigen oder zumindest künftigen Konkurrenten einher. Unternehmen, die historisch so verschieden sind wie AT&T, IBM, CBS, Kodak, Reuters und Xerox fanden sich zunehmend in verwandten und konkurrierenden Geschäftsbereichen.

Diese Grundformen der Information beginnen, komplexer zu werden, wenn man sich klarmacht, was mit ihnen gemacht werden kann – ihre Funktion. *Im wesentlichen tun wir vier Dinge mit der Information: Erzeugen, Verarbeiten, Speichern und Übermitteln.* In dieser Weise kann alles beschrieben werden, was mit irgendeiner Ware oder Dienstleistung getan wird und mit einer der vier Informationen zu tun hat. Eines oder mehreres davon zu tun, wird den Aspekt Information künftig zum wertvollsten Teil der Wirtschaft machen.

Erzeugen, die erste Funktion, nimmt die Information auf, die in der Umgebung existiert, so daß sie in einer der vier Formen dargestellt werden kann. Ein Abakus nimmt die Zahlen eines Buchhalters auf und erzeugt ein Hauptbuch; eine Schreibmaschine nimmt die Worte eines Autors auf und erzeugt ein Buch; ein Aufnahmegerät nimmt den Ton einer Gitarre auf und erzeugt eine Schallplatte oder ein Tonband, und ein Foto nimmt das Aussehen einer Landschaft auf und erzeugt ein Bild.

In dieser Wirtschaft bezieht sich das Erzeugen von Information nicht auf den schöpferischen Funken des Intellekts, sondern auf das Aufbereiten von Information, damit sie in einer für den Empfänger leicht verständlichen Form gesendet werden kann. Dies bedeutet vor allem Digitalisierung, Darstellung in „Bits“, der Grundeinheit der Information, mit der ein Computer arbeitet. Bits können Magnetpunkte, elektronische Impulse, positiv geladene magnetische Kerne oder dergleichen sein. Wenn sie digitalisiert sind, können alle *Formen* der Information danach in *Funktionen* behandelt werden, als wären sie gleich. Wenn Fotos in digitale Bits aufgelöst („eingelesen“ werden, wobei jedem Punkt im Bild ein Wert gegeben wird, dann können Bilder per Telefon oder Satellit gesendet und empfangen werden. Das Gleiche tun digitale Tonbandgeräte mit Ton, bevor sie ihn speichern.

Verarbeiten, die zweite Funktion, war der erste große Beitrag des Computers, angefangen mit Datenverarbeitung, dann Textverarbeitung und jetzt Sprach- und Bildverarbeitung, so daß alle Formen abgedeckt sind. Die verarbeitende Funktion des Computers konvertiert, editiert, analysiert, berechnet und verbindet. Durch die Anwendung von Halbleiter-Technologie wird Information manipuliert und umgeformt. Obwohl die heutigen Computer Erzeugung, Verarbeitung und Speicherung verbinden, sind die Schritte so unterscheidbar wie das Aufnehmen eines Bildes auf Film, das Entwickeln und Vergrößern, und dann das Bestimmen eines Ortes, um die in diesem Foto enthaltene Information in immaterieller Form aufzubewahren. In den Programmen, die sie entwickeln, erzeugen Softwarefirmen die Regeln, nach denen gesammelte Information verarbeitet wird.

Speichern, die dritte Funktion, nimmt Information in einer der vier Formen auf und bewahrt sie zum späteren Gebrauch. In der Zeit der Pharaonen wurden Text und Daten auf Tafeln gespeichert, und die Höhlenmalereien in Lascaux speicherten Bilder Jahrzehntausende davor. Nur Ton kann man erst seit dem Industriezeitalter auf Schallplatten, Tonbändern und CDs speichern. So langlebig manche dieser Speichermethoden auch sind, so sind sie doch recht statisch, denn sie nehmen die Information nur auf und bewahren sie, ohne weiter etwas mit ihr zu tun. In den heutigen Akronymen heißt dieser Prozeß „ROM“ für Read-only-memory (Nur-Lese-Speicher). Im elektronischen Zeitalter ist die Speicherung hingegen dynamisch, weil der Speichermechanismus gleichzeitig ein Prozessor ist. Ein Prozessor zur Textverarbeitung speichert beispielsweise, was Sie schreiben, läßt es Sie aber auch wieder aufsuchen und ändern. Erzeugung und Speicherung sind eigentlich zwei Seiten derselben Münze, der Aufnahme von Information.

Die Speicherfunktion ist im wesentlichen die Schaffung eines „Gedächtnisses“, wo Information für den späteren Gebrauch abgelegt und verglichen wird, und je größer die Speicherkapazität ist, desto mehr Information kann man aufbewahren. Bücher und sogar ganze Bibliotheken können von Computern gespeichert werden; so kann man enorm viel Platz sparen. Man erzählt sich eine Geschichte von dem Filmzaren Sam Goldwyn, dessen Büro von Akten überquoll. Als er seine Sekretärin bat, „das alles wegzuschaffen“, sagte sie: „Ich kann nicht, manche davon sind wichtige Papiere.“ „Na gut“, sagte er da, „machen Sie von allem eine Kopie, bevor Sie es wegwerfen.“ Heute geht es beim Speichern nicht nur um den Platz, sondern um die Aktivierung der Funktion.

Übermitteln, die vierte Funktion der Information, erledigt das Telefon für uns. Einfach gesagt, ist es das Senden und Empfangen aller Formen von Information von einem Punkt zum anderen, in der Geschwindigkeit elektromagnetischer Wellen auf Kupfer-Breitbandkabel und in Lichtgeschwindigkeit auf Glasfaserkabel. Während das Speichern Information durch die Zeit trägt, bewegt die Übermittlung sie durch den Raum. Sie ist die Verteilfunktion, und sie umfaßt viele Aktivitäten: Senden, Schalten, Vernetzen, Empfangen, Signalverarbeitung, Sammeln und Anzeigen. Während die ersten drei Funktionen – Erzeugen, Verarbeiten und Speichern – von Computern dominiert werden, hat sich die Telekommunikation in der vierten Funktion, der Übermittlung, hervorgetan. Spezifischer gesagt: Die Computer begannen in der Datenverarbeitungszelle, und die Telekommunikation begann in der Tonübermittlungszelle der Informations-Infrastruktur.

Einfache Übermittlungen, wie wir sie kannten, etwa per Telefon und Fernsehen, übertrugen Stimmen oder Bilder, ohne sie zu verändern. Das gedruckte Wort wurde auf ähnlich unveränderte Weise in Büchern, Zeitungen und Zeitschriften übermittelt. Moderne Kommunikationsnetze hingegen schaffen dadurch Mehrwert, daß sie die Übermittlungsfähigkeiten mit den anderen Funktionen kombinieren. Dies sind die Grundlagen eines Kommunikationsnetzes: Viele untereinander verbundene Computer, von Großrechnern über Workstations und PCs bis zu den kleinsten, „dümmsten" Terminals. Die Verbindung durch Telekommunikation ist die Übermittlungsfunktion. Sie kann in jeder Art von Kombination vorkommen und innerhalb eines einzigen Gebäudes, über die Straße oder um die Welt geschehen. Im Jargon der Telekommunikation gibt es LANs (Local area networks) und WANs (Wide area networks).

Wenn Netze nicht nur die verschiedenen Formen der Information übermitteln, sondern auch das Erzeugen, Verarbeiten und Speichern durchführen, schaffen sie enormen Mehrwert bei jeder Wirtschaftstätigkeit, die sie unterstützen. Kein Wunder, daß sie deshalb auch VANs (Value-added networks, Netze für Mehrwert-Dienste) genannt werden.

Am wichtigsten ist, daß auf öffentlichen und/oder privaten Netzen oder beiden übermittelt werden kann. Private Netze sind eher spezialisiert: als reine Faxverbindung oder als Netz für alle Übermittlungsbedürfnisse einer bestimmten Firma. Öffentliche Netze sind weniger häufig, dienen allgemeineren Bedürfnissen, brauchen länger, um in Gang zu kommen und sind durch gesetzliche Rahmenbedingungen in Entwicklung und Aufbau gebremst worden. In den USA gibt es heute mehr Neuinvestitionen in private Netze als in öffentliche, und dieser Trend wird sich in den nächsten zwei Jahrzehnten wahrscheinlich beschleunigen.

Alle Kombinationen und Konfigurationen in dem Raster Form/Funktion produzieren eine endlose Vielfalt auf Information beruhender Geräte, Produkte, Dienstleistungen und Unternehmen. Auf dem Niveau einfacher Produkte können wir einen Recorder an einen Telefonhörer anschließen und die übermittelten Töne speichern. Nun benutzen wir drei Funktionen und eine Form. Wenn wir zu einem akustischen Briefkastensystem aufrüsten, können wir die Information auch verarbeiten: die Nachrichten in jeder gewünschten Reihenfolge abhören statt in der Reihenfolge, in der sie angekommen sind, eine Nachricht an mehrere Leute schicken, uns für weitere Hilfe weitervermitteln lassen usw. Vier Funktionen, eine Form. Integrieren wir die Fähigkeit, Schriftstücke und sogar Graphiken zusammen mit der gesprochenen Nachricht zu verschicken, so decken wir alle Formen und Funktionen ab. Traditionelle Datenverarbeitung trennt Form und Funktion in der Weise, wie die Software das vorgibt, doch neue Methoden (mit dem unglücklichen Namen „Objektorientierung“) kombinieren sie und erleichtern die gemeinsame Anwendung. Mehr Formen und mehr Funktionen kombinieren heißt mehr Wertschöpfung und mehr Geschäft. In vielen Städten kann man heute in einen Musikladen gehen und für einen geringen Aufpreis jedes gewünschte Arrangement von Liedern auf ein Band zusammenschneiden lassen, maßgeschneidert für den persönlichen Geschmack. Ersetzt man das Band durch eine Disk, so ist man wieder eine Stufe höher. Ein Disk-Spieler kombiniert musikalische Tonverarbeitung mit Erzeugung und Speicherung, so daß die Reihenfolge der Lieder zum Beispiel verändert werden kann. Wir können auch unsere eigene Stimme über den Soundtrack jedes beliebigen Liedes einspielen. Hi-Tech zu niedrigen Preisen schafft einen ganz neuen Markt in der Verarbeitung und Speicherung von Ton sowie in Musikaufnahmen von professioneller Qualität, die zu Hause produziert werden können. Entwicklungen wie diese finden zur Zeit in jedem Teil des Rasters Form/Funktion statt.

Dieses einfache Informationsraster bietet Unternehmern und Managern eine Straßenkarte für die zweite Hälfte der Informationswirtschaft. Mit ihm kann man nicht nur *alle* Produkte und Dienstleistungen verstehen, die mit Information zu tun haben, sondern *alle* Firmen können dieses Raster auch benutzen, um ihre künftigen Geschäfte auf die entstehende wirtschaftliche Infrastruktur aufzubauen. Man kann es auf drei Arten anwenden. Die einfachste ist, jegliche Information anhand dieses einen Begriffsrasters zu verstehen. Zweitens hilft es Ihnen, Ihre eigene Informations-Infrastruktur und das, was Sie damit tun könnten, zu organisieren, wenn all die Informationsverkäufer und das, was sie anbieten, Sie verwirren, oder auch wenn Sie selbst Information verkaufen und nicht verwirrt sind. Drittens wird der Motor Ihrer Branche, gleichgültig, welche es ist, in den nächsten paar Jahrzehnten die Information sein. Je besser Sie daher die Formen und Funktionen der Information begreifen, umso größer ist Ihr Vorteil.

Setzen Sie die Informations-Infrastruktur in Ihrer Firma ein

Infrastrukturen sind in jeder Wirtschaftsordnung die elementaren Netze, die zuerst aufgebaut werden und von denen jede weitere Wirtschaftstätigkeit abhängt. Bei einer Baugrunderschließung wird zum Beispiel als erstes die Infrastruktur von Straßen, Dämmen, Kanalisation, Elektrizität und dergleichen erstellt, damit Wohn- und Geschäftsgebäude folgen können. Jede Wirtschaftsform in der Geschichte hat sich in großem Maß auf eine bestimmte Art der Infrastruktur gestützt, die für die Technologie ihrer Zeit typisch war. Die Eisenbahn war zum Beispiel entscheidend für die wirtschaftliche Entwicklung Amerikas im 19. Jahrhundert. Die Schienen und Züge waren die Infrastruktur, mit der Regionalökonomien zu einer einzigen Nationalökonomie verbunden wurden. Damals waren Eisenbahnlinien ein großes Geschäft, doch die Menge der Zugreisenden und der Unternehmen, die die Güterwagen mit Produkten für neue, expandierende Märkte füllten, wurde noch wichtiger für das Wirtschaftswachstum.

Ähnlich führte das spektakuläre Wachstum bei Automobilen zwischen den 1920er und 1940er Jahren in den 1950er Jahren zum Bau des amerikanischen Autobahnnetzes, der Infrastruktur für das Wachstum der nächsten zwanzig Jahre. Wieder wurden in der Folge unser Leben und die Wirtschaft verändert. Die rasche Entwicklung der Vorstädte ist nur ein Beispiel. Neue Infrastrukturen bedeuten wirtschaftlichen Wandel und darauf folgendes Wachstum. Heute schaffen mit Telekommunikation vernetzte Computer gerade eine solche neue Infrastruktur – man könnte auch *Infostruktur* sagen –, die wiederum unsere Wirtschaft und unsere Lebensweise verändern wird. Innerhalb von ein, zwei Jahrzehnten wird jeder von uns voll über das Informationsraster verfügen, nicht nur auf unseren Schreibtischen bei der Arbeit, sondern auch in unseren Toiletten, Aktentaschen und Hosentaschen.

Großfirmen und ganze Branchen bauen jeweils Infrastruktur auf, doch ihr wirtschaftlicher Wert wird von der noch größeren Produktivität neuer Unternehmen und Branchen in den Schatten gestellt, die infolge der neu geschaffenen Grundlagen entstehen. Im 19. Jahrhundert entstanden in der Fertigung von Dampfmaschinen zum Beispiel sehr wenige Arbeitsplätze. Ihre Bedeutung lag nicht in ihrer eigenen Herstellung, sondern in den Arbeitsplätzen und Unternehmen, die infolge ihrer Herstellung möglich wurden. Ebenso sind die Technologien von Information und Telekommunikation sehr große und profitable Geschäfte, aber die Produkte und Dienstleistungen, die sie liefern, haben viele andere Geschäfte und Branchen weit profitabler gemacht. Sie haben neue Unternehmen geschaffen, die ohne die Informations-Infrastruktur unmöglich gewesen wären.

In der heutigen Wirtschaft haben viele Firmen ihre reifen Geschäfte gefunden, indem sie immer weniger Wert durch Zeit schöpfen, während aus ihnen verwandte Geschäfte hervorgehen, die die Informations-Infrastruktur nutzen und in den nächsten zwei Jahrzehnten stark wachsen werden. Deshalb können Automobilfirmen in schlechten Zeiten mehr mit der Finanzierung als mit dem Bau von Autos verdienen, deshalb können Fluggesellschaften mehr mit Informationsdiensten wie Reservierungssystemen verdienen als damit, Menschen hin und her zu fliegen, deshalb verdient ein Hersteller von Auto- und Flugzeugteilen fast so viel mit Bonitätsprüfungen wie mit der Herstellung von Auto- und Flugzeugteilen, deshalb kann ein Einzelhändler mehr an seinen Kundenlisten verdienen als an der Kleidung und den Geräten, die er verkauft, und deshalb verdient ein Baseballclub weniger damit, Baseball zu spielen, als mit dem Verkauf der Videorechte. Die Geschäfte, die Sie in der ersten Hälfte dieser Wirtschaft und davor betrieben haben, sind vielleicht nicht die gleichen, die Sie durch die zweite Hälfte bringen.

Das Verschmelzen aller Formen und Funktionen der Information zu einer einzigen Architektur schafft eine völlig neue Wirtschaftsform, doch der Verschmelzungsprozeß wird durch eine Reihe von technologischen, wirtschaftlichen und organisatorischen Engpässen verlangsamt. Das ist freilich typisch für das Entstehen neuer Infrastrukturen. Es hat Jahrzehnte gedauert, Eisenbahnen und Autobahnen zu bauen. Obwohl die Gebrüder Wright 1903 zum erstenmal flogen, berührte der kommerzielle Luftverkehr das Leben der Normalbürger erst nach fünfzig Jahren. Es dauerte Jahrzehnte, die Infrastruktur von Flughäfen, Fluglotsen, Reisebüros, Motorenbauern, Teile-Lieferanten und Reservierungssystemen aufzubauen, die den Personen-Flugverkehr unterstützen. Das Raffinieren von Öl, begonnen mit einem simplen Destillationsprozeß, der Kerosin ergab, entwickelte sich über einen Zeitraum von hundert Jahren zu einer komplexen chemischen Technologie, die Dutzende von wertvollen Erdölprodukten ergibt. Solange die technologische Verschmelzung von Telefonen, Fernsehern und Computern nicht abgeschlossen ist, ist die Infrastruktur nicht komplett, und der wirtschaftliche Kern ist daher nicht reif genug, um die wirklich neuen Management- und Organisationsmodelle zu entwickeln.

Anfang der 1950er Jahre, am Anfang dieser Wirtschaft, gab es nur etwa vier Millionen amerikanische Haushalte mit Fernsehen, etwa 10% aller Haushalte. In der Mitte dieser Wirtschaft haben 98% der amerikanischen Haushalte Fernsehen, aber nur rund 10% haben Computer. Anders gesagt, die Präsenz des Computers in unseren Haushalten ist Anfang der 1990er Jahre nicht größer als die des Fernsehens Anfang der 50er Jahre. Es ist recht wahrscheinlich, daß lange vor dem Jahr 2020 98% unserer Haushalte Computer haben werden. Durch fortgeschrittene Technologie wird der Computer allerdings einem Fernseher in „Aussehen und Gefühl" sehr ähnlich sein, ein Hybrid, das Formen und Funktionen der Informationsarchitektur in sich vereint.

Das Verschmelzen der Formen wird weitgehend zwischen Daten und Text bei Computern geschehen und zwischen Ton und Bild bei Telefonen und Fernsehern. Das Verschmelzen von Funktionen wird weitgehend zwischen dem Senden und Empfangen in der Telekommunikation und zwischen dem Erzeugen, Verarbeiten und Speichern von Daten in Computern geschehen; all dies hat im wesentlichen in den 1980er Jahren begonnen, so daß Netze überall entstanden. Das Verschmelzen aller Formen und Funktionen könnte durchaus die wichtigste infrastrukturelle Entwicklung der 90er Jahre sein.

Im vierten Viertel dieser Wirtschaft, *in den 2010er Jahren, könnten Telefon, Computer und Fernsehen praktisch ein und dasselbe sein.* D. H. Telefone werden Bilder ebenso verarbeiten wie Daten. Es wird Standard sein, daß ein Computer ein eingebautes Telefon hat und umgekehrt. Nimmt man den Bildschirm eines Fernsehers ab, so sieht jeder aus wie ein Computer. Die „sprechenden Gelben Seiten" sind ein frühes Beispiel, das die Synthese zwischen Telefon und Computer nutzt. Im Lauf des nächsten Jahrzehnts werden verschiedene Produkte Teilstrecken in dieser Richtung zurücklegen, bis die Integration zuletzt vollständig ist.

Bildtelefone für Videokonferenzen haben schon Telefon und Fernsehen kombiniert. Die heute gängigen Videokonferenz-Technologien kosten Millionen von Dollars und erfordern spezielle Anlagen. Dennoch ist das Bildtelefon Ihrem Büro und Ihrem Wohnzimmer näher, als Sie glauben. Picturetel, eine neue Firma in Massachusetts, liefert heute Telefon- und Videoverbindungen über ein tragbares Farbgerät mit eingebauter Videokamera, das genauso aussieht wie ein Fernseher und fast so leicht zu bedienen ist. Es sendet über gemietete Telefonleitungen zum gleichen Preis wie ein einfacher Anruf und stellt die Verbindung her, wenn man einfach die Telefonnummer des anderen Teilnehmers wählt. Jeder Teilnehmer kann die Kamera am Standort des anderen steuern, hinein- und hinauszoomen, Winkel verändern oder auf Dokumente, Tabellen oder Geräte einstellen.

Picturetel ermöglicht sogar Konferenzschaltungen mit mehreren Teilnehmern. Das Produkt kostet heute rund 50000 Dollar, und jeder Teilnehmer muß ein Gerät haben. Zu diesem Preis ist es schon für viele Firmen sinnvoll, besonders für solche mit weit auseinanderliegenden Standorten im In- und Ausland, Picturetel zur Konstruktion, zur Qualitätssicherung, Planung, für Management-Berichte und andere Konferenzen einzusetzen. Harris Corporation in Florida liefert für etwa 20000 Dollar pro Standort Videokonferenzen auf PC-Bildschirme. Jedes System hat einen PC, eine Kamera, Mikrofon, Videoprozessor, Steuerung und Software, so daß Text, Verteilungsbögen und Gespräche gleichzeitig über gewöhnliche Telefonverbindungen gehen. Der nächste Quantensprung wird dieses Produkt in Ihr Wohnzimmer bringen. Panasonic hat 1990 zu einem Prozent des Picturetel-Preises ein Gerät für zuhause angeboten, das alle zwanzig Sekunden ein neues Standbild übermittelt.

Auch Fernseher und Computer werden integriert. Viele von uns benutzen schon Fernsehbildschirme, um Videospiele und Computerprogramme zu sehen. Wenn ein Fernseher als Computer-Monitor benutzt werden kann, kann dann ein Computer als Fernseher benutzt werden? Nolan Bushnell, der unermüdliche Unternehmer und

Gründer von Atari und Chuck E. Cheese Theaters, leitet eine neue Firma, die das Fernsehen zum Computer-Terminal bringt. Aapps Inc. bietet eine Karte an, die auf einem Macintosh-Terminal in einem Window einen Fernsehbildschirm aufbaut. Das Window zeigt Fernsehsendungen oder Videoprogramme von einem Videorecorder, einer Live-Kamera oder einer Diskette.

Intel plant, die Verbindung Video-Computer einen Schritt weiter zu bringen. Sein neues Digital Video Interface (DVI) funktioniert genau wie ein Textscanner. Es liest Videobilder in einen Computer ein und speichert sie. Sind sie gespeichert, können diese Videoclips editiert, manipuliert, umgeschnitten und mit anderen Clips kombiniert werden. Den kreativen Möglichkeiten sind keine Grenzen gesetzt. Die Speicherung von Videofilmen erfordert allerdings sehr viel mehr Platz als Text. Eine handelsübliche Kompaktdiskette faßt heute fast fünfzigtausend Seiten Text, aber nur zehn Minuten Video. Was Speicherplatz betrifft, so ist ein bewegliches Bild mehr wert als tausend Worte.

Die Integration von Computer und Fernsehen hat oft mit Spielen begonnen. Das Neueste sind Simulationsspiele. Mit diesen Produkten kann man Videoströme steuern und dynamisch mit ihnen interagieren. In der einfachsten Form sind sie ein Nintendo-Power-Handschuh oder ein „fliegender Teppich", der die Ereignisse auf dem Bildschirm nach den Bewegungen des Spielers steuert. Der Spieler rückt nach rechts, und die Figuren auf dem Bildschirm bewegen sich entsprechend. Mit raffinierteren Produkten kann der Spieler zum Beispiel einen Vogel, Gleiter oder Ballon am Himmel über eine Landschaft seiner Wahl steuern. Der Vogel läßt sich fallen, gleitet oder steigt auf, wenn der Spieler die entsprechende Körperbewegung macht, und der Spieler erlebt das Resultat aus der Perspektive des Vogels auf dem Bildschirm. Wenn man dies auf einem großen High-Definition-Fernsehbildschirm erlebt, ist der Eindruck unvergeßlich. Andere Programme mit virtueller Realität lassen Sie durch eine Stadt Ihrer Wahl spazieren und dabei Tempo und Richtung selbst bestimmen, zu Korallenriffen tauchen und auf verschiedenen Bergen skifahren. Architekten und ihre Kunden können durch ihr „virtuelles Gebäude" wandern und dabei Dinge ändern: den Arm ausstrecken, das Fenster berühren und es einen Meter zur Seite ziehen, damit man einen besseren Blick hat; hier eine Wand löschen und dort eine Extra-Steckdose eintippen. Man bedenke die Möglichkeiten in Medizin, Freizeit, Ausbildung, Reisen und einer Vielzahl anderer Gebiete.

Gewiß werden alte Geschäfte revitalisiert und neue geschaffen, doch technologische Engpässe in der Informations-Infrastruktur bremsen zur Zeit ihre breitere Anwendung in unserer Wirtschaft. Ein Hauptgrund besteht darin, daß bisher alle vier Formen der Information auf anderen Spuren gefahren sind. Eisenbahnen, Autos und Traktoren sind Fahrzeuge, die auf sehr unterschiedlichen „Spuren" laufen. Stellt man sich vor, daß sie alle auf derselben Spur fahren, so sieht man Engpässe, wenn nicht das Chaos. Es gibt keinen einzigen Standard, in den sie alle passen, und die existierenden Spuren sind auch nicht breit genug, um so viel Verkehr zu bewältigen.

Das Gleiche geschieht in der Kommunikationstechnologie. Daten, Text, Ton und Bild laufen ebenfalls auf unterschiedlichen elektronischen Spuren. Die Spuren heißen Bänder, und sie sind nicht breit genug für all die digitalisierten Bits, die nötig sind, um Daten, Text, Ton und Bild gleichzeitig und so schnell, wie wir wollen, zu übermitteln. Ein Engpaß in dieser Phase unserer Wirtschaft liegt deshalb in der nur teilweisen Erfüllung des Bedarfs an kompatiblen Computer-Architekturen. Bis dies vollständig ist, wird die Information auf parallelen statt integrierten Spuren laufen. Der andere Engpaß liegt in dem nicht erfüllten Bedarf an praktisch unendlicher Bandbreite zu geringen Kosten. Doch wir sehen Öffnungen am Ende dieser technologischen Engpässe. Sie sind in unserer Reichweite.

Wie viele Jahre hat die Wirtschaft noch?

Die Informations-Infrastruktur steht irgendwo zwischen Wachstum und Reife, in der Mitte der Kurve. In recht ähnlicher Weise, wie Menschen im zweiten Viertel ihres Lebens von der Notwendigkeit zerrissen werden, zwischen konkurrierenden Lebenskonzepten zu wählen, so bietet auch die Informationstechnologie verschiedene Standards an, und die Reifung der Infrastruktur wird durch das Dilemma der Wahl gehemmt. Es gibt eine parallele Entwicklung technisch nicht zusammenpassender Mechanismen. IBM, Apple und DEC haben zum Beispiel bei ihren Informationsmaschinen ganz verschiedene Betriebssysteme. Die Telekommunikation hat ein Erbe einzelner Standards, aber nun konkurrieren ihre Standards mit denen von Computern und Fernsehen um die Vorherrschaft. Die Reifung der Infrastruktur läßt sich zum Teil daran messen, in welchem Maß sie Standards übernimmt, Kompatibilität zwischen ihren Teilen entwickelt und nicht kompatible Teile in ein nahtloses Ganzes integriert. Dieser Prozeß findet gerade statt und wird im kommenden Jahrzehnt *der* wichtigste Brennpunkt sein.

Den Technologen zufolge gibt es die unendliche Bandbreite bereits, und die stärker wirtschaftsorientierten unter ihnen sagen, innerhalb von fünf Jahren würden interessante Preis-Leistungs-Verhältnisse erreicht. Um die Standards wird heiß gekämpft, doch auch die sollten in der gleichen Zeitspanne feststehen. Da sich die Informationstechnologie schneller entwickelt als ihre Anwendungen in der Wirtschaft, kann man davon ausgehen, daß die Anpassung dieser Informationsinstrumente an alle Branchen der Wirtschaft noch länger dauern wird. Wenn kombinierte Computer/Kommunikationstechnologien fest etabliert sind, wird es nach unserer Schätzung noch fünf bis zehn Jahre dauern, bis alle Unternehmen davon betroffen sind, wie in der Industriewirtschaft alle Unternehmen von der Elektrizität oder der Automobiltechnologie betroffen wurden.

Ebenso, wie Technologien sich schneller entwickeln als die Fähigkeiten der Unternehmen, sie zu nutzen, entwickeln sich Geschäfte schneller als die Fähigkeit der Manager, neue und passendere Organisationsformen zu entwickeln. Dieser Prozeß wird etwa ein weiteres Jahrzehnt dauern, und dann wird die Wirtschaft im fortgeschrittenen mittleren Alter sein, recht reif. *Insgesamt können wir damit rechnen, daß abschließende Management-Modelle in etwa zwanzig Jahren erscheinen werden* – d. h. plus/minus ein Jahrzehnt um 2010 –, *und bestimmt nicht vor der Jahrhundertwende.*

Zur Zeit jedoch geht die Informations-Infrastruktur vom Wachstum zur Reife über, und die Menschen haben es schwer, kundige Kunden zu sein. Große und kleine Abnehmer der Infrastruktur-Geräte mögen sich verständlicherweise nicht auf Informationstechnologien und -dienste festlegen, die den Krieg um die Standards verlieren könnten. Und selbst wenn die Gewinner gewählt werden, ist es gut möglich, daß auch sie innerhalb eines Jahrzehnts technisch überholt sein werden. Alle freuen sich über die Fortschritte, wünschen aber gleichzeitig, die Infrastruktur würde ihre „paarunddreißig" Jahre hinter sich bringen und in die weniger turbulente Reife eintreten. Wenn das geschieht, werden neue Geschäfte in allen Sektoren der Wirtschaft zu etablierten werden, und dann können wir auch neuartige Organisationen erwarten, die sie führen.

Die Industriewirtschaft hat sich global 190 Jahre gehalten (von den 1760er bis zu den 1950er Jahren) und in den USA neunzig Jahre (1860er bis 1950er Jahre). Wann in dieser langen Geschichte der Industriewirtschaft kam das Modell für Management und Organisation einer Firma auf, das am weitesten verbreitet war? Erst in der Abenddämmerung der Ära.

Die meisten leitenden Angestellten würden diesen Preis dem Modell geben, das Alfred Sloan in den 1920er Jahren bei General Motors entwickelte: dezentrale Betriebe um eine Abteilungsstruktur, kombiniert mit zentralisierter Planung und Finanzsteuerung. Den zweiten Platz könnte die Unterscheidung zwischen bestimmten Aktivitäten wie Fertigung und Verkauf und der Managementfunktion selbst bekommen, die um die Jahrhundertwende bei der Eisenbahn eingeführt wurde. Fords Fließband und Frederick Taylors Zeit- und Bewegungsstudien könnten den dritten und vierten Rang einnehmen. Alle diese wichtigen Modelle kamen erst auf, als die Industriewirtschaft recht reif war – zumeist in ihrem vierten Viertel.

Die Informationswirtschaft ist erst drei oder vier Jahrzehnte alt. Und erst seit zehn Jahren sind wir uns der Veränderung bewußt. Zwar wissen wir, daß neue Modelle für Organisation und Management unserer Firmen eindeutig nötig sind. Doch wenn die Geschichte der Industriewirtschaft den Managern irgend etwas sagt, dann daß solche neuen Modelle erst aufkommen, wenn eine Wirtschaft weitgehend entwickelt ist. Trotz unserer Wünsche ist es also unwahrscheinlich, daß sie im nächsten Jahrzehnt entstehen.

Dies ist kein Grund zur Sorge oder Entmutigung. Zu diesem Zeitpunkt ist es noch verfrüht, sich auf die Organisationsmodelle der Zukunft zu konzentrieren. Das Letzte, was eine Firma wollen sollte, ist, verfrüht eine Organisation aufzubauen. Erst wenn sie weiß, welche Art von Unternehmen sie werden wird, kann sie die geeignete, wirksamste Organisation entwickeln.

Bedenkt man den Zukunftsschock und das raschere Tempo des Wandels, so wird die Informationswirtschaft in kürzerer Zeit als die Industriewirtschaft ihren ganzen Lebenszyklus durchlaufen. Sie ist gerade im frühen mittleren Alter und wird ihre Reife erlangen, eigene und geeignete Wirtschafts- und Organisationsmodelle haben, wenn sie das späte mittlere Alter erreicht. Wenn Sloans Modell nach drei Vierteln der Industriewirtschaft aufkam, dann liegt es nahe, daß die gegenwärtige Wirtschaft im Jahr 2010 plus/minus zehn Jahre drei Viertel ihres Lebenszyklus vollendet hat. Und in den Jahrzehnten nach 2020 wird die Biowirtschaft die Oberhand gewinnen, während die Informationswirtschaft altert. Wenn wir in das zweite Viertel des

21. Jahrhunderts eintreten, werden Unternehmen, die auf den Technologien der Biowirtschaft aufbauen, schneller wachsen als das Bruttosozialprodukt, die auf Information aufbauenden hingegen werden langsamer wachsen, ebenso wie der Produktionssektor im Übergang von der Industrie- zur Informationswirtschaft langsamer wuchs.

Das Jetzt ist nur die Puppe der Ungeheuer

Das Arbeitskräftepotential um 2010 wird aus den Schulkindern von heute bestehen, für die Computer nicht technologische Rätsel sind, sondern schlicht eine Selbstverständlichkeit. Der Computer-Visionär Alan Kay hat eine wunderbare Definition für Technologie: Sie ist das, was es noch nicht gab, als man geboren wurde. Kleidung, Papier und Bleistifte gab es, also gelten sie nicht als Technologie. Kay zeigt gern ein Video von einem zweiundzwanzigmonatigen Mädchen in Windeln, das den MAC II zu 70% beherrscht. Sie ist geschickter mit der Maus als mit einem Bleistift, und es ist erstaunlich, ihr zuzusehen, wie sie den Computer einschaltet, ein unfertiges Bild aufruft, ein paar zusätzliche Linien einfügt, Farbe zusetzt, dem Ganzen einen Titel gibt, es speichert, druckt und am Kühlschrank befestigt. Können Sie sich nicht auch ihre ältere Schwester vorstellen, die ihr eine bunte Schachtel zeigt und sagt: „Die heißen Wachsmalstifte. Man kann sie benutzen, um Graphiken zu erzeugen." Für diese Generation ist der Computer nicht Technologie. Er gehört einfach zur Umgebung wie Papier und Bleistift. Dies ist die Generation, die auf neue Organisationsmodelle vorbereitet ist, wenn sie auf den Arbeitsmarkt kommen.

Es ist gut möglich, daß diese neuen Manager von den frisch diplomierten Betriebswirten von heute geführt werden, die im Durchschnitt sechsundzwanzig Jahre alt sind. Und neue Organisationsmodelle werden Gestalt annehmen, wenn diese Kohorte von Betriebswirten mit Mitte oder Ende Vierzig in die Chefetage aufrückt. Oder ebenso gut könnten die Nachwuchsunternehmer, die heute die neuen Firmen der Informationswirtschaft aufbauen, wichtigere Elemente des Modells entwickeln als ihre diplomierten Altersgenossen. Diejenigen, die ihre Laufbahn als Unternehmer oder Manager gerade beginnen, könnten auf dem Höhepunkt ihrer Karriere aktive Beteiligte an der Organisations-Renaissance sein. Diejenigen, deren Laufbahn vor der Jahrtausendwende abgeschlossen ist, empfinden diese Nachricht manchmal als Enttäuschung: „Ich bin bis dahin pensioniert, also was soll's?" Warum pflanzen dann reife Menschen Bäume, die sie nie voll ausgewachsen sehen werden? Es gibt enorme Aufgaben im nächsten Jahrzehnt, und sie bedeuten sehr spannende Herausforderungen. Doch vielleicht sind es nicht die, auf die Sie gehofft haben. Astronauten über Vierzig werden wahrscheinlich nicht im ersten Raumschiff sitzen, das zum Mars fliegt, und Manager über Vierzig werden wahrscheinlich nicht die neuen Modelle für das Management im Informationszeitalter entwickeln. Wir heute können den Weg bereiten – oder bremsen. Das Jetzt ist nur die Puppe der Ungeheuer.

Uns allen ist sehr deutlich, welche folgenschweren wirtschaftlichen Veränderungen in der Welt vor sich gehen. Wir lesen ständig darüber, ob Deutschland und Japan unseren amerikanischen wirtschaftlichen Lebensstandard übertreffen werden, während wir uns abgleiten lassen wie Großbritannien. Sollen wir mehr hineinstecken, als wir herausholen, oder sollen künftige Historiker unsere Wirtschaft als die Wirtschaft des Ausgebens und Verbrauchens bezeichnen?

Heute vollzieht sich auch der politische Wandel mit Lichtgeschwindigkeit, und wieder scheinen wir Amerikanern nur zu folgen und hinterherzuhinken, wo wir einst führend waren. Uns ist deutlich bewußt, daß demokratische Regierungen und eine freiheitliche Gesellschaft nicht lange ohne eine gesunde Wirtschaft überleben können.

Doch was müssen Manager und ihre Firmen tun, um gesund zu bleiben, um die Führung zurückzugewinnen. Wie werden wir die Zeit nutzen, die wir haben? Was ist unsere Vision?

Dies ist der Augenblick, um genau solche Fragen zu stellen, als Menschen und als Wirtschaft, weil beide in der Mitte des Lebens sind. Es ist nicht überraschend, daß Menschen, Unternehmen und die Wirtschaft die gleichen Lebensphasen durchlaufen. Es ist aber überraschend, *daß der Lebenszyklus der Mehrheit der Amerikaner und dieser gegenwärtigen Wirtschaft zusammen begonnen hat und zusammen enden wird.*

Zwei Schweine in derselben Pythonschlange

Die Kinder des Baby-Booms, der größte Teil der amerikanischen Bevölkerung, sind zwischen 1946 und 1964 geboren worden. Die Informationswirtschaft begann in den frühen bis mittleren 1950er Jahren, just in der Mitte dieser Generation. Der Lebensstil dieser Generation ist von der Technologie der Elektronik und Information der Zeit gestaltet worden, um die verbraucherorientierte Wirtschaft zu schaffen, die wir heute haben. Siebenundsiebzig Millionen Baby-Boomer und die Informationswirtschaft gehen zusammen Schritt für Schritt durch ihre Lebenszyklen, und gerade jetzt sind beide über Dreißig, beide an der Kreuzung in der Mitte ihres Lebens. Folglich machen viele Menschen Probleme des Lebenszyklus durch, die eine auffallende Ähnlichkeit mit den Problemen im Lebenszyklus der Wirtschaft selbst haben. Und weil die Bevölkerungsentwicklung weit besser vorhersagbar ist als die Wirtschaft, kann sie sowohl die Dilemmas von Personen als auch von Unternehmen erhellen.

Die Ursachen dieses Paares von Lebenszyklen sind nicht miteinander verwandt, aber die Wirkungen sind es. Die Informationswirtschaft begann mit dem Altern der industriellen Technologien und der Geburt neuer, auf Technologie basierender Technologien. Der Baby-Boom begann bei der Rückkehr der Soldaten aus dem Zweiten Weltkrieg und hielt an, bis ihre Generation keine Kinder mehr bekam. Wenn Demographen das Voranschreiten dieser Generation durch die Zeit graphisch darstellen, beschreiben sie die dicke Beule auf ihren Tabellen als „ein Schwein, das durch eine Pythonschlange rutscht". Während die Beule durch die Stadien ihres Lebenszyklus geht, wächst diese Altersgruppe etwa dreimal so schnell wie die US-Bevölkerung als Ganzes. Die Baby-Boomer machen heute etwa die Hälfte der erwachsenen Bevölkerung aus, und bis 1995 werden sie fast 75% aller Arbeitskräfte stellen. Ihre Bedürfnisse, Werte, Fähigkeiten und Lebensstile werden Gestalt und Ausrichtung unserer Geschäfte und Organisationen entscheidend beeinflussen.

Etwa die Hälfte der Baby-Boomer sind jetzt zwischen 26 und 35 und gehören noch immer zum Markt junger Erwachsener (18–35), den die Wirtschaft so umwirbt. Dies ist die Hälfte, die Optimismus zu verursachen scheint. 41% der Angehörigen höherer Berufsstände und 37% der Führungskräfte, Manager und Verwaltungsfachleute sind in dieser Unterkategorie. Die Haushalte sind die wichtigsten Verbraucher, auf die Unternehmen achten, und da in mehr als drei Vierteln dieser Gruppe Mann und Frau berufstätig sind, ist das Einkommen dieser Haushalte beträchtlich: Über zwei Drittel haben mehr als 50000 Dollar im Jahr. Sie sind noch immer kauflustig, vor allem aus Image-Gründen, und kaufen am meisten Kleidung, Hi-Tech-Elektronik, Möbel, Freizeit- und Unterhaltungsprodukte. Sie sind von den Werten und dem Verhalten des Wachstumsviertels durchdrungen, sowohl individuell als auch in ihrer Organisation. Sie sehen ihre Karrieren noch immer auf dem ansteigenden Teil des Lebenszyklus und sind noch nicht in die Kategorie der älteren Hälfte der Boomer-Generation gerückt, der Gruppe der 35- bis 44-jährigen, deren Wachstum bei Karriere und Einkommen im Laufe der 1990er erheblich langsamer wird.

Diese ältere Hälfte der Baby-Boomer gibt weit mehr Anlaß zur Sorge. Die letzten von ihnen wurden 1954 geboren, gerade am Anfang der Informationswirtschaft. Was ist aus ihnen geworden? 25% von ihnen haben es nie zu mehr als dem Abitur gebracht, und noch einmal 25% nicht einmal so weit. Nur ein Fünftel der 1954 Geborenen hat ein Studium abgeschlossen. Die 20% Hochschulabsolventen sind jetzt die Führer und Manager der Informationswirtschaft. Was haben sie studiert?

Um Einblicke in das zeitgenössische Amerika zu gewinnen, hat das amerikanische Bildungsministerium die Studienbücher und Nachfolge-Fragebogen von über 15000 Abiturienten des Jahrgangs 1972 untersucht.[2] (Anm. d. Ü.: Die ersten beiden Jahre an amerikanischen Hochschulen dienen der Allgemeinbildung; erst danach wird ein Hauptfach gewählt.) Als Vorbereitung für dieses technologische Zeitalter hatten 35% keine Mathematik belegt und weitere 30% einen Nachholkurs, der der Mathematik am Gymnasium entspricht. Als Vorbereitung für dieses globalisierte Zeitalter belegte nur die Hälfte der Mathematik-Studenten irgendwelche Kurse in Fremdsprachen oder internationalen Studien. Die Amerikaner rangierten als Letzte in einem vom *National Geographic* gesponserten Neun-Länder-Vergleich: 45% „wußten nicht, wo Mittelamerika liegt, nur ein Drittel konnte Vietnam auf einer Landkarte finden, und weniger als die Hälfte der Testpersonen fand Großbritannien, Frankreich, Südafrika oder Japan."[3]

Im Gegensatz zu dieser Unterbelichtung bei Sprachen und Mathematik belegten laut der Studie des Bildungsministeriums fast 30% Kurse zum körperlichen Wohlbefinden wie Aerobic, Jogging, Bodybuilding und Yoga. Was die Lebensziele betrifft, so war es vielen wichtiger, „starke Freundschaften" zu haben als „die Fähigkeit, den Kindern bessere Chancen zu bieten". In der zweiten Hälfte dieser Wirtschaft werden die alternden Boomer erleben, daß der Lebensstandard ihrer Kinder schneller absackt als ihr eigener, und sie werden Mühe haben, für ihren Lebensabend vorzusorgen.

Zwar sind sich die Fachleute einig, daß die Planung für den Ruhestand mit 40 begonnen haben sollte, doch weniger als ein Viertel der Amerikaner in diesem Alter haben damit begonnen und sparen schnell genug Vermögen an, um ihren Lebensstil im Ruhestand aufrechtzuerhalten. Eine landesweite Umfrage von Merryl Lynch unter den 45- bis 64-jährigen ergab, daß nur 18% mindestens 20% sparen, obwohl 74% nach der Pensionierung den gleichen Lebensstandard erwarten wie davor und 59% vorzeitig in den Ruhestand gehen wollen.[4] Die Menschen werden entweder mehr sparen müssen oder die Erträge aus bereits vorhandenen Ersparnissen steigern, einen niedrigeren Lebensstandard im Ruhestand akzeptieren oder aber die Pensionierung verschieben. Nicht alle Aussichten in unserer Vision 2020 sind rosig.

Die Baby-Boomer sorgen dafür, daß die Rentenkasse solvent bleibt, denn sie geben viel aus. Doch die Überschüsse werden jetzt anderweitig verwendet, statt für die Zukunft reserviert zu werden, wenn die Boomer in Rente gehen. Außerdem folgt den Baby-Boomern eine kurze Generation von Leuten, die die Kindererziehung verschieben, bis sie weit über Dreißig sind, oder ganz darauf verzichten. Dies kann dazu führen, daß die Bevölkerungsbasis im letzten Viertel der Informationswirtschaft nicht ausreicht, um die Renten zu finanzieren. Zwischen heute und dann wird sich das Verhältnis von Berufstätigen zu Rentnern zum Beispiel von über drei zu eins auf unter zwei zu eins verschieben. Dann wird dem Boomer- und dem Verweigerer-Zyklus der „Echo-Boom“ folgen, die Kinder des großen Baby-Booms und die Arbeitskräfte der nächsten Wirtschaft.

Sind wir der Herausforderung gewachsen?

Dies kollektive Bild von uns Amerikanern als Volk paßt nicht sonderlich gut zu den Herausforderungen, die unsere Wirtschaft in ihrer zweiten Hälfte erwarten. Wenn wir aus der Zukunft auf die vier Viertel der Wirtschaft zurückblicken, könnten wir uns schon diese Interpretationen vorstellen: Nostalgie für unsere Unschuld im jugendlichen ersten Viertel (1953 bis 1971); Optimismus und Enthusiasmus für das Wachstum im zweiten Viertel (1972 bis 1990); Sorge, Erhaltung und Beschränkung im reifenden dritten Viertel (1991 bis 2009) und schwere soziale und wirtschaftliche Spannungen im niedergehenden vierten Viertel (2010 bis 2020er Jahre). Zur Vermeidung dieser negativen Entwicklungen wird es erforderlich werden, unsere Wirtschaftstätigkeiten bewußt zu restrukturieren, als Individuen ebenso wie als Unternehmen und Völker.

Wenn Menschen von ihrem Wachstumsviertel in ihr Reifeviertel übergehen, passen sich ihre Werte und Verhaltensweisen entsprechend an. Junge Leute denken oft: „Ich wechsle in eine andere Firma, wenn nicht ..." Nach der Mitte ihrer Laufbahn heißt es dann: „Ich bleibe bei dieser Firma, wenn nicht ..." Noch etwas später akzeptieren sie weniger Mobilität innerhalb derselben Firma und bleiben bis zu zwei von ihren vier Berufsjahrzehnten auf demselben Posten.

Eine ähnliche Progression gibt es bei Unternehmen, wenn sie in die zweite Hälfte ihres Lebenszyklus eintreten. Und wenn Menschen, Unternehmen und die amerikanische Volkswirtschaft in die Reifephase kommen, ist der beste Weg, um langfristiges Wachstum zu sichern, das Hervorbringen von Kindern, neuen Unternehmen und wieder einer anderen Wirtschaft für eine neue Generation. *Kontinuität und Wachstum durch aufeinanderfolgende Lebenszyklen.* Bisher haben die Organisationen unserer Wirtschaft dieses Konzept nur langsam übernommen. Es wird ein wichtiges Zeichen wirtschaftlicher Reife im besten Sinn sein, daß wir Modelle für Management und Organisation entwickeln, die eng mit den Lebenszyklen unserer Geschäfte verbunden sind. Ein Geschäft reif zu nennen, hat einen negativen Beigeschmack bekommen. Es gilt als etwas, das seine beste Zeit hinter sich hat, langsamer wächst und keine überwältigende

Zukunft hat. Menschen reif zu nennen, klingt generell eher positiv. Ihre Gesundheit ist noch gut, und man nimmt an, daß sie sich einiges an Fähigkeiten, Aussichten und Geld erarbeitet haben. Wir ziehen es vor, Reife als die beste Zeit für Menschen und *auch* für Geschäfte zu sehen.

Was bedeutet es, daß unsere Wirtschaft in den nächsten beiden Jahrzehnten reifen wird? Das reife dritte Viertel der Industriewirtschaft nahm die zweite Hälfte des 19. Jahrhunderts ein, und das letzte Viertel erstreckte sich über die erste Hälfte des 20. Jahrhunderts. In den USA begann der wirkliche Übergang von einer Agrar- zu einer Industriewirtschaft erst 1865. Das Ergebnis des Bürgerkrieges bestimmte auch, daß die Basis der Volkswirtschaft Industriewachstum sein würde statt Landwirtschaft. Der Industriesektor wuchs danach viele Jahrzehnte rasch; er erreichte 1947 seinen höchsten Anteil am Bruttosozialprodukt und 1953 den höchsten Anteil an den Arbeitsplätzen. Obwohl sie reif war, war die Industriewirtschaft in ihrer zweiten Hälfte noch sehr dynamisch, und Produktivität und Lebensstandard stiegen rapide.

Diese Industriewirtschaft begann in Großbritannien, doch in den USA schloß sie ihren Lebenszyklus ab. Die USA waren das erste Land, das die neue Informationswirtschaft begann. Werden sie aber auch als erste den gegenwärtigen Zyklus abschließen? Oder wird diese Wirtschaft wie ihre Vorgängerin in einem Land beginnen und in einem anderen enden? Und wie wird die nächste Wirtschaft sein, die schon in der Entstehungsphase ist?

Historikern zufolge gehen Kulturen zugrunde, wenn sie sich auf der Weltbühne zu stark ausbreiten, besonders militärisch. Die Geschichte liefert viele Beispiele, vom alten Rom bis zu Deutschland und Japan im Zweiten Weltkrieg. In den fast fünfzig Jahren seit diesem Krieg sind die Eroberer ins Hintertreffen geraten, während die Eroberten durch Handel gesiegt haben.

Nachdem die militärischen Spannungen abgeklungen sind, versuchen die USA und die UdSSR jetzt, ihre Wirtschaft umzuorientieren. Die Sowjets haben die grundlegendere Restrukturierung in Angriff genommen, aber das Ergebnis ist gewisser. Gleichgültig, wie erfolgreich sie sind: Es ist trotzdem unwahrscheinlich, daß sie im nächsten Viertel eine ernste Konkurrenz für die amerikanische, asiatische oder europäische Wirtschaft werden. Das Volk und die Regierung der USA hingegen hinterfragen ihre nationale Vision nicht so tief. Am Ende des zweiten Viertels ist unsere amerikanische Stellung in der Welt im Verhältnis zu den aufsteigenden Wirtschaftsmächten schwächer geworden, obwohl sich unser Modell gegenüber dem sowjetischen durchgesetzt hat. Unsere Zukunft im dritten Viertel dieser Wirtschaft ist positiver und gleichzeitig ungewisser als ihre.

Obwohl wir Amerikaner gern etwas anderes glauben möchten, haben nicht wir als erste die Spur für die neue Infrastruktur der Informationswirtschaft gelegt. Die öffentlichen Kommunikationsnetze in den USA bleiben zunehmend hinter denen ihrer Konkurrenten zurück. In den USA hat sich das Investieren und die unbewußte, aber de facto vorhandene nationale Strategie vorwiegend auf private statt auf öffentliche Netze konzentriert. Die Implikationen des Konkurrenzdrucks und der Regierungspolitik auf dem Weg, den wir für das Land, unsere privaten Unternehmen und den Durchschnittsbürger eingeschlagen haben, bedürfen dringend der Aufmerksamkeit.

Es ist Zeit, jene lange Dusche zu nehmen und über die Zyklen des Lebens nachzudenken. Lassen Sie das Wasser etwas länger laufen, und fragen Sie sich: „Wohin gehe ich? Wohin geht mein Geschäft? Und wohin geht mein Land?“

Ist es die Mode, daß abgelegte Väter
So mitleidlos mit ihrem Fleisch sind?

William Shakespeare, *König Lear, III. 4*

Kapitel 2

Es gibt kein Jack Benny-Gesetz der Wirtschaft: Man kann nicht ewig 39 bleiben

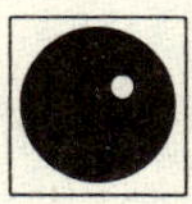

Die Information in einem reifen Kerngeschäft – dargestellt durch den kleinen weißen Kreis innerhalb des großen schwarzen Kreises – wird die nächste Generation des Wachstums hervorbringen.

Ob tragisch oder komisch – unsere Wünsche und Bemühungen, uns und unsere Welt zu vitalisieren, sind sehr real. König Lears verzweifelter Kampf, auf der Höhe zu bleiben, trieb ihn in Wahnsinn und Tod. Am wirtschaftlichen Ende des Spektrums steht Jack Benny; auf die Frage nach seinem Alter sagte er immer, selbst gegen Ende seines Lebens, mit ausdruckslosem Gesicht: „Neununddreißig".

Niemand und nichts will alt werden. Der Kampf, auf der Höhe zu bleiben, ist bei Staaten und Unternehmen ebenso heftig wie bei Menschen. Tatsächlich aber werden alle alt – Menschen und Familien, Firmen und Wirtschaftsformen. Es gibt kein Jack Benny-Gesetz für Unternehmen, und sie können nicht ewig neununddreißig bleiben. Was sollen sie tun?

Betrachten wir die Computerbranche, den Leithammel der Entwicklung aller Branchen in dieser Wirtschaft. Sie war in den 1950er Jahren im embryonalen Stadium und kam in den 1960er Jahren ans Tageslicht. In den sechziger Jahren konzentrierte sie sich auf König Hardware, die Black Box oder das Produkt. Seine Töchter, Software und Service, waren nur etwas, das man tat, um das eigentliche Geschäft zu bekommen. Am Anfang war Hardware der Star, und alle neigten sich vor seiner Größe. In den 1970er Jahren waren seine Töchter jedoch erwachsen und mächtige, schöne junge Frauen geworden. Als immaterielle Dinge wie Betriebssysteme und Vernetzung in der Computerbranche immer wichtiger wurden, strebten Software und Service nach Gleichberechtigung mit ihrem alternden Vater.

Die Machtverhältnisse in der Familie verlagerten sich unumkehrbar in den 1980er Jahren. Hardware beherrschte noch die Einkommenszahlen, aber Software und Service bekamen die Herrschaft über die Gewinne. Zur Zeit repräsentiert König Hardware in einem typischen Profil 60% der Einkünfte und die Zwillingsschwestern Software und Service die übrigen 40%. Fragt man aber, was die Familie wirklich ernährt, so steuern die Schwestern je die Hälfte zu den Gewinnen bei, während die Hardware-Hersteller entweder fast nichts hereinbringen oder stempeln gehen. Wenn die Produkt-Technologie dominiert, wird ihre Nachkommenschaft etwas geringschätzig als „Nebenmarkt" bezeichnet. Sind sie einmal *der* Markt geworden, dann verflüchtigt sich die Geringschätzung. Aus den notwendigen Übeln, die nur als Hebel für das eigentliche Geschäft galten, werden selbständige Erfolge, die nun den Wettbewerbsvorteil für die Zukunft einbringen.

Der Tausch der Rollen und der Dominanz ist in der Wirtschaft nicht leichter zu akzeptieren als in der Familie. In beiden ist es sehr schwer, sich den Veränderungen anzupassen. Es ist ein langsamer Prozeß, der manchmal ein Jahrzehnt oder länger dauert. Zur Zeit will König Hardware noch immer, daß die Familienkultur seine Werte und Prioritäten reflektiert: „Wir können nur überleben und gedeihen, wenn wir die nächste Generation von besseren Geräten herausbringen," die Schwestern Service und Software kontern: „Deine Geräte sind Gebrauchsgüter, die unsere Kunden überall kaufen können. Kundenspezifisches Marketing ist ein besserer Weg in die Zukunft als Deine Technologie." Und wie bei allen familiären Auseinandersetzungen hat jeder auf seine Weise recht, und die Familie kann nur überleben, wenn sie beide Beiträge achtet.

Dies kleine Gleichnis ist nicht auf die Computerbranche beschränkt, und sein Sinn ist nicht nur, daß Firmen sich revitalisieren können, indem sie Produkte und Geschäfte einer jüngeren Generation fördern. Informationstechnologie kann eingesetzt werden, um *existierende* Produkte und Geschäfte zu revitalisieren. Sie haben schon gesehen, wie Informationsfähigkeiten in Hardware eingebettet und intelligente Produkte geschaffen werden können. Der größere Zusammenhang ist: *Wenn man die Art, wie ein Geschäft betrieben wird, dramatisch ändert, verändert man das Geschäft selbst.* Genau dies tun die Veränderungen in der Informationstechnologie bei jedem Unternehmen in der Wirtschaft. Wenn die technologischen Mittel, mit denen ein Geschäft betrieben wird, sich ausreichend ändern, geht daraus ein ebenfalls gewandeltes Geschäft hervor, und das Management muß sich dem Wandel anpassen. Die Informationstechnologie hat nicht einfach eine weitere Funktion in der Weise gebracht, wie Geschäfte betrieben werden. Sie hat den Prozeß so radikal verändert, daß das Wesen der Geschäfte selbst grundlegend gewandelt ist, und dementsprechend auch die Art, wie sie gemanagt und organisiert werden.

Reife Geschäfte nutzen die Informationstechnologie zuerst, um zu überleben, und dann, um zu gedeihen. Wie die Söhne und Töchter für eine Familie *ist Information für Geschäfte älterer Generationen ein Mittel zum Überleben.* In Familien kann es tragisch sein, wenn die ältere Generation nicht sieht, daß die Jüngeren selbständig werden, und sich weigert, die Macht an die nächste Generation abzutreten. Um diese Tragödie in der Wirtschaft zu vermeiden, müssen traditionelle Unternehmen diese unternehmerische Nachkommenschaft enthusiastisch fördern und lernen, Information selbst als Nachfolger auf ihrem Thron zu sehen. Wenn sie dies tun können, während sie die nächste Generation ihres jeweiligen Geschäfts sichern, werden sie dabei auch ihre eigene Robustheit und Langlebigkeit steigern. Fluggesellschaften, die Automobil- und die Bekleidungsindustrie versuchen dies auf ihre je eigene Weise.

Drei Erzählungen vom Leben nach vierzig

Luftfahrt Seit die Luftfahrt dereguliert wurde, haben die Fluggesellschaften es offenbar schwer gehabt im Kampf mit Gewerkschaften, Übernahmen, Terrorismus, Konkurrenz und einer Vielzahl anderer besorgniserregender, wenn auch weniger tödlicher Probleme. Doch ein wichtiger Aspekt, mit dem die Fluggesellschaften diese Hindernisse zu überwinden und einen Wettbewerbsvorteil zu erringen hoffen, ist die Informations-Dimension ihres Geschäfts.

Die meisten Menschen wissen zum Beispiel, wie das Reservierungssystem Sabre von American Airlines ein früher Held der „neuen Generation“ wurde. Sabre begann als Mittel zur Steigerung der Effizienz, bis das Management sein größeres Potential sah, als wertvolle Dienstleistung für alle Fluggesellschaften und ihre Kunden, besonders für American Airlines, Geld zu verdienen. Nach seiner Bewertung zur Zeit des gescheiterten Fusionsversuchs von 1989 mit Deltas Reservierungssystem Datas II war Sabre über eine Milliarde Dollar wert, also 25% von American Airlines.

Sabre ist zwar brillant, doch mehr auf die Bedürfnisse der Fluglinie als die der Kunden zugeschnitten. Das System kann Ihnen zum Beispiel sagen, wie viele Plätze in einem Flugzeug frei sind, aber nicht, ob ein bestimmter Passagier zum ersten oder zum fünfzigsten Mal auf einer Strecke fliegt. Es kann auch nicht die Bedürfnisse eines bestimmten Reisenden analysieren und den Service auf ihn zuschneiden. Sabre ist noch nicht für den Kunden informationalisiert.

In den Fluggesellschaften ist das Potential vorhanden, alle Aspekte zu informationalisieren, besonders wo es um den Kunden geht. Canadian Airlines International tut genau dies. Es gibt drei Stellen, an denen sie mit all ihren Kunden in Kontakt tritt: auf den Absatzwegen, auf dem Flughafen und im Flugzeug. Eine Fluggesellschaft (Original: Ein Flugzeug) sammelt vor allem an der ersten dieser Stellen Informationen über ihre Kunden. Doch *Unternehmen, die bei jedem Kontakt mit Kunden Informationen sammeln und nutzen, werden besser abschneiden als solche, die das nur an einer oder wenigen Stellen tun.* Eine Fluggesellschaft, die auch auf dem Flughafen und in den Flugzeugen Informationen über ihre Kunden sammelt, wird effizienter arbeiten und die Kunden besser bedienen als andere, die nur durch die Absatzwege Informationen über sie sammeln. Jeder Kontaktpunkt kann informationalisiert werden, um Kundennutzen und Effizienz zu verbessern.

Absatzwege Direkter Zugang zu computergestützter Reservierung und Ticket-Erstellung wird durch benutzerfreundliche Verkaufsdienste wie Sabre an Beliebtheit gewinnen. Das selbständige Erstellen von Tickets spart Papierkrieg und Betriebskosten und sorgt für mehr Effizienz beim Absatz. Die Kunden können ihre eigenen Flugarrangements zusammenstellen, inklusive Sitzplatz, Menü und anderer Optionen. Daraus entstehen Kundenprofile, die in vielfacher Weise genutzt werden können. Mietwagen und Hotelzimmer können zusammen mit den Tickets angeboten und reserviert werden. Die Kunden-Datenbank kann genutzt werden, um Marketing-Joint Ventures zu gestalten. Wenn man zum Beispiel eine Visa-Karte von Citibank/American Airlines benutzt, wird einem bei jedem ausgegebenen Dollar eine Meile gutgeschrieben, und beide Unternehmen bauen bei jedem Kauf ihre Datenbank für Kundenprofile auf.

Flughäfen Nachdem man beim Marketing all diese Information über die Kunden gesammelt hat, findet die nächste Informationalisierung auf dem Flughafen statt. Ebenso, wie Banken und Imbißketten mit elektronischer Selbstbedienung an Effizienz gewonnen haben, können Fluggesellschaften dies mit Selbstbedienung beim Einchecken. Strichcodes und elektronisch gesteuerte Bänder werden zu einer sicheren Gepäckbeförderung führen, die nicht nur verfolgt, wo das Gepäck ist, sondern auch korrigierend eingreift, *bevor* ärgerliche Passagiere es tun müssen, nachdem sie entdeckt haben, daß ihr Gepäck verschollen ist. Wie bei einem Federal Express-Paket ist absolut sichere, garantierte Gepäckauslieferung ein Mehrwertdienst im Flughafen. Wenn sie einmal entwickelt sind, werden Selbstbedienung, garantierte Gepäckauslieferung und andere Dienstleistungen dieser Art Potential als neue Geschäfte haben, die quer durch die Branche angeboten werden. Und stellen Sie sich einen Service vor, der genaue und korrekte Informationen zu Ankunft und Abflug gibt, nicht nur auf Sichttafeln im Flughafen, sondern überall per Telefon- oder Terminalanschluß. Das könnte es einigen von uns ersparen, über rote Ampeln zu fahren, wenn wir zu einem Flug rasen, der zwei Stunden

Verspätung hat. Dies ist die Art von Dienstleistungen, die sich im reifen Viertel der Informationswirtschaft entwickeln wird.

Flugzeuge Der dritte Kontaktpunkt mit dem Kunden und daher eine weitere Stelle zur Informationalisierung ist im Flugzeug. Das wichtigste Hilfsmittel ist ein Bordcomputer, der als Vielzwecknetz sowohl den Fluggästen dient (zur Unterhaltung und für Geschäftsreisende) als auch der Crew (Pilot und Flugbegleitern) sowie dem Bodenpersonal (Wartung, Gepäckabfertigung, Proviantierung). Das Informationsnetz an Bord ist auf alle drei Vorteile ausgerichtet: bessere Kosten und Steuerung, besserer Service und neue Marktchancen.

Das Sammeln von Daten an Bord würde zum Beispiel Betriebskosten und Fehler der mündlichen oder schriftlichen Methoden vermeiden, die gegenwärtig zur Bezahlung der Crew (Flugzeiten), Betankung, Proviantierung, Passagierzählung usw. angewandt werden. Mit dem ,,papierlosen Flugzeug" läßt sich die Betriebsleistung erheblich verbessern.

Der Bordcomputer kann den Passagieren, die generell auf ihren Sitzen bleiben müssen, helfen und sie unterhalten. Gegenwärtig wird der Ton in Flugzeugen zu jedem Sitz geleitet, und die Passagiere können unter bis zu zwölf Programmen wählen. Wenn aber Filme gezeigt werden, müssen alle dieselbe Leinwand anschauen und haben keine Auswahl. Im Lauf des nächsten Jahrzehnts werden an den einzelnen Plätzen Videoschirme angebracht werden, so, wie es die Tonsysteme schon sind, und die Passagiere werden ihre Zeit weit produktiver oder unterhaltsamer nutzen können. Die Bildschirme sind mit Knöpfen leicht zu bedienen. Die Fluggäste werden mehrere Wahlmöglichkeiten zwischen Programmen zur Unterhaltung, zum Einkaufen, zur geschäftlichen Nutzung und Bildung haben. Man kann sich flugzeuginternes elektronisches Bridge, Bingo oder ,,Himmelslotto" vorstellen. Und mit den auf Satelliten beruhenden Flug-Telefondiensten der nächsten Generation wird die Kommunikation zwischen Luft und Boden sich zu ihrem vollen Potential entfalten und Telefon-, Daten-, Text- und schließlich Videoverbindungen in beiden Richtungen ermöglichen. Die zugrundeliegende Logik besagt, daß man Passagiere, die sich während des Fluges nicht rühren können, neben besserem Essen am besten mit Information beschäftigt.

Der Verkauf von die Luftfahrt unterstützenden Diensten, etwa Rechnungserstellung von Lieferanten und Verkauf von Wetterinformationen sowie auch Direktmarketing und Werbung bei den Passagieren sind neue Marktchancen an Bord. Ein Prototyp könnte in einem Joint Venture konstruiert und gebaut werden, etwa von Unternehmen wie IBM und Boeing, die auch unter den Lieferanten von Sitzlehnen, den Herstellern von Bordküchen und Proviantlieferanten Teilhaber suchen könnten. Die Informationalisierung einer Fluggesellschaft würde drei Vorteile bringen – Geld einsparen, Dienstleistungen ausbauen und neue Geschäfte auf den Weg bringen –, und kann an den drei wichtigsten Kontaktpunkten geschehen: im Flugzeug, auf dem Flughafen und auf den Absatzwegen.

Dieser breite Rahmen, der hier auf eine Fluggesellschaft angewandt wurde, kann benutzt werden, um die Informationalisierung jedes Unternehmens zu strukturieren. Die Methode beruht auf der Überzeugung, daß jede Geschäftstätigkeit durch die Anwendung besserer Methoden und Technologien verbessert werden kann. Der anfängliche Nutzen hat die Form interner Steigerungen der Betriebsleistung. Bei zunehmender Verfeinerung und Ausweitung kann dem Kunden eine Welle von Mehrwertdiensten angeboten werden, und der Anbieter setzt sich von traditionellen Verkäufern ab. Schließlich können die neuen Aktivitäten und Dienstleistungen sich selbständig machen und ein unabhängiges Geschäft werden, das letztlich das ursprüngliche Geschäft in Einkünften, Profit und Marktwert erreichen oder übertreffen kann. An diesem Punkt verlagert sich der Schwerpunkt von der Informationalisierung eines existierenden Geschäfts zum Betreiben und Managen eines neuen Info-Geschäfts.

Diese drei Vorteile treten meist nacheinander auf und beginnen mit internen Leistungssteigerungen und zusätzlichen, besseren Dienstleistungen, die eigenständige Geschäfte werden können. Firmen mit neuen Info-Geschäften haben im typischen Fall die früheren Phasen der Informationalisierung durchlaufen. Generell bemerken Unternehmen die Notwendigkeit interner Leistungssteigerung, wenn ihr Wachstum nachläßt, der Wettbewerbsdruck spürbar ist, die Gewinne abnehmen und dergleichen. Ist ihr eigenes Haus einmal in Ordnung, ist es der logische nächste Schritt, die Vorteile ihres informationalisierten Managements nach außen an die Kunden weiterzugeben. Sie beginnen damit, ihren Betrieb zu modifizieren, und haben am Ende ein ganz neues Unternehmen. Einige besonders kundenorientierte Firmen beginnen hingegen damit, ihre Kontaktpunkte zum Kunden zu informationalisieren, und befassen sich später mit internen Aufgaben. Dies ist allerdings ungewöhnlich, weil man schwerlich hervorragenden Kundennutzen bieten kann, wenn der interne Betrieb selbst nicht hervorragend ist.

Automobilbau Die Automobilbranche setzt Informationstechnologie auf sehr unterschiedliche Weise ein. General Motors war in der Industriewirtschaft die modernste Organisation, aber heute stellen viele seine Überlebensfähigkeit bis zum Ende der Informationswirtschaft in Frage. GM wäre natürlich gern ein führender Wettbewerber in der neuen Wirtschaft, statt nur zu überleben, und seine Nutzung von Information spielt eine entscheidende Rolle bei diesem Versuch.

Trotz GMs langsamer Anpassung enthält sein durchschnittlicher Wagen heute ebenso viel Informationsverarbeitung wie 1969 an Bord der Apollo-Mondlandefähre und mehr als ein Großrechner von 1970. Informationalisierung bedeutet allerdings mehr als die Produktion intelligenterer Autos. Sie beginnt, bevor der Wagen gebaut wird. GMs Buick-Abteilung bietet zum Beispiel ein System an, mit dem die Kunden an Terminals bei ihren Autohändlern ganz auf persönliche Wünsche zugeschnittene Auto-Konfigurationen zusammenstellen können. Die Kunden wählen Karosserie, Aufhängung, Motor,

Reifen, Farbe, Innenausstattung und andere spezielle Eigenschaften aus einer großen Zahl von Möglichkeiten aus. Das Fahrzeug nimmt vor ihren Augen Gestalt an und verändert sich. Für jedes Element ist eine Reihe fertig konstruierter Optionen vorgesehen, und der Preis des Wagens wird für jede entstehende Konfiguration in Echtzeit errechnet. Es gibt bereits Software-Pakete, die Probefahrten jeder Konfiguration simulieren. Die Möglichkeit, das Ergebnis jeder maßgeschneiderten Produktauswahl zu prüfen, ist eines der informationalisierten Angebote, auf die GM setzt, um sich die Akzeptanz der Käufer zu sichern.

Wenn der Käufer/Konstrukteur zufrieden ist und bestellen will, führt der Händler sofort eine elektronische Kreditanalyse durch und hilft ihm beim Schnüren eines Finanzierungspaketes. All dies wird ebenfalls sofort am Terminal des Händlers erledigt. Wenn die Entscheidungen getroffen sind, drückt der Händler die Bestätigungstaste und trägt die maßgeschneiderte Bestellung elektronisch in GMs Produktionsplan ein. Auf jede Bestellung werden von vorherbestimmten Zulieferern genau die Teile und Komponenten elektronisch angefordert, die zur Fertigung gerade dieses Fahrzeuges gebraucht werden.

Heute stellen tatsächlich nur 5% der Käufer von Neuwagen ihr Auto selbst zusammen. Der Rest kauft vorrätige Wagen. Automobilhersteller sagen, daß sie ein maßgeschneidertes Auto in acht Wochen bestellen, fertigen und liefern können, doch viele Käufer berichten von sechs Monaten oder mehr Wartezeit. Die Buick-Produktionsanlage in Flint, Michigan, wo diese Entwicklungen erprobt werden, arbeitet zur Zeit mit einem zehntägigen Produktionsplan. Die Zulieferer dieses Werkes reagieren normalerweise in einer Zeitspanne von weniger als einer Stunde bis zu höchstens sechzehn Stunden. So ist es vorstellbar, daß maßgeschneiderte Autos zu Listenpreisen in nur zwei Wochen serienmäßig produziert werden können. Ein Freund berichtete kürzlich, daß er ein maßgeschneidertes Auto aus Detroit am Montag bestellte und am Donnerstag derselben Woche damit heimfuhr. Der Wagen wurde am Dienstag produziert, am Mittwoch versandt, am Donnerstag gewartet und war am selben Abend in seiner Garage in Toronto. Wenn ein maßgeschneidertes Auto in einer Woche produziert und geliefert werden kann, wird sich das Kaufverhalten wahrscheinlich ändern. Würden Sie Ihr Auto gern selbst entwerfen? Und Ihr halbwüchsiger Sohn?

Die Stückpreise für maßgeschneiderte Autos auf Bestellung müssen die Kosten für Standardfahrzeuge nicht übersteigen. GM produziert bereits zahllose Auto-Konfigurationen. Der traditionellen Geschäftslogik gemäß produziert es diese Fahrzeuge im voraus, in Erwartung der Nachfrage, und hält sie vorrätig, während es auf die Bestellung wartet. Bei der Produktion auf Bestellung werden die Einheiten erst gefertigt, wenn sie bestellt sind. Das rosa Cadillac-Cabrio, das sich der neue Punk-Rockstar in Los Angeles wünscht, braucht nicht vorgefertigt und bei einem Autohändler in Miami vorrätig gehalten zu werden.

Der Kostenunterschied zwischen Fertigung auf Bestellung und Vorfertigung entspricht für die gesamte Industrie der Welt über 50 Milliarden Dollar in vorrätig gehaltenen Fertigprodukten. Im In- und Ausland sind im Regelfall mehr Autos auf Lager, als in 75 Tagen verkauft werden. Die Chance, die Lagerbestände zu verringern, birgt ein immenses Potential für diese und andere Branchen. Diese Einsparungen werden die Kosten der Informationalisierung mehr als aufwiegen, und das bedeutet, daß maßgeschneiderte Fahrzeuge mit wenig oder ohne Mehrkosten produziert werden können.

GMs Konzept klingt gut, aber wie schnell und wirksam ist es umzusetzen? Der Produktionsplan in Toyota City beträgt jetzt drei Tage. Zwar bietet Toyota nicht so viele Optionen an wie GM, aber trotzdem kann man am Montagmorgen ein maßgeschneidertes Auto in Japan bestellen und am Freitag Nachmittag derselben Woche damit abfahren. Diese informationalisierte Automobilfirma ist etwas ganz anderes als Toyota vor wenigen Jahren, das Standardautos mit fünfundsechzigtägigem Produktionsplan baute, buchstäblich ohne Optionen ab Werk. Andere japanische Fahrzeugbauer machen sich die neue Logik ebenfalls zu eigen. Hino Motors, ein japanischer Marktführer bei Lastwagen, kann heute über 1 900 verschiedene Lastwagen in einer durchschnittlichen Vorlaufzeit von nur fünf Tagen produzieren.

Dramatische Veränderungen im Betrieb sind nötig, um solche raschen Reaktionen auf Spezialaufträge zu ermöglichen. Noch tiefgreifender müssen die Verbindungen mit Zulieferern verändert werden. Wenn ein Toyota-Händler ein spezifisches Fahrzeug bestellt, geht die Bestellung direkt an Toyotas Produktionsplan. Dann bestellt Toyota nicht die nötigen Teile, denn seine Zulieferer prüfen den Produktionsplan automatisch und liefern die Teile in der jeweils gebrauchten Zusammenstellung und Menge. Die Zulieferer ihrerseits stellen Toyota ihre Lieferungen nicht in Rechnung. Toyota prüft einfach seinen Produktionsplan, um festzustellen, welche Summe es jedem Zulieferer schuldet. Der Eingang der Bestellung, die Ausführung und Bezahlung geschehen nicht nur in kürzester Zeit, sondern auch mit geringsten Betriebskosten. Bei informationalisierten Unternehmen wie Toyota gehen die traditionellen Betriebsfunktionen und -kosten dramatisch zurück.

Zur Konstruktion, Lieferung und auch Finanzierung von Produkten in Echtzeit ist eine sehr enge Verbindung aller Glieder in der Kette erforderlich. Zulieferer, Hersteller, Vertriebsorganisationen und Einzelhändler können noch als unabhängige Firmen existieren, doch die wechselseitige Abhängigkeit wird so total, daß das Konzept einer Beziehung auf Armeslänge völlig verschwinden kann. Enge elektronische Verbindung mit unabhängigen Partnern sind typisch für informationalisierte Firmen, stehen aber in krassem Gegensatz zur bisherigen Praxis der Automobilbranche.

Die amerikanische Automobilbranche hat generell keinem Anbieter erlaubt, bei einem Autohersteller mehr als 50% des Bedarfs an einer

Komponente zu liefern. Harte, langwierige vertragliche Kaufverhandlungen sind üblich. Eine Vielzahl von Zulieferern war die Regel, und die Automobilherstellter spielten oft Zulieferer gegeneinander aus, um gute Preise und andere Konzessionen zu bekommen. Diese alten Praktiken und Beziehungen werden jetzt von neuen, elektronischen Beziehungen abgelöst.

Trotz seiner vielen Probleme versteht GM durchaus, welche elektronische Infrastruktur es braucht, um im nächsten Jahrhundert zu überleben. Um sie aufzubauen, hat es EDS gekauft, den größten unabhängigen Anbieter von Informationsnetzen. 50% der Einkünfte von EDS, d.h. fast 3 Milliarden Dollar jährlich, kommen von GM. Wer heute mit GM ins Geschäft kommen will, tut gut daran, ans EDS-Netz angeschlossen zu sein. Außerdem verändert das Netz, das GM mit seinen Zulieferern und Händlern verbindet, seine Arbeitsweise dramatischer als seine Produkte. Dies bedeutet unter anderem, sich auf Design durch den Käufer, Serienproduktion nach Maß, rasche Reaktion, Fertigung auf Bestellung, null Lagerbestände und enge, elektronisch vernetzte Beziehungen einzulassen.

Die Vernetzung und ihre elektronische Implementierung könnte im nächsten Jahrzehnt das wichtigste Element der Unternehmensstrategie sein, und nirgends zeigt sich das deutlicher als in der Automobilbranche. Vernetzung ist einfach das Gefüge von Beziehungen, die man schafft und unterhält – in diesem Fall mit Zulieferern, Verbündeten, Vertriebsorganisationen und Käufern –, um ein Produkt herzustellen und zu vermarkten. Sie ist immer entscheidend für die Unternehmensstrategie gewesen, aber durch die elektronische Vernetzung wird es wichtiger, zu planen, wie man Informationstechnologie nutzt. Ihr Profil elektronischer Fähigkeiten – einschließlich Hardware, Software, Kommunikation, Datenformate und andere infrastrukturelle Elemente – wird die Leistung Ihres Unternehmens zunehmend bestimmen, weil es bestimmt, mit wem Sie in Verbindung treten können. Die Käufer werden Zulieferer, die keine elektronische

Anbindung bieten oder unzugängliche Informationssysteme haben, zunehmend meiden.

Wenn man in der Industriewirtschaft ein besseres Auto, eine bessere Mausefalle oder was auch immer baute, bahnte sich die Welt einen Weg zum Hersteller. Heute muß der Hersteller einen besseren Weg anlegen. Wer über die Informationswege verfügt, wird sagen, wo es langgeht. Außerdem ist es entscheidend, auf dem richtigen Weg zu sein, denn elektronische Verbindungen erfordern kompatible Infrastrukturen. Was geschieht zum Beispiel, wenn GM, Ford, Toyota alle unterschiedliche Standards für Computer und Kommunikation benutzen. Es geht nicht nur um unterschiedliche Protokolle. Alle Aspekte des Betriebs müssen aufeinander abgestimmt werden. Deshalb kann die elektronische Integration bei Firmen mit gemeinsamen elektronischen Pfaden zur Clusterbildung führen.

Die Japaner nennen Cluster von Firmen, die sich um Finanz- oder Industrie-Kernunternehmen zusammenballen, *keiretsu*-Gruppen. Mitsubishi, die größte *keiretsu*-Gruppe, besteht aus einem inneren Ring von achtundzwanzig Firmen, die jährlich 300 Milliarden Überschüsse angeben. Diese Firmen sind von einer Galaxie von Tausenden anderer Hersteller, Zulieferer, Vertriebsorganisationen und Tochtergesellschaften umgeben. 1986 bildete das *Kinyo Kai*, das Direktorium von Mitsubishi, einen Ausschuß aus Vertretern der Kernfirmen, um eine Informations-Infrastruktur für die Gruppe zu planen. Das daraus entstandene Projekt Mitsubishi International Data Network (MIND) ist ein 20 Milliarden teures Unterfangen, das alle Mitsubishi-Tochtergesellschaften, Käufer und Zulieferer global vernetzen soll. MIND ist der Weg für alle Transaktionen in der weiteren Mitsubishi-Familie geworden. Auch GM ist bestrebt, ein elektronisches *keiretsu* zu werden.

Stellen Sie sich Bündnisse von Firmen vor, die durch gemeinsame Infrastrukturen verbunden sind – Bündnisse, die voneinander durch Barrieren elektronischer Inkompatibilität getrennt sind. Die informationalisierten Aktivitäten innerhalb dieser Gruppen werden gewaltige Vorteile gegenüber den traditionellen präinformationalisierten Firmen oder zwischen Gruppen mit inkompatiblen Netzen bringen. Vernetzungsbestrebungen wie bei GM und Mitsubishi sind bei den Multis in Asien, Europa und den USA im Gange. Während der Reifung der Informationswirtschaft werden Tempo, Effizienz und Präzision innerhalb dieser Gruppen durch informationalisierte Transaktionen und Beziehungen steil ansteigen.

Bekleidung Die Bekleidungsbranche wird von den neuen Geschäftsmethoden ebenso revolutioniert wie Fluggesellschaften und Autos. Die Bekleidungsbranche ist im wesentlichen eine fünfgliedrige Kette: Garn → Stoff → Bekleidungsstück → Verkaufsstelle → Verbraucher. DuPont stellt zum Beispiel Garne her, Milliken und J.P. Stevens verarbeiten sie zu Stoffen, Levi Strauss fertigt daraus Kleidung und J.C. Penney verkauft sie an den Verbraucher. Die Hersteller des Garnes, dann des Stoffes, das Zuschneiden und Nähen, die Belieferung des Einzelhandels und der Verkauf an den Kunden erfordern normalerweise 66 Wochen!

Selbst wenn ein Einzelhändler einen Trend sofort erkennt, kann es geschehen, daß er die Ware erst bekommt, wenn der Trend vorüber ist. Einkäufer müssen ein Jahr im voraus Schnitte, Farben und Größen beurteilen. Bei so langen Vorlaufzeiten ist es bestenfalls Glückssache, Nachfragemuster, Wirtschafts- und Wetterlage, Trends in Mode und Stil vorauszusagen. Eine falsche Einschätzung führt zu riesigen Verlusten, weil beliebte Waren ausgehen und Ladenhüter verbilligt werden müssen. Bei diesem prä-informationalisierten Muster ist es für die Kunden immer am besten, Winterkleidung im April zu kaufen, wenn die Preise im Winterschlußverkauf um 50% oder mehr fallen. Die richtige Ware in Echtzeit zu haben, würde den Bekleidungs-Einzelhandel revolutionieren.

Branchenexperten stimmen darin überein, daß nur in elf von den 66 Wochen bis zur Auslieferung der Bekleidung tatsächlich Mehrwert geschaffen wird. Die übrige Zeit geht im Lager verloren, wo sie auf die Weiterverarbeitung, den Transport oder den Kunden wartet. Der Branchenberater Kurt Salmon schätzt, daß erzwungene Preissenkungen, fehlende Umsätze und Lagerungskosten die US-Bekleidungsbranche bis zu 25% ihres Jahresumsatzes von 100 Milliarden kosten. 20 bis 25 Cent von jedem Dollar, der für Kleidung, Lebensmittel, Autos und andere Gebrauchsgüter ausgegeben wird, werden sinnlos in Vertriebssystemen verpulvert, die für die seit über dreißig Jahren vergangene Industriewirtschaft gebaut wurden. Hier heißt es informationalisieren!

Man könnte bis zu 45 von den 55 Wochen der Lieferfrist in der Bekleidungsbranche sparen, indem man die sogenannte „rasche Reaktion" informationalisiert. Das Ergebnis wären große Einsparungen für die Kunden, größere Gewinnspannen für die Anbieter und ein kleineres Kostengefälle zwischen inländischen und ausländischen Anbietern. Bei kürzeren Vorlaufzeiten steigt die Trefferquote der Voraussagen steil an, und die Möglichkeit zur Feinabstimmung der Inventarposten führt dazu, daß weniger Waren ausgehen oder verramscht werden müssen. Einzelhändler wie Wal-Mart, J.C. Penney und Sears werden durch Lieferanten darauf aufmerksam: Man muß informationalisieren oder neue Verkaufsstellen für seine Waren finden. Schauen wir, wie das gemacht wird.

Levi Strauss ist eine Firma, die ihre Reaktionszeit verkürzen will, Ihr System Levilink umfaßt sieben Dienstleistungen für Einzelhändler. Elektronische Bestellungen werden schneller gebucht, und die Etiketten vom Hersteller machen die Auszeichnung im Laden überflüssig. Weitere Dienstleistungen sind Pappschilder mit Strichcode zum schnelleren Versand, elektronische Packzettel zum schnelleren Entladen und elektronische Fakturierung.

Weiter oben an der Kette wird der Stoff von neuen Systemen direkt ab Webmaschine gemessen, mit Farbcodes versehen und geprüft, so daß er vom Lastwagen, der ihn der Bekleidungsfabrik liefert, gleich in den Zuschneideraum gehen kann. Das umgeht Ebenen von Management und Arbeitszeit und spart erheblich an Fixkosten. Doch Zeit ist der Schlüsselfaktor in der Gleichung. Manager, die gewohnt sind, sich über den Zeitwert des Geldes den Kopf zu zerbrechen, müssen jetzt den Geldwert der Zeit managen. Bei Levi Strauss funktioniert das. Mit seinen neuen Dienstleistungen hat das Unternehmen seine durchschnittliche Reaktionszeit auf Bestellungen von drei Monaten auf weniger als eine Woche verkürzt.

Der amerikanische Verband der Textilhersteller hat ein anderes branchenweites Unterfangen eingeleitet, um alle Glieder der Kette elektronisch miteinander zu vernetzen. Einzelhändler bestellen bestimmte Stücke über Terminals, die die Aufträge über die Kette hinauf gleichzeitig an bestimmte Bekleidungs-, Stoff- und Garnhersteller weitergeben. Bei den Anfangsversuchen mit diesem neuen System wurde die Lieferzeit um fast 90% verkürzt, die Lagerhaltung um 65%. Andere Kosten für Verarbeitung und Logistik sanken um 60%, und die Handelsspanne stieg bis zu mehreren hundert Prozent, weil erheblich weniger Ware ausging oder verramscht werden mußte. Werden wir das letzte Extrem selbstentworfener, „maßgeschneiderter" Kleidung erleben, die unverzüglich fabrikmäßig produziert und an Käufer überall massenmäßig geliefert wird? Wir glauben nicht, daß das bis 2020 geschehen wird. Die kombinierten Formen und Funktionen der Information setzen jedoch einen neuen Parameter für den Erfolg. Informationsnetze plus CAD, flexible Maschinen zum Zuschneiden und Nähen, Roboter, die Stoffe verarbeiten können, zeitgenaue Lieferung und eine Vielzahl anderer neuer Geschäftsmethoden helfen der Bekleidungsbranche, zu den Pionieren anderer Branchen aufzuschließen.

Was bei Fluggesellschaften, Automobilbau und Bekleidung geschieht, zeigt uns, was in den kommenden Jahren in den meisten Geschäftsbeziehungen geschehen wird. Verschiedene Branchen werden unterschiedlich schnell Methoden der Informationalisierung entwickeln, doch so, wie alle industrialisiert sind, werden sie allmählich alle informationalisiert werden. Dies trifft nun zwar für Branchen zu, aber nicht jede einzelne Firma wird den Übergang mitvollziehen. Viele werden nicht überleben, weil sie nicht imstande sind, ihr Geschäft um die neuen Technologien und Prinzipien herum zu reorganisieren. Alte Standards bei Service, Präzision, Tempo und Effizienz werden in der neuen Wirtschaft einfach nicht ausreichen. Die Kunden werden Firmen meiden, die nicht die Fähigkeit entwickelt haben, ihr Geschäft zu informationalisieren. Wettbewerbsvorteile und Wachstum gehören jenen Firmen, die die Methoden und Orientierungen von gestern abschreiben und sich mit neuen Leistungsstandards in die Zukunft orientieren.

Diese Trends werden immer deutlicher. Es sind keine isolierten Ereignisse; jedes führt logisch zu den meisten anderen, abhängig vom einzelnen Geschäft. In der Gesamtschau ergibt sich eine Reihe von Gleichungen, die ein kohärentes Bild davon abgeben, wie reife Unternehmen sich in der zweiten Hälfte der Wirtschaft verhalten werden.

Informationalisierung = maßgeschneiderte Produkte + rasche Reaktion

In jeder Zeit erproben einige Unternehmen eine neue Methode oder Sichtweise, die ihnen einen entscheidenden Vorteil verschafft. Konkurrenten und Bewunderer übernehmen die neuen Methoden unverzüglich, und ein Konsens entsteht. Doch nach einer Weile geben sie den gewünschten Wettbewerbsvorteil nicht mehr her; sie sind notwendig und nicht mehr hinreichend. Wenn sie dann Allgemeinwissen werden, verhärten sie sich zu Vorurteilen und verbauen uns andere Sichtweisen. Wenn sie ewige Wahrheiten sind und waren, gilt es ihrem Wesen treu zu bleiben und sie um neue Einsichten zu bereichern. Qualität, Produktivität und Kundendienst waren die ewigen Wahrheiten der 1980er Jahre. Sie bleiben entscheidend für den Erfolg, aber nun kommen weitere hinzu. *Die Fähigkeit, serienmäßig nach Maß zu produzieren (zu der auch das Entwerfen durch den Kunden gehört), und in Echtzeit zu operieren (was rasche Reaktion bedeutet), werden zur permanenten Einrichtung.* Hier einige Anwendungsbeispiele:

Hypotheken Ein Freund hat kürzlich die qualvolle Prozedur durchgemacht, eine Hypothek zu beantragen. Die Prüfung und Genehmigung des Antrages hatte schon 63 Tage gedauert, als die Bank eine ausgedehnte Finanzdokumentation verlangte, die mehrere tausend Dollar Buchhaltungskosten verursachte. Der Kauf mußte verschoben werden, und das Haus hätte an einen anderen Käufer gehen können, weil die Bank nicht imstande war, die Hypothek innerhalb der im Kaufvertrag vorgesehenen Frist zu vergeben.

Während die traditionellen Kreditinstitute ihre Kundenbasis bei Hypotheken noch immer quälen, treten andere vor und wickeln das Geschäft in Minuten ab. Ein Fernsehspot von Direct Trust in Toronto beginnt mit dem Anruf eines Kunden:

Kunde: „Hallo, ist da Direct Pizza?“
Bank: „Nein, hier ist Direct Trust.“
Kunde: „Ach, und was verkaufen Sie?“
Bank: „Wir verkaufen Hypotheken, persönliche Darlehen und andere Finanzdienste.“
Kunde: „Wie lange würden Sie brauchen, mir eine Hypothek zu geben?“
Bank: „Oh, etwa eine Viertelstunde.“
Kunde: „So schnell kriege ich nicht mal eine Pizza!“
Bank: „Wir nehmen Ihren Auftrag gern entgegen und genehmigen ihn in fünfzehn Minuten.“
Kunde: „Wenn es länger als fünfzehn Minuten dauert, kriege ich sie dann gratis?“

Einge-
blendet: „Wenn Sie diese Hypothek per Telefon ausprobieren möchten, rufen Sie .../... an – und SPAREN SIE."

Niemand wird 45 Tage lang für eine Standard-Hypothek Schlange stehen, wenn jemand ihm in wenigen Minuten eine maßgeschneiderte, problemlose Hypothek gibt.

Versicherungsansprüche KFZ-Versicherer sehen Ansprüche als notwendiges Übel. Die interne Zielsetzung ist die Minimierung der Betriebskosten, und Schadensregulierungen gelten als fair, wenn weder die Versicherung noch der Berechtigte zufrieden sind. Kundendienst ist oft ein Fremdwort. Um mit diesen Problemen fertigzuwerden, hat Progressive Insurance mit einem „rollenden Büro" experimentiert. Dieser Lieferwagen ist mit PC mit Modem, Drucker, Fax und zwei Telefonen, dazu Sesseln und Erfrischungen ausgestattet. Es ist ein komplettes, mobiles Büro, das innerhalb einer Viertelstunde am Unfallort sein und die Ansprüche – inklusive Bezahlung – in höchstens eineinhalb Stunden regeln kann. Wenn kein Personenschaden entstanden ist, wird der Versicherte in den Lieferwagen eingeladen und bekommt ein Erfrischungsgetränk, während der Unfallbericht aufgenommen und geprüft wird, und ein Scheck wird an Ort und Stelle ausgestellt. Dies senkt gleichzeitig Bürokosten, Abschlepp- und Abstellgebühren, vermeidet zusätzliche Kosten durch Rechtsanwälte und erhöht die Zufriedenheit der Kunden. Die Ergebnisse sind bisher ermutigend, und Progressive Insurance möchte, daß ihre Lieferwagen so zum Begriff werden wie die von UPS oder Federal Express.

Zeitschriften und Bücher Die Zeitschrift *Time* hat seit einigen Jahren eine Ostküsten- und eine Westküstenausgabe. Jetzt hat sie unterschiedliche Ausgaben für verschiedene Stadtteile von Los Angeles. Im Frühjahr 1990 hat *Time* ein neues Programm eingeführt, das spezifische Marktsegmente unterscheidet, etwa Familien mit Kindern unter vier Jahren und wohlhabende Haushaltsvorstände über 50. Diese Untersegmente werden spezifische Versionen von *Time* erhalten, die eigens auf diesen Markt abgestimmte Artikel und Anzeigen enthalten, *Time* führte seine Fähigkeiten zur Maßanfertigung in seiner Ausgabe vom 26. November 1990 vor, indem es den Namen jedes einzelnen Abonnenten auf dem Cover seines Exemplars brachte, als Eröffnung für einen Artikel über die neue Welt des direkten Marketings.

Solche maßgeschneiderten Zeitschriften erfordern New-Age-Methoden beim Drucken. R.R. Donnelly, *Times* wichtigste Druckerei, ist die größte der Welt und gleichzeitig eine der ältesten und profitabelsten. Sie wendet elektronische Bindetechnologien für die massenweise Maßanfertigung von Zeitschriften und Büchern an. Als es dem *Farm Journal* Mitte der 1980er Jahre schlecht ging, gingen die Abonnements rapide zurück, und die Pleite wurde zu einer sehr realen Aussicht. Zu seinen 890000 Abonnenten gehörten 62000 Schweinezüchter, 5000 Weizenbauern usw. Mit Donnellys Technologie konnte das *Farm Journal*, der erste Kunde für diese Dienstleistung, Teile über Schweine für eine Gruppe seiner Leser und Artikel über Weizen für eine andere bringen, die Anzeigen entsprechend auf spezifische Segmente ausrichten und gleichzeitig den Mengenrabatt beim Porto behalten. So könnten drei benachbarte Farmen drei ganz verschiedene Versionen des *Farm Journal* erhalten, aber jede hätte die Anzeige für John Deere-Traktoren mit dem Namen ihres Händlers am Ort. Die Anzeigenkunden können ihre Angebote nun auf spezifische Zielgruppen ausrichten und sind über die Neuerung begeistert. Das *Farm Journal* hat heute einen Marktwert von über 250 Millionen Dollar.

Diese neuen Fähigkeiten halten auch im Reich der Wissenschaft Einzug. In einem 1989 begonnenen Joint Venture kündigten McGraw-Hill, Eastman Kodak und R.R. Donnelly einen neuen Service an, mit dem Lehrer sich ihre Lehrbücher selbst zusammenstellen können. Diese können jede Kombination von urheberrechtlich geschützten Artikeln und Materialien für Lehrer in der vom Käufer gewünschten Reihenfolge enthalten, und sie können innerhalb von Wochen gedruckt und direkt versandt werden, so daß die antiquierten Vertriebswege umgangen werden. Eine Verwertungsgesellschaft zur Verteilung von Tantiemen an Verlage und Autoren unterstützt diesen neuen Service.

Halbleiter Die Logik für Chips nach Maß ist mächtig. Chips nach Maß nehmen weniger Raum ein, brauchen weniger Energie, Kühlung, Montage und Verpackung, und sie kosten weniger. Aus diesem Grund hat Network Systems in Minnesota zwei Leiterplatten in einem Terminal-Verbindungsgerät durch einen einzigen Chip nach Maß ersetzt. Die Kosten fielen von über 300 auf unter 100 Dollar. Als Apple seinen Apple II von Standard- auf maßgefertigte Chips umstellte, brauchte es statt 177 einzelner Standardchips nur noch vier maßgefertigte Schaltkreise, und so reduzierte es die Stückkosten um fast 50%.

IBM entwickelt seit über einem Jahrzehnt eine schnelle Umstellungszeit (QTAT, Quick Turnaround Time) für Halbleiter nach Maß. An Orten wie Sindelfingen, La Gaude in Frankreich und Fujisawa in Japan entwerfen seine Ingenieure mit Standard-Software zur computergestützten Konstruktion (CAD) maßgeschneiderte Chips. Die Entwürfe werden elektronisch nach East Fishkill im Staat New York übertragen, wo die Prototypen hergestellt werden, und die fertigen Chips werden in durchschnittlich zwei Wochen mit Expreß-Luftfracht zurückgesandt. Am Anfang war der Kunde ein interner Mitarbeiter. Der nächste logische Schritt wird die Fähigkeit des Entwurfs nach Maß direkt zum Kunden bringen. VLSI Technologies Inc. (VTI), um ein weiteres Beispiel zu nennen, verwendet ein Kommunikationsnetz, damit seine Kunden fortschrittliche Spezifikationen für Mikrochips von ihren eigenen Firmensitzen direkt an VTIs Produktionsplan übermitteln können.

Rufgeräte Die Verkäufer von Motorolas Abteilung für Rufgeräte haben tragbare Computer bei sich, mit denen Kunden ihr Rufgerät nach Maß entwickeln können. Ihre Spezifikationen werden per Modem in der Telefonzelle an die Rufgerätefabrik in Boynton Beach, Florida weitergeleitet, wo das erste Stück in nur zwei Stunden gefertigt und versandt werden kann. Insgesamt kann die Fabrik über 20 Millionen Typen von nach den Spezifikationen der Kunden konstruierten Rufgeräten herstellen. Diese neue Logik wird nicht auf Rufgeräte beschränkt bleiben. Zentralisierte Produktion, kombiniert mit schneller Lieferung maßgefertigter Produkte, die die Kunden an ihrem eigenen Standort entworfen haben, wird in den meisten Branchen üblich werden. Stellen Sie sich vor, Sie entwerfen ein neues Rufgerät oder irgend einen anderen „Klapperatismus" und haben ihn morgen früh in der Jackentasche.

Scheckhefte Schecks sind eine primitive Form des Zahlungsverkehrs, einen Schritt höher als der Bargeldverkehr und zwei Schritte höher als der Tauschhandel. Viele haben vorausgesagt, Schecks würden in der Informationswirtschaft verschwinden, doch Deluxe Corporation produziert weiter Scheckhefte, verzeichnet zweistellige Wachstumsraten und hat über 20% Rendite pro Jahr. Gewinne und Wachstum kommen von der Kombination aus Tempo und maßgeschneidertem Design. Sie haben das Drucken von Schecks informationalisiert.

Jede der Millionen von Scheckheft-Bestellungen, die Deluxe jeden Monat bekommt, erfordert einen anderen Namen, eine andere Adresse und eine einzigartige Kombination aus Größe, Farbe, Layout, Bild, Kontrollabschnitt, Bindung, Schriftart und Format. Dennoch schickt Deluxe jede Bestellung innerhalb von 24 Stunden nach Erhalt ab. Die Zeitverschiebung beim Bestellen würde fortfallen, wenn man Terminals zum elektronischen Design in Banken aufstellte. Dann könnten die Kunden auswählen, Faksimiles des fertigen Produkts im voraus ansehen und ihre Bestellungen direkt an Deluxes Produktion übermitteln. So würde die Zeit bis zur Auslieferung dramatisch verkürzt.

Informationalisierung = Herstellung zum Liefertermin

Bei Rufgeräten und Scheckheften paßt zentralisierte Produktion zur Informationalisierung. Ein anderer Weg zu rascher Reaktion auf Kunden besteht darin, die letzten Produktionsstufen so nah wie möglich an den Kunden heranzubringen. Könnten Scheckhefte am selben Ort produziert werden, wo sie entworfen werden? Beim Drucken und bei der Filmverarbeitung ist die Produktion schon in den Einzelhandel gewandert, und andere Branchen werden nachziehen. Die traditionelle Fabrik verschwindet in vielen Branchen, und die Herstellung verlagert sich in die Vertriebssysteme. Hier zwei Beispiele für Branchen, in denen das schon geschehen ist:

Brillen Brillengläser wurden bisher an einem zentralen Standort hergestellt, gelagert und geschliffen, und der Einzelhandel bestellte sie zu den Gestellen, die die Kunden gewählt hatten. Die Auslieferung dauerte Wochen. Heute dauert sie etwa eine Stunde. Lenscrafter-Optikergeschäfte sind voll integrierte Unternehmen, die Entwurf, Produktion und Lieferung kombinieren. Jeder Kunde bekommt eine volle Diagnose seiner Sehschärfe, ein genaues und persönliches Brillenrezept, und die Gläser werden innerhalb einer Stunde an Ort und Stelle geschliffen, poliert und in das ausgewählte Gestell eingepaßt. Lenscrafter hatte 1989 305 Läden und ist der profitabelste Teil der U.S. Shoe Corporation, einer Einzelhandelskette für Fußbekleidung und Spezialartikel, die versucht, reife Geschäfte mit Hilfe der Prinzipien der Informationswirtschaft zu verjüngen.

Pizzas Lenscrafter hat die Fabrik in den Laden verlegt. Es geht sogar noch näher. Pizzas wurden zum Beispiel hinten im Laden gemacht und vorne gegessen. Die Lieferung ins Haus, die das größte Wachstum in der Pizzabranche verzeichnet, hat den vorderen Teil des Ladens überflüssig gemacht. Jetzt werden Pizzas im Lieferwagen gebacken, so daß die Rückseite des Ladens auch weitgehend überflüssig wird, und kommen direkt von der mobilen Bäckerei auf Ihren Tisch.

Herstellungszentrum und Verkaufsstellen der Pizzabranche haben ihre Bedeutung und sogar ihre Existenz an Informationszentrum und Verteilsystem als Schlüsselelemente des informationalisierten Pizzageschäfts abgegeben. Dies wird im kommenden Jahrzehnt in vielen anderen Branchen geschehen: Ein zentrales Informationszentrum, das irgendwo sein kann und zum Ortstarif erreichbar ist, wird Bestellungen an Vertriebs- und Lieferkanäle weiterleiten, wo schließlich die Herstellung stattfindet.

Eine wachsende Vielfalt von Waren und Dienstleistungen wird zu Hause entworfen, gekauft und geliefert werden, so daß Verkaufsstellen umgangen werden. Traditionelle Läden werden immer mehr Umsatz an Versandhäuser und modernere Dienstleistungen zum Einkauf zu Hause verlieren. Diese Dienstleistungen werden immer raffiniertere Video-Schaufenster anbieten, die Möglichkeit zum Selbstentwerfen, größere Vielfalt, Service rund um die Uhr und schnelle Lieferung. Diese neuen Dienstleistungen werden Ebenen von Verkäufern und Zwischenhändlern abbauen, statt sie zusätzlich zu brauchen.

Die Kernfunktion jeder Wirtschaft verlagert sich weiter nach unten in der Wertschöpfungskette, wenn die Wirtschaft reift. In der Wirtschaft der Sammler und Jäger war es die Beschaffung von Rohstoffen. Der Ackerbau garantierte die Versorgung mit ihnen, und heute heißt diese reife Funktion Einkauf. Produktion war der Kern der Industriewirtschaft. Als die Informationswirtschaft aufkam, verlagerte sich die Schlüsselfunktion auf das Marketing. Während der ersten Hälfte stand das Marketingmix aus Preis, Verpackung und Positionierung im Mittelpunkt. In der zweiten Hälfte *verlagert sich die Schlüsselfunktion erneut, und zwar zu Vertrieb und Lieferung.*

Informationalisierung = Betriebskosten, Lagerhaltung und Betriebskapital verringern

Das Wachstum informationalisierter Geschäftsbeziehungen wird zum Teil von Gewinnen gespeist, die sich aus der Senkung von Betriebskosten und Kapital ergeben. Die Möglichkeit, das Betriebskapital zu senken, ist enorm. Vorfertigung von Standardprodukten in großen, weit vom Käufer entfernten Anlagen und Lagerung der Bestände ist heute überholt.

In der Informationswirtschaft wird die Lagerung von Fertigprodukten rasch zurückgehen, und die meisten Güter und Dienstleistungen werden in kürzester Zeit auf Bestellung entworfen, hergestellt und geliefert. Da die Notwendigkeit der Lagerhaltung abnimmt, wird das Betriebskapital als Teil der Bilanz jedes Unternehmens schrumpfen. Andere Vermögenswerte, zum Beispiel Datenbanken und Mailboxen, werden sie ersetzen, und die gegenwärtigen Techniken der Buchhaltung werden diese neuen Realitäten anerkennen müssen.

Die Informationalisierung von Zahlungsmethoden wird das Betriebskapital ebenfalls reduzieren. Bei den heute üblichen Geschäftstransaktionen sichtet ein Käufer eine Vielzahl an Quellen, um ein Produkt und einen Verkäufer zu wählen, fertigt dann eine Bestellung aus und gibt sie dem Verkäufer. Der Verkäufer bearbeitet die Bestellung und verschickt schließlich das Produkt. Kurze Zeit später schickt er dem Käufer eine Rechnung. Die Rechnung geht an die Zahlstelle des Käufers, wo nach einem angemessenen Zeitraum, falls es keine Komplikationen gibt, ein Scheck ausgestellt und verschickt wird. Die für Forderungen zuständige Abteilung des Verkäufers bearbeitet den Scheck und schickt ihn an die Bank. Die Bank nimmt den Scheck entgegen, bearbeitet ihn und schickt ihn der Girobank; diese schließlich schreibt die Mittel dem Konto des Verkäufers gut. Dieser Prozeß wird in den USA und weltweit täglich millionenfach durchlaufen; so tätigen wir noch heute die meisten Geschäfte. Unsere Kinder werden uns für unglaublich primitiv halten.

Es gibt eine bessere Methode. General Electric bietet seinen Lieferanten zum Beispiel elektronische Zahlung an. Die Lieferanten können bei der traditionellen Zahlungsweise bleiben oder auf eine neue Methde umstellen, bei der Zahlungen nach der Lieferung der Waren elektronisch geschehen. Bei der alten Methode bekamen Lieferanten ihr Geld 60 und mehr Tage nach dem Versand der Güter. Mit der neuen Methode kann praktisch augenblicklich gezahlt werden. G. E. erhält keine Rabatte für sofortige Zahlung. Der Betrag ist der gleiche, unabhängig von der Zahlungsweise. Welche würden Sie als Lieferant bevorzugen? Neue Geschäftsmethoden wie diese werden sehr schnell Schule machen.

Die Vorteile für den Lieferanten sind erheblich, aber warum sollte der Käufer eine schnelle Zahlung vorziehen? Der Käufer gibt Betriebsmittel her, bekommt dafür aber bedeutende Vorteile. Wenn Lieferanten, Hersteller, Vertriebsorganisationen und Käufer einmal durch ein elektronisches Zahlungsnetz verbunden sind, können Bestellungen elektronisch aufgegeben werden; dadurch sinken Betriebskosten und Reaktionszeiten sowie der Personalbedarf im Einkauf. Auch bei der Zahlstelle kann Personal eingespart werden. Letztlich werden die Käufer in der Lage sein, Inventarposten, Produktions- und Lieferpläne von Zulieferern zu sichten, ihre Bestellungen genau abzustimmen und ihre eigene Lagerhaltung zu reduzieren.

Führt man diese Logik zu ihrem letzten Schluß, so kommt man zu zeitgenauer Zahlung. Zahlung bei Lieferung ist ein mächtiger Anreiz für Lieferanten, zeitgerechtes Inventarmanagement einzuführen.

Viele Firmen bestehen schon auf zeitgerechter Lieferung, zahlen aber noch immer traditionell auf Rechnung und verzögern dadurch eine vollständigere Umstellung auf die neuen Methoden. Das wird sich mit der Zeit zweifellos ändern. Manche Supermärkte beginnen, Lieferanten erst dann zu bezahlen, wenn eine Ware gekauft worden ist, nicht wenn sie angeliefert wird. Dies treibt die Logik sogar noch weiter und bindet die Lieferanten noch enger an die Wiederverkäufer.

Wenn man sich eine andere Zahlungsweise vorstellen kann, die Betriebskapital freisetzt, kann man sich auch Wege vorstellen, dieses Geld kreativer einzusetzen. Elektronische Zahlung gibt es seit etwa einem Jahrzehnt, aber ihre Wirkung auf unsere Geschäftsmethoden liegt noch in der Zukunft.

Informationalisierte Transaktionen haben auch geringere variable Kosten. Die Annahme und Bearbeitung einer Bestellung, selbst der kleinsten, kostet einen durchschnittlichen Industriebetrieb heute zwischen 80 und 300 Dollar. Durch elektronische Annahme und Bearbeitung von Bestellungen sinken die variablen Kosten auf fast nichts. Das bedeutet, daß kleinere Bestellungen wirtschaftlicher werden, und verstärkt den Trend zum zeitgenauen Inventar-Management.

Stellen Sie sich vor, welche Tragweite die Informationalisierung für die Gesamtwirtschaft haben kann. Wenn das Geld sehr viel schneller fließt, wird das Wirtschaftswachstum angeregt. Rasche Reaktion, zeitgenaue Lagerhaltung, elektronische Zahlung, niedrige Fixkosten und geringes Betriebskapital – all dies läßt Geld schneller fließen. Die Durchschnittsfirma hat etwa 25 bis 35% ihres Vermögens in Betriebskapital, recht zähflüssigem Geld, das beschleunigt werden könnte. In der Wirtschaft der USA stecken über eine Billion Dollar Betriebskapital. Wenn dies durch Informationalisierung um bis zu 75% sinkt, werden enorme Mittel für produktivere Verwendungen frei.

Firmen in jeder Branche, die informationlisierte Methoden und Beziehungen einführen, werden einen spürbaren Wettbewerbsvorteil gewinnen, weil sie weit mehr Präzision bei der Bestellung nach genauen Spezifikationen, kürzere Reaktionszeiten, Einsparungen von Betriebskapital und erhebliche Einsparungen von Fixkosten bieten. Während sich die Unternehmen auf diese leistungsstärkeren, informationalisierten Methoden umstellen, wird die Gesamtwirtschaft beginnen, ihr Profil stark zu verändern. Doch diese Veränderung geschieht in einer Firma, Beziehung, Branche nach der anderen. Es könnte zwei Jahrzehnte dauern, bis alle Firmen, Beziehungen, Branchen sich umstellen. Während dieses Prozesses werden die Firmen, die informationlisierte Methoden und Beziehungen aufbauen, auf Kosten der Nachzügler gedeihen.

Informationalisierung + direkter Zugang = höhere Dienstleistungsstandards

Am Anfang beklagen die Gegner neuer Technologien den Verlust an Menschlichkeit, doch allmählich stellen sie sich um, wenn sie mit ihrer Anwendung vertraut werden. Bei den frühen Telefonen geschahen die meisten Anrufe über eine Vermittlung. Die Anrufer nahmen den Hörer ab und warteten, daß das Fräulein sagte: „Welche Nummer, bitte?“ Niemand, ob Käufer oder Unternehmen, will heute alle Anrufe über eine Vermittlung gehen lassen. Ähnlich ersetzt der Geldautomat menschliche Kassierer bei Bankgeschäften. Die Umstellung kann ein Jahrzehnt oder länger dauern, aber sie wird stattfinden. Immer mehr Transaktionen werden ohne die Vermittlung eines Menschen geschehen.

Wenn wir heute ein Hotelzimmer, einen Flug oder ein Mietauto buchen, rufen wir entweder ein Reisebüro oder eine Servicenummer an. In beiden Fällen nehmen wir einen Vermittler in Anspruch, der unsere Reservierung entgegennimmt und weitergibt – d. h., nachdem wir Gelegenheit hatten, einige Minuten lang Telefonmusik und Tonbandansagen zu lauschen. Wenn Sie das nächste Mal etwas fragen oder reservieren wollen und auf der Warteschleife landen, denken Sie daran: Es gibt einen besseren Weg. Intelligente Anbieter liefern heute direkte elektronische Orientierung, Entscheidungshilfen, Bestellung und fast sofortige Lieferung beim Kunden. Viele Kunden würden sich über Dienstleistungen freuen, die es ihnen ermöglichen, rund um die Uhr direkt Optionen zu sichten und zu bestellen. Der Kunde ist zufriedener, und eine Ebene Fixkosten entfällt.

Federal Express hat jüngst ein System eingeführt, mit dem die Kunden über ein Tastentelefon direkt in seine Hauptroute eingeben können, wo sie Pakete abgeholt haben möchten. Sie drücken Tasten, um den Code für ihren Standort, die Zahl der Pakete, die Postleitzahl des Zielortes und die Abholzeit zu spezifizieren. Außerdem entwickelt Federal Express elektronische Systeme, die den Kunden direkten Zugang zu den Daten ihrer Sendung geben. Beide Dienstleistungen eliminieren Vermittler, die Kundennachfragen in Firmensysteme eingeben. Citicorps Service Citiline ermöglicht den Kunden über Tastentelefon Einblick in ihren Kontostand, die Bestätigung von Schecks, Einzahlungen und Überweisungen ohne menschliche Hilfe. In den meisten Fällen, wie bei der Wahl zwischen Geldautomaten und Kassierern, müssen eine Zeit lang parallele Service-Optionen koexistieren, aber das Gewicht verlagert sich zum direkten Zugriff der Kunden auf die Dienstleistungen. Der Fortschritt in der Anwendung direkter Zugriffsmethoden hängt von ihrer Benutzerfreundlichkeit und von der Information und Einübung der Kunden ab.

Direkter Zugriff bedeutet, den Kunden Zugang zu allen Waren, Dienstleistungen und Ressourcen des Lieferanten zu geben und jede Kombination aus ihnen nahtlos in Bestellung, Ausführung und Bezahlung zusammenzustellen. So ist es heute noch nicht. Am Anfang der 1990er Jahre ist die üblichere Transaktion zersplittert, ineffizient und furchtbar unbequem für Käufer. Für Transaktionen zwischen Firmen einschließlich der Computerbranche trifft das sogar noch mehr zu.

Stellen Sie sich vor, Sie seien in der Abteilung Management Information Systems (MIS) eines Konzerns. Sie setzen sich sehr ein, alle Einkaufswünsche zu koordinieren, sowohl um billiger einzukaufen als auch zum Zweck der Planung. Die Anforderungen aus dem ganzen Konzern werden gesammelt, und jeder Lieferant bekommt eine einzige, konsolidierte Bestellung. Ein Lieferant ist eine große Computerfirma, die zum Beispiel eine ganze Palette von Waren und Dienstleistungen anbietet. In diesem Monat enthält Ihre konsolidierte Bestellung eine Anzahl PCs, einen Minicomputer, Softwarepakete, ein Paket für ein lokales Netz, Datenträger, die neue Version des Betriebssystems für den Großrechner, einen Drucker am oberen Ende der Qualitätsskala, Zubehör und eine Reihe von Dienstleistungen.

Sie geben dem Vertreter des Lieferanten eine einzige Bestellung, aber diese Firma ist in zwölf Produktbereichen organisiert, jeder mit eigener Bestellannahme, eigenen Formaten und eigenem Identifikationscode für denselben Kunden. Zwar ist dieses Problem mit Kosten und Zeit zu überwinden, nicht aber das größere Problem. Der Abnehmer will die PCs und den Drucker mit dem lokalen Netz verbunden und gleichzeitig installiert haben. Dies muß auch mit der Installierung des Minicomputers koordiniert werden, der Konvertierung des Betriebssystems für den Großrechner und der Lieferung mehrerer anderer Dienstleistungen. Außerdem will der Abnehmer eine einzige Rechnung, auf der alle Posten aufgeführt sind, aber dieser Lieferant hat wiederum sechs verschiedene Systeme zur Rechnungserstellung, jedes mit anderen Formaten und Codes. Nun braucht der Abnehmer zusätzliches Personal, um Rechnungen zu interpretieren, und der Lieferant muß Personal einsetzen, um auf Fragen des Kunden über Details der Rechnung zu antworten. Deshalb hat die Computer-Revolution die Produktivität nicht nennenswert erhöht.

Manche Firmen verbergen die Fehler ihres Systems recht geschickt vor den Kunden, andere hingegen machen sie peinlich deutlich. In diesem nur allzu typischen Fall bekommt der Kunde weder leicht Zugang zu allen Ressourcen, die der Lieferant anbieten kann, noch kann er eine gewünschte Kombination von Waren und Dienstleistungen zusammenstellen. Beide Seiten haben mehr Fixkosten für Personal, um die Beziehung zu managen. Verzögerungen und Kosten für Annahme, Ausführung und Bezahlung der Bestellung sind erheblich. Firmen, die auf diese Weise Geschäfte machen, sind dem Untergang geweiht, wenn informationalisierte Konkurrenten den Kunden weit höhere Dienstleistungs-Standards bieten.

Heute bieten viele Banken ihren Kunden direkten Zugang zu allen ihren Dienstleistungen durch ein einziges Medium. So können die Kunden unter Dutzenden von Dienstleistungen auswählen, einschließlich Giro- und Sparkonten, Kreditkarten, Versicherungen, Maklerdiensten, CDs, automatischer Bezahlung von Rechnungen, Auszahlungen und Überweisungen sowie einer Vielzahl weiterer Optionen. Die Kunden können sich nach eigenen Spezifikationen maßgeschneiderte Finanz-Dienstleistungen zusammenstellen. Außerdem können Sie Format, Häufigkeit und Art der Information über diese Dienstleistungen selbst auswählen. Mit einem längeren Wunschzettel in ein traditionelles Geldinstitut zu gehen, hieß bisher: „Bring' Dein Mittagessen und ein paar Excedrin mit." Innerhalb des nächsten Jahrzehnts wird es in immer mehr Branchen höhere Standards im Kundendienst geben.

Der Siegeszug computergestützter Buchungsdienste in der ganzen zivilen Luftfahrt war schnell und vollständig. Sie beschleunigen nicht nur die Buchung und Ticketausstellung, sondern Reisebüros setzen sie auch ein, um ihre Produktivität dramatisch zu steigern, durch den Wegfall des Papierkrieges Bürokosten zu sparen, Zahlungen zu beschleunigen, Zyklen zu verkürzen und den Dienst am Kunden erheblich zu verbessern. Würden Sie bei einem Reisebüro buchen, das Flüge nach der alten Art reserviert, mit vielfachen Telefonanrufen, um alle Optionen für die Flüge zu bestätigen, ohne vorherige Sitzauswahl oder Bordkarten und mit langem Warten auf das Ticket? Inzwischen brauchen wir natürlich nicht einmal ein Reisebüro für diese Dienstleistungen. American Airlines' „Eaasy Sabre“ und OAGs Dienst zur Flugreservierung sind dem Kunden durch Kanäle wie Dow Jones, Prodigy und CompuServe direkt zugänglich. Wenn Kunden zu elektronischen Absatzkanälen abwandern, versickern die traditionellen Kanäle. Dies kann Reisebüros bevorstehen, und es steht mit Sicherheit dem Einzelhandel insgesamt bevor.

Informationalisierung = Organisationsvernetzung

Das amerikanische Organisationsmodell in der Industriewirtschaft beinhaltete Transaktionen auf Armeslänge auf dem freien Markt, förderte aber enge interne Koordination trotz bürokratischer Hindernisse. Organisationsmodelle in einigen Ländern, etwa Japan, beinhalteten zwischen Firmen ebenso enge Verbindungen wie intern. Der Reifeprozeß der Informationswirtschaft in den USA bringt uns in größere Nähe zum „brüderlichen“ Modell, fort von Transaktionen auf Armeslänge.

Der Unterschied zwischen internen und externen Transaktionen verwischt sich nun, da die Käufer den Verkäufern Spezifikationen, Zeitpläne, Kredit, Bedingungen und Zahlungsweisen direkt vorgeben. Lieferanten, Wiederverkäufer und sogar Endabnehmer werden durch eine fortschrittliche Informationsarchitektur eng miteinander vernetzt. In den nächsten beiden Jahrzehnten werden diese Merkmale alle Geschäftsmethoden beherrschen, bei neugegründeten Firmen und Multis, High und Low Tech, Produktion und Dienstleistungen. Die Verwischung der Grenzen zwischen Unternehmen wird wiederum, gleichzeitig mit den größeren Chancen, eine Vielzahl neuer Probleme schaffen.

Sicherheit und Unabhängigkeit werden zum Beispiel wichtige Probleme innerhalb der elektronisch vernetzten Firmen, und ihretwegen werden manche sich dem Trend widersetzen. Manager wollen Käufern und Lieferanten oft keinen Zugang zu entscheidenden Daten und zu ihren Betriebssystemen geben und benutzen das Sicherheitsproblem als kulturelle Krücke, um sich gegen den Wandel zu stemmen. Sorgen um Sicherheit sind berechtigt, aber es gibt viele Wege, das Problem in Grenzen zu halten, und es braucht kein Klotz am Bein zu sein. Berechtigungscodes, Prozeduren der Verifizierung und treuhänderische Versicherungen sind hier geeignete Mittel.

Florida Power and Light, ein Elektrizitätswerk, das für seine fortschrittliche Anwendung von Informationstechnologien bekannt ist, hat eine interessante Lösung für das Sicherheitsproblem gefunden: Es hat seine Zulieferer in fünf Kategorien eingeteilt, je nach dem Grad ihrer elektronischen Integration. Zur ersten Ebene gehören traditionell qualifizierte Zulieferer, zur zweiten nur solche mit EDI-Verbindung. In der fünften Ebene haben FP&L und die Zulieferer gegenseitig direkten Zugang zu praktisch der gesamten Informations-Infrastruktur, auch Datenbanken und Betriebssystemen. In gegenseitigem Einvernehmen bleiben manche Zulieferer auf unbegrenzte Zeit in einer bestimmten Kategorie. Jede beteiligte Firma erhält jedoch zusätzliche Vorteile, wenn sie ihre elektronische Integration erhöht, und dies ist ein Anreiz zur engeren Vernetzung.

Informationalisierung + Logistik = Globalisierung

Nationale und globale Konkurrenten können der Reaktionszeit eines lokalen Anbieters von Dienstleistungen nahekommen, indem sie Geschäftsstellen informationalisieren, deren Standort fast gleichgültig ist. Entfernung verschwindet in allen Branchen als begrenzender Faktor. Dank fortschrittlicher Vernetzung in Information und Logistik wandeln Unternehmen ihre Aktivitäten in globale Wertschöpfungsketten um, die auf Kostenminimierung und dem größten Know-how beruhen.

Wenn Sie sich zum Beispiel eine Computer-Platine anschauen, so werden Sie Chips und Komponenten aus einem Dutzend oder mehr Ländern finden. Die Hersteller koordinieren ein globales Netz von Zulieferern. Sogar die maßgeschneiderten Chips, die ganze Steckkarten ersetzen, werden in globalen Netzen produziert. VTIs Chips werden in einem der nordamerikanischen, asiatischen oder europäischen Zentren der Firma konstruiert, oder am Standort eines Käufers irgendwo auf der Welt. Dann werden die Spezifikationen nach Silicon Valley übermitteln, wo Fotomasken angefertigt werden. Diese werden nach Japan geschickt, wo Siliziumplättchen geätzt werden. Die fertigen Plättchen werden zur Trennung in einzelne Chips und Bestückung nach Korea geschickt, und in Malaysia wird die Montage des Chips abgeschlossen. Das fertige Produkt geht direkt an den Abnehmer, so daß zusätzliche Vertriebswege gespart werden. Nichts von alledem ist ohne Informationsvernetzung und logistische Partnerschaft zu bewerkstelligen; beide sind entscheidende infrastrukturelle Dienstleistungen, die rasch Gestalt annehmen.

Am leichtesten ist die Globalisierung bei Produkten, die wie Halbleiter wenig wiegen und viel wert sind, doch mit Hilfe logistischer Partner geschieht sie in allen Branchen. Federal Express, DHL und UPS kämpfen darum, solche Partner zu sein. Achtundvierzig-Stunden-Service bei schweren Gütern wird üblich. Während das Geschäft der Belieferung über Nacht reift, könnte man die nächste Phase im Lebenszyklus dieser Branche als den Kampf definieren, nicht nur der Vertriebsarm der amerikanischen Wirtschaft zu werden, sondern auch der Logistik-Arm der Weltwirtschaft.

Drucken war wegen der Versandkosten gewöhnlich ein lokales Geschäft. Aufgrund der technologischen Entwicklung konnte es am Ende der Industriewirtschaft zu einem nationalen Geschäft werden.

In der ersten Hälfte der jetzigen Wirtschaft haben Druck- und Kommunikationstechnologien es dann ermöglicht, daß nationale Zeitungen und Zeitschriften wie *Wall Street Journal* und *Time* gleichzeitig lokal gedruckt werden. Jetzt ermöglichen Informationstechnologien die Einsparungen, die das Drucken zu einem globalen Geschäft machen. Japanische Kataloge und Zeitschriften werden jetzt zum Beispiel generell in Hongkong gedruckt und direkt an Abnehmer in Japan versandt. Hongkong exportiert jährlich Druckerzeugnisse für über 400 Millionen Dollar. McGraw-Hill, *Newsweek* und andere nutzen Hongkong als Teil globaler Produktionsnetze. Singapur und dann Korea kommen gleich danach als Exporteure von Druckerzeugnissen.

Banken, Kreditkartenunternehmen und Fluggesellschaften haben ihre Standorte zur Bearbeitung von Schecks und Buchungsbelegen in der Karibik. Irland ist ein wachsendes Zentrum für die Bearbeitung von Policen und Ansprüchen für amerikanische Versicherungen. Lexis, ein computergestütztes juristisches Nachschlagesystem mit Sitz in Dayton, Ohio, läßt juristische Dokumente, Schriftsätze und Zusammenfassungen von Koreanern in sein Computersystem eintippen. In diesem und anderen Fällen werden Säcke mit Papier an Dateneingabebüros versandt, selbständige Firmen überall auf der Welt, und die fertigen elektronischen Dateien gehen über Kabel zurück an die Auftraggeber.

Wenn wir zu unserem Beispiel der Badezimmerausstattung zurückkommen, so können die Marketing-Manager von American Standard überall die Merkmale ihrer Produkte für Kunden vor Ort spezifizieren. Die Produkte werden in Italien entworfen, präzise Konstruktionspläne werden in der deutschen CAD/CAM-Abteilung erstellt und dann an die Hersteller der Originalform in Frankreich weitergeleitet. Die Originalformen werden zur Produktion an flexible Produktionsstätten in Deutschland, Korea oder Mexiko geschickt. Jede Funktion wird dort durchgeführt, wo das Know-how und die Kostenvorteile sind, unabhängig vom Standort.

Wo immer möglich wird die Informationskomponente von dem materiellen Produkt getrennt und geht um die Welt, mit fortschrittlichen Informationssystemen wie oben beschrieben. Der größere wirtschaftliche Wert liegt zweifellos in dieser unstofflichen Information. Logistische Partner kommen an den Punkten hinzu, wo die Information wieder mit dem materiellen Produkt verbunden werden muß, das die reifen Branchen früher als „das Eigentliche" betrachteten. Globale Produktionssysteme, vernetzt durch globale Logistik- und Kommunikationssysteme, kommen in praktisch allen produzierenden Branchen und in immer mehr Dienstleistungsunternehmen auf.

Jenseits von Jack Benny und König Lear

Die Infrastruktur für unsere Wirtschaft ist so weit gereift, daß sie das Verhalten aller Unternehmen verändert. Die organisationsinternen Rationalisierungen, die sie schafft, und der Mehrwert durch externe Dienstleistungen, die sie auf dem Markt bietet, bringen Geschäften der älteren Generation bei, wie man das Leben nach Vierzig genießt.

Dazu gehören im einzelnen Trends wie die Serienherstellung maßgeschneiderter Produkte, die in Echtzeit gefertigt, geliefert und bezahlt werden; die wachsende Bedeutung von Vertrieb und Lieferung und das Absorbiertwerden der Herstellung in ihnen; die erhebliche Verkleinerung von Lagerbeständen, Fixkosten und Betriebskapital; gegenseitiger direkter elektronischer Zugriff auf alle Ressourcen unter Zulieferern, Herstellern, Wiederverkäufern und Verbrauchern; das daraus folgende Verschwimmen der Grenzen zwischen ihnen; die wahrscheinliche Entwicklung elektronisch „verheirateter" Gruppierungen sowie die Globalisierung der Wirtschaft infolge der Kombination von Entwicklungen in Kommunikation und Logistik. Diese

Trends sind nicht unabhängig voneinander, sondern verstärken einander. Insgesamt lassen sie ein neues Modell für die Geschäftsmethoden existierender Unternehmen erkennen.

Außer der Umgestaltung existierender, älterer Unternehmen und aus ihnen heraus bringen diese Trends jedoch auch eine ganz neue Generation von Unternehmen hervor. Nicht alle Unternehmen leugnen ihr fortschreitendes Alter wie Jack Benny oder bejammern den Verlust ihrer einstigen Machtfülle wie König Lear. Durch Informationalisierung gedeihen sie noch immer. Und viele beginnen, über die neue Generation von Unternehmen zu frohlocken, die sie hervorbringen.

So wie der Blätter Geschlecht, so ist auch jenes der Menschen.
Blätter, da schüttelt die einen der Wind zu Boden, und andre
Treibt der sprießende Wald hervor zur Stunde des Frühlings.
So der Menschen Geschlecht, dies sprießt und jenes verwelket.

Homer, *Ilias, Sechster Gesang* Ü. Roland Hampe

Kapitel 3

Den Turbolader in Ihrem Unternehmen finden

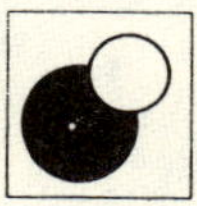

Ein durch Information turbogeladenes Geschäft – dargestellt als weißer Kreis – wächst erheblich im Verhältnis zum traditionellen Geschäft eines Unternehmens – dem schwarzen Kreis – und wird ein ganz neues Unternehmen.

Die Industriewirtschaft produziert Abfallprodukte und entsorgt sie. Wir nennen sie Schadstoffe und halten sie für nutzlos, aber einige von diesen Abfallprodukten können bessere Verwendung finden, und das ist auch schon geschehen. Erdgas ist ein klassisches Beispiel. Ursprünglich wurde es als wertlos an der Quelle abgefackelt; als Infrastrukturen und Märkte sich entwickelten, wurde es zu einer großen Industrie. Ein weiteres Beispiel sind Turbolader, die Motorenabgase recyclen und die Leistung dadurch gewaltig steigern.

Auch die Informationswirtschaft produziert Informationsabgase, und auch diese kann man turboladen. Informationsabgase kann man auffangen, aufbereiten und recyclen, um die Leistung einer Firma zu verbessern. Es gibt in allen Firmen und Branchen Möglichkeiten, *turbogeladene Informationsdienstleistungen* anzubieten. Tatsächlich entsteht bereits eine neue Firmengeneration um Information, die bei älteren Unternehmen abfällt. Die Ironie ist: *Firmen, die turbogeladene Informationsdienstleistungen anbieten, werden oft wertvoller als die, von denen die Information ursprünglich stammt.*

TV Guide wurde zum Beispiel 1987 für über 2 Milliarden Dollar von dem Medienzar Rupert Murdoch gekauft. Diese Zeitschrift ist eigentlich nichts anderes als ein gut verpackter Ausdruck der Fernseh-Sendepläne; diese Information ist jedem über eine Vielzahl von Quellen zugänglich. Trotzdem wurde der Kaufpreis für *TV Guide* am Markt damals höher bewertet als für jedes der großen Sendernetze, CBS, ABC oder NBC. Warum soll ein Programmausdruck wertvoller sein als ein Sendernetz?

Der *Official Airlines Guide* (OAG), eine Liste der monatlichen Flugpläne, wurde 1988 für 750 Millionen Dollar verkauft. OAG konsolidiert nur Fluginformationen, doch dieses einfache Konzept hat ein Unternehmen geschaffen, dessen Marktwert höher ist als der aller außer den größten Fluggesellschaften. Der Kaufpreis betrug damals etwa das Dreifache dessen, was TWA für Ozark Airlines bezahlte, das Dreifache des Wertes von Eastern Shuttle und nur geringfügig weniger als der Marktwert von U.S.Air. Warum soll eine Liste der Flüge mehr wert sein als eine Fluggesellschaft?

Quotron liefert Informationen über Wertpapier-Preise an Maklerfirmen. Es wurde 1986 für 628 Millionen Dollar von Citicorp gekauft. Quotron hatte keinen bevorzugten Zugang zu Informationen über Wertpapiere. Es erfüllte nur einen Bedarf, um den sich die Makler nicht gekümmert hatten, indem es Informationen über Wertpapier-Transaktionen sammelte und sie wieder an die Maklerbranche abgab, von der sie ursprünglich stammten. Damit schuf es ein Unternehmen mit einem höheren Marktwert, als etliche führende Maklerfirmen in den späten 1980er Jahren hatten, darunter Paine Webber und Smith Barney. Warum soll eine Firma, die einfach Preisfestsetzungen auflistet, mehr wert sein als die Firmen, die diese Festsetzungen vornehmen und die tatsächlichen Käufe und Verkäufe durchführen?

Die Ordnung der Dinge scheint auf dem Kopf zu stehen. Man könnte meinen, Fernsehprogramme würden produziert und gesendet, um einen Bedarf für *TV Guide* zu schaffen. In Zeiten des Rückgangs könnte man bei den Fluggesellschaften meinen, daß jemand Flugzeuge fliegen muß, damit der Verkauf von Fluginformationen und Reservierungsdiensten Geld einbringen kann. Die erbärmliche Leistung der Maklerbranche in den späten 1980er und frühen 1990er Jahren ließ das Einkommen aus Finanz-Informationsdiensten himmlisch aussehen. Telerate, ein Hauptanbieter für Daten über Effektennotierungen, wurde 1989 für über 2 Milliarden Dollar gekauft. E. F. Hutton, der zweitgrößte Maklerkonzern in den USA, wurde etwa zur gleichen Zeit für weniger als 1 Milliarde Dollar verkauft. Es scheint, als müsse jemand Maklerdienste leisten, damit man mit dem Verkauf von Finanz-Informationsdiensten Gewinn machen kann. Wenn eine Telefongesellschaft mehr mit den Gelben Seiten verdient als mit ihrem normalen Telefonservice, bedeutet das dann, Telefonservice wird geliefert, damit die Gelben Seiten erscheinen können? Natürlich nicht. Aber Informations-Ableger stellen eine enorme geschäftliche Chance dar, und in jedem Geschäft stecken ein oder mehrere latente Informationsgeschäfte.

Neue Ableger-Geschäfte, die als einfache Aktivitäten zur Unterstützung der Hauptattraktion anfangen, werden in vielen Branchen das Kerngeschäft im Marktwert übertreffen. Leute hin und her zu fliegen, Fernsehprogramme zu senden, Wertpapiere zu verkaufen und eine Million andere Aktivitäten können recht unwirtschaftlich werden, wenn sie weiter in der traditionellen Weise betrieben werden. Wir haben gesehen, wie die reifen Geschäfte der älteren Generation sich modernisieren können, indem sie ihre internen Methoden und ihren Kundendienst informationalisieren. Hier werden wir sehen, wie einige dieser unterstützenden Aktivitäten zu selbständigen, auf Information beruhenden Geschäften werden können.

Die Chance, durch Lieferung von Information über die primäre Ware oder Dienstleistung Wert zu schöpfen, besteht in gewissem Ausmaß in jeder Firma. Die Fähigkeit, diese Chancen zu sehen und zu entwickeln, besteht hingegen in weit weniger Firmen, obwohl sie zentral für ihren künftigen Erfolg ist. Nicht eines der Fernsehnetze hat die Chance erkannt, die *TV Guide* dann entwickelte. Die Fluggesellschaften haben den *Official Airlines Guide* verpaßt, und die Maklerfirmen haben die Chance der Finanz-Informationsdienste verpaßt, die Quotron entwickelte. Citibank und Dow Jones, denen Quotron bzw. Telerate gehört, diskutieren noch über ihre strategische Logik bei diesen Akquisitionen, und wie sie sie in absehbarer Zeit profitabel machen können. Bevor die jetzige Wirtschaft ihren Gipfel erreicht, werden viele traditionelle Firmen erleben, daß unabhängige Unternehmer und fortschrittlichere Konkurrenten sich den lukrativsten Teil ihres Marktes sichern: das Sammeln, Verarbeiten und Verkaufen wichtiger Informationen, die im Kerngeschäft anfallen, aber nicht gewürdigt werden.

Wer wird diesen Hauptgewinn in Ihrer Branche bekommen? Es könnten ein oder zwei progressive Firmen sein, die aus dem älteren

Kerngeschäft hervorgegangen sind, wie beim Reservierungssystem der Fluglinien. Es könnten auch ein oder zwei neue Firmen von außerhalb der alten Machtstruktur sein, so, wie die neuen Akteure, die versuchen, die Finanz-Vermittlungsdienste zu restrukturieren. Es könnten auch mehrere Firmen sein, die in einer Kooperative zusammenarbeiten, wie wir sie in der Bekleidungsbranche beschrieben haben. In vielen Branchen werden sie alle und noch andere darum konkurrieren, die Informationspfade zu definieren und zu beherrschen.

Firmen, die ihr Kerngeschäft informationalisieren, haben gute Aussichten, Chancen im Informationsgeschäft zu erkennen und zu ergreifen, doch viele werden von neuen Unternehmen ergriffen werden. Diese Unternehmungen der neuen Generation, die als Erweiterung einer bestehenden Firma oder als neues Unternehmen entstehen, werden der Wirtschaft eine neue Ebene von Dienstleistungen bringen. Der kumulierte Effekt wird eine turbogeladene, leistungsstarke Wirtschaft sein. Doch das geschieht in einer Firma nach der anderen.

TRW findet einen Turbolader

Die Geschäfte der neuen Generation entwickeln sich in produzierenden Industriefirmen ebenso wie in der Unterhaltung, Zivilluftfahrt, dem Rundfunk und anderen Dienstleistungen. TRW gilt zum Beispiel noch immer als Firma für Autoteile, Luft- und Raumfahrt, wobei sie mit jedem dieser Geschäfte über 3 Milliarden Dollar Jahresumsatz hat. Dieser Riese in Industrieproduktion und High Tech umfaßt jedoch ein blühendes Informationsgeschäft, das Wachstum und Gewinne des Konzerns mit der Zeit beherrschen könnte. Das Geschäft der neuen Generation gehört zur Information Services Group (ISG) des Konzerns, die weniger als 10% des Gesamtumsatzes, aber fast 25% von TRWs Gesamtgewinn bringt. Der Marktwert seiner

Informations-Dienstleistungen liegt jedenfalls höher als der seiner traditionellen Geschäfte. TRW zieht Informationsgeschäfte der neuen Generation in einem Industriekonzern der älteren Generation heran.

ISGs Haupteinheit, die Credit Services Division, unterhält eine Datenbank mit über 145 Millionen persönlichen Kreditgeschichten inklusive Kreditkarten, Ratenzahlungen, Leasing, Hypotheken und andere Kreditdaten. TRW liefert Kreditauskünfte an Finanzinstitute, Einzelhändler, Arbeitgeber, Geschäftspartner und viele andere Abnehmer. 1988 hat es einen Service namens „Credentials" eingeführt, um Konsumenten Zugriff auf ihre eigenen Daten zu geben und als Kreditauskunft zu dienen.

TRWs Entwicklungspläne sehen vor, andere Informationsquellen mit ihrem gegenwärtigen kreditbezogenen Kern zu integrieren, der bereits die weltgrößte Sammlung von Finanzinformation über Personen ist. Durch die Integration demographischer, auf Familie und Sozialversicherung bezogener, medizinischer und anderer Daten mit Kreditgeschichten kann TRW den Wert seiner Informationsquellen enorm steigern und die Palette seiner Dienstleistungen und auch seiner Abnehmer erweitern. Diese zentrale Datenbank, die Big Mother (Große Mutter) genannt wird, ist letztlich der größte Vermögenswert in einer Informationswirtschaft. Verbesserung und Vergrößerung dieser Datenbank sind zentrale Stoßrichtungen in ISGs Wachstumsstrategie.

Doch die zentrale Datenbank ist nur eine Facette in TRWs Entwicklungsprogramm. Eine Reihe anderer Unternehmungen sind auf dem Weg. Eine von TRWs breitgefächerten Initiativen hat mit Immobilien-Maklerdiensten zu tun. Fast jeder Immobilienverkauf in den USA erfordert eine lange Liste oft lästiger Schritte: Grundbucheinsicht, Rechtstitelversicherung, treuhänderische und notarielle Dienste, einen Antrag auf eine Hypothek, dessen Prüfung und Zuteilung, Sachversicherung und anderes. Wie jeder weiß, der einmal ein Haus gekauft hat, kann jeder dieser Schritte kostspielig und zeitaufwendig sein.

Gegenwärtig kann zum Beispiel die Grundbucheinsicht dreißig oder mehr Tage dauern. TRW hat begonnen, elektronische Rechtstitelüberprüfungen anzubieten. Durch eine Datenbank über Rechtstitel, die es aus öffentlichen Informationsquellen aufbaut, kann es fast augenblicklich Rechtstitel bestätigen und Rechtstitelversicherungen ausstellen. Mit seinen Fähigkeiten zur Kreditanalyse hat es das Potential, Anträge auf Hypotheken und deren Prüfung in Echtzeit anzubieten. Mit solchen Dienstleistungen kann Citicorp in einer Viertelstunde über Hypotheken entscheiden und Canada Trust in Toronto Kredite telefonisch vergeben. All dies ist nur durch Informationalisierung des Hypothekengeschäfts möglich.

Der Bereich der Immobilien-Informationsdienste birgt noch weitere Verdienstmöglichkeiten. Die Rechtstitel-Datenbank könnte genutzt werden, um Gemeinden Dienstleistungen zum Einzug von Grundsteuern anzubieten. Daten über Rechtstitel könnten in Kombination mit Kreditgeschichten genutzt werden, um Marktforschung und Information über Marktsegmentierung anzubieten. Das Wissen, wer Eigentum an einen Makler übergeben, verkauft oder gekauft hat, wäre unschätzbar für viele Unternehmen, und diese Information stellt eine weitere beträchtliche Verdienstmöglichkeit dar.

Das Beispiel TRW beginnt mit einer Datenbank, dem Kern jedes Informationsgeschäfts, und über ein Netz haben Vermittler oder Auftraggeber direkten Zugang zu den Informationsquellen. Manche Informationsgeschäfte gehen weiter als bis zum Angebot von Informationen für Transaktionen. Man kann über sie zum Beispiel einen Flug oder eine Theaterkarte suchen und obendrein buchen. Zur Zeit konzentriert sich TRW darauf, Finanzinstitute und Immobilienmakler mit Informationen zu unterstützen. Letztlich könnten aber viele dieser Dienstleistungen direkt den Auftraggebern geliefert werden, und die Dienstleistung kann über die Information hinauswachsen und die eigentliche Transaktion umfassen.

Die größte aller Chancen bei Immobilien könnten elektronische Maklerdienste bedeuten. Zur Zeit verdienen Immobilienmakler eine Courtage von 6% oder mehr mit dem Verkauf jeder Immobilie. Die wichtigste Funktion des Maklers besteht darin, Käufer und Verkäufer zusammenzubringen. Der Immobilienmakler könnte ebenso wie der Güterspediteur oder das Reisebüro von einem umfassenden Informationsdienst ersetzt oder ergänzt werden, der Käufer und Verkäufer zusammenbringt. Käufer könnten an Terminals Videoclips von Immobilien ansehen, die ihren Kriterien in Größe, Preis und Standort gerecht werden, und dann mit dem Makler oder direkt mit dem Verkäufer Verbindung aufnehmen. Fernsehsender haben 1985 begonnen, in diesem Bereich Dienstleistungen anzubieten; in halbstündigen Sendungen zeigen sie Häuser, die zum Verkauf stehen. Das Fernsehen bietet jedoch heute nur eine feste Folge von Immobilien an: Der Service von morgen wird den potentiellen Käufer nach Kriterien fragen, unter anderem nach Wohngegend, Zahl der Schlafzimmer und Badezimmer, Parkmöglichkeiten, Quadratmeterzahl, Stil und Preis. Nur selbst ausgesuchte Immobilien werden angesehen, und die Videoclips werden interaktiv sein, so daß der Interessent die Videotour steuern kann. In einer Stunde können zwanzig Immobilien angesehen werden statt nur ein paar. All dies kann eine bloße Vorauswahl bedeuten, bevor man persönlich zu einem traditionellen Makler geht, aber wundern Sie sich nicht, wenn man anfängt, Immobilien zu kaufen, ohne persönlich herumzufahren, und vielleicht sogar ohne Makler, besonders wenn die Käufer Investoren aus dem Ausland sind. Ein solcher Service würde die Branche revolutionieren, denn er würde lästige Mittelsmänner überflüssig machen und New Age-Informationsdienste einführen, die die Transaktion vereinfachen und beschleunigen. Er könnte sogar zu Immobilienkäufen aus der Entfernung und zunehmenden Investitionen durch ausländische Käufer führen, besonders in Ländern mit unvorteilhaften Handels- und Devisenbedingungen.

Die „New-Age-Informationsvermittler"

Die Mittelsmänner der Industriewirtschaft, etwa Immobilienmakler, werden oft ersetzt oder bekommen andere Funktionen, wenn Geschäfte informationalisiert werden. Parallel zu ihrem Verschwinden tauchen die „New-Age-Informationsvermittler" auf, zum Beispiel TRWs Credit Service und Video-Immobilienangebote.

Informationsvermittler sind Unternehmen, die Information in ihren verschiedenen Formen und Funktionen einsetzen, um Käufer und Verkäufer elektronisch zu verbinden.

Informationsvermittler können auch Hersteller und Verbraucher verbinden, vorgelagerte und nachgelagerte Industrien, Anbieter und Anwender, Sender und Empfänger. Sie schaffen Mehrwert, indem sie es ihnen ermöglichen, besser und schneller voneinander Informationen zu bekommen. Mit bequemem, direktem Zugang zueinander rund um die Uhr liefern sie Echtzeit-Resultate, um die Bedürfnisse der Käufer zu erfüllen. Informationsvermittler sind traditionellen Maklern überlegen, die teurere, zeitraubende und begrenzte Dienste anbieten. Sie liefern eine breitere Palette von Optionen als die traditionellen Anbieter, weil sie Information konsolidieren, die aus keiner anderen Quelle kombiniert erhältlich ist. Fragen, Bearbeitung und Transaktionen geschehen bei ihnen gleichzeitig statt in vielen langwierigen Schritten. Sie vereinfachen Transaktionen nach Maß und können die Ergebnisse jeder Entscheidung voraussehen. Informationalisierte Mittelsmänner oder Informationsvermittler werden innerhalb einer Generation allen Branchen diese Dienste anbieten. Firmen, die bis dahin nicht informationalisieren, werden höchstwahrscheinlich bis dahin nicht mehr existieren.

Wie die Branchenführer der Industriewirtschaft ihre Imperien mit dem Bau von Bahngleisen und Autobahnen aufbauten, so bauen die neuen Informationsvermittler ihre Imperien auf elektronischen Gleisen, die den Weg der Information in einer Branche vorgeben. Und nun, da die Computer- und Telekommunikations-Infrastruktur entsteht, ist das Rennen um die Dominanz in den Info-Geschäften in vollem Gang. In den nächsten rund 15 Jahren, dem dritten Viertel unserer Informationswirtschaft, wird jeder größere Wirtschaftssektor die Wucherung von Informationskanälen erleben, rasch gefolgt von einer Auslese und schließlich der Konsolidierung einiger Führer unter diesen Firmen.

Zersplitterte Kanäle werden einem oder zwei beherrschenden Informationsvermittlern in jeder Branche weichen. Diese Führer werden die wichtigsten elektronischen Verteilungswege für die lukrativsten Geschäfte liefern: die Informationsdienste. Bei der Reifung der Informationswirtschaft, d.h. vor 2010, werden die neuen Informationsvermittler schließlich das wichtigste Mittel des Zugangs für Käufer und Verkäufer darstellen. Die Beteiligung an diesen elektronischen Kanälen wird unausweichlich zur Notwendigkeit, und in den dominierenden Systemen werden praktisch alle Firmen vertreten sein.

Die neue Generation der Finanz-Informationsvermittler

Die größte Tragweite wird die Umstellung auf neue Informationsvermittler vielleicht bei Finanz-Dienstleistungen haben. Die Verbindung zwischen Verkäufern und Käufern wandelt sich in allen Finanzmärkten, besonders bei Aktien, Obligationen, Optionen, Termingeschäften und Devisen, doch der Wandel greift auch auf Versicherungen, Immobilien und andere, verwandte Finanzdienste über. Die Börsen mit all dem Trubel, Drama und Gefluche der Maklerstände sind die alten Vermittler. Ihre Existenz ist durch die neuen Informationsvermittler gefährdet, die die Börsen durch elektronischen

Handel ersetzen wollen und neue Standards und Netze einrichten. Es geht um nichts Geringeres als die Lenkung und Steuerung der weltweiten Finanz-Infrastruktur.

Der Weltmarkt für Obligationen allein setzt täglich über 4 Billionen Dollar um; Millionen wechseln jede Sekunde den Besitzer. Trotz seiner Größe gibt es jedoch keine zentrale Börse für Obligationen, und die Preise sind je nach Maklerfirma verschieden. Das Rennen geht deshalb darum, einen elektronischen Weltmarkt für Obligationen zu schaffen und zu lenken. Die erste Herausforderung besteht darin, Daten über Obligationen von allen Börsen und Transaktionen über ein Netz sofort auf die Bildschirme der Käufer zu bringen. Hat man diesen Fuß in der Tür, so besteht die zweite Herausforderung darin, Verkaufs- und Kaufangebote auf dasselbe Netz zu bringen. Zu den Hauptkonkurrenten gehören hierbei die weltgrößten Maklerfirmen (Nomura, Daiwa, Merrill Lynch), Handels- (Citicorp) und Anlagebanken (First Boston, Solomon Brothers, Goldman Sachs) und Verlage (Reuters, Dow Jones, Knight-Ridder) sowie ein paar wagemutige Unternehmer.

1989 haben sechs große Banken ein Konsortium gegründet, das jetzt einfach „Electronic Joint Venture" heißt, um für sich und andere einen Informationsdienst über den Obligationenhandel aufzubauen. Die sechs – First Boston, Goldman Sachs, Morgan Stanley, Solomon Brothers, Shearson und Citicorp – wickeln rund 25% aller Obligationengeschäfte ab. Wie in den meisten Branchen scheinen aber unabhängige Außenseiter sehr gute Chancen zu haben. Hier die wichtigsten Wettbewerber:

Telerate Inc., das jetzt zu 100% Dow Jones gehört, beherrscht das Geschäft mit elektronischen Informationen über Obligationen; es bedient 75000 Terminals. Telerate baute ein 500-Millionen-Dollar-Unternehmen auf, dessen Aktien einen Verkehrswert von über 2 Milliarden Dollar haben, indem es Echtzeit-Transaktionsdaten für den Verkauf von Staatsanleihen zwischen dem Finanzministerium und den 36 wichtigsten Wertpapierhändlern sammelte. Diese Daten liefern entscheidende Echtzeit-Bezugspunkte für Wertpapierhändler und Makler, und sie dienen als definitive Marktpreise für Transaktionen in anderen Wertpapiermärkten.

Reuters sendet Nachrichten und Finanzinformationen an über 200000 Terminals weltweit; es ist der größte und aggressivste Wettbewerber bei Finanz-Informationsdiensten und elektronischem Handel. Neben seinen Nachrichtenagenturen hat es Ventures in der Satelliten-Kommunikation, bei Börsenmonitoren und Datennetzen für den Devisen- und Effektenhandel.

Bloomberg Financial Markets gehört zu 30% Merrill Lynch und ist ein dritter wichtiger Wettbewerber. Bloombergs Service bietet zusätzlich zu grundlegenden Daten eine hochentwickelte analytische Kapazität. Ein Kunde sagt zum Beispiel:

> Der Wert eines Wertpapiers kann durch Dutzende verdeckte Faktoren verändert werden, die von vorzeitiger Einlösung über Wiederanlagequoten von Coupons bis zu Rückzahlungsquoten reichen kann. Der Bloomberg kann berechnen, was eine Obligation wert wäre, wenn einer dieser Faktoren sich verändert. Außerdem vergleicht er den Wert verschiedener Wertpapiere und zeigt historische Daten. Die Maschinen der Konkurrenz bieten weniger Daten und gröbere Berechnungen.
>
> Wenn wir Obligationen mit siebenjähriger Laufzeit verkaufen und statt dessen zweijährige und zehnjährige kaufen wollten, könnte er uns in einer Minute sagen, ob der Handel sich lohnt.[1]

In Anspielung auf das System, mit dem alles begann, will Bloomberg seine Terminals „sabreisieren", d.h. an Konkurrenten verkaufen und die Wertpapierpreise aller Maklerfirmen auf den gleichen Bildschirm bringen. Wenn Verkäufer und Käufer von Wertpapieren weltweit ein einziges, offenes System benutzten, würde der Effektenhandel revolutioniert. Vergleichende Preisangaben auf ein und demselben Bildschirm würden den Abstand zwischen Geboten und verlangten Preisen verringern, unvorhersehbare Arbitrage-Gewinne erschweren und die Bedeutung von Analysten schwinden lassen. Die elektronische Durchführung der Transaktionen würde die meisten Händler ausschalten, wie es 1986 in der Londoner Effektenbörse geschah, und zusätzlich verheißt sie geringere Kosten, weniger Gaunereien bei den Preisen und weltweiten Handel rund um die Uhr. Wenn heute der Wertpapiermarkt in einer Stadt für den Tag schließt, werden die Kauf- und Verkaufsaufträge nacheinander in Zeitzonen, die noch offen sind, um die Welt weitergereicht. Der elektronische Markt würde nie schließen.

Dieses Muster hat sich im Devisenhandel schon gezeigt. Im Gegensatz zu anderen Finanzmärkten gibt es keinen physischen Devisenmarkt, sondern ein Netz von Händlern, die rund um die Uhr in Verbindung stehen und Transaktionen im Wert von Milliarden Dollar über digitale Netze elektronisch durchführen. In London, New York und Tokio allein wurden 1990 Devisen für über 600 Milliarden Dollar umgesetzt, eine Vervierfachung in drei Jahren. Das massive Wachstum im Devisenhandel war nur möglich durch hochentwickelte Informations-Infrastrukturen, die in den letzten Jahren eingerichtet wurden. Besonders die Fertigstellung der schnellen Glasfaserverbindung zwischen London, New York und Tokio ermöglicht eine Echtzeit-Integration der drei größten Finanzzentren. Hochentwickelte Informationssysteme, die diese Daten-Autobahnen benutzen, wurden entwickelt, damit Aufträge elektronisch angenommen, bearbeitet, ausgeführt und bezahlt werden können.

Ein solches System ist der Reuters Dealing Service. Reuters ist seit langem die wichtigste Informationsquelle für Devisenhändler und bedient über 200 000 Terminals auf Händler-Schreibtischen weltweit. Diese Terminals sind über das vielleicht weltgrößte private Kommunikationsnetz von gemieteten Leitungen und Satellitenschüsseln mit Reuters' Computern in London, New York und Hongkong verbunden. Bis 1981 lieferte Reuters allerdings nur unterstützende Information an Händler. Als es in jenem Jahr seinen Dealing Service einführte, konnten seine Abnehmer Devisentransaktionen direkt per Terminal miteinander abwickeln.

Reuters' 11 000 Dealing-Terminals haben 1990 weit über eine Million Transaktionen durchgeführt, ein Drittel aller Devisengeschäfte oder mehr. Diese Geschäfte werden aber nicht zentral bearbeitet. Sie sind die elektronische Version eines telefonischen Handels zwischen zwei Beteiligten. Im Dezember 1989 führte Reuters seinen Dealing 2000 Service ein. Bei diesem neuen System können die Kunden Kauf- und Verkaufsaufträge direkt in ihre Terminals eingeben. Diese Aufträge werden von Reuters' Computern in Long Island, New York automatisch und anonym mit anderen auf der ganzen Welt verglichen, durchgeführt und gemeldet.

Der neue Dienst wird verlockend sein. Wertpapiermakler verlangen bei jeder Transaktion von beiden Seiten Courtagen von rund 100 Dollar pro 10 Millionen. Der Reuters Service verlangt eine Pauschalgebühr von 25 Dollar, und zwar nur vom Käufer, unabhängig vom Umfang der Transaktion. Dieser neue Service wird mehr Handelsvolumen, mehr Liquidität und einen effizienteren Markt bedeuten; dadurch wird er die Globalisierung und Informationalisierung der Finanzmärkte verstärken, die alle über ein privates Netz gehen.

Die Devisenmärkte sind die fortschrittlichsten, doch auch andere Finanzmärkte bewegen sich schnell in diese Richtung. In etlichen von ihnen spielt wieder Reuters eine wichtige Rolle. Sein Aktienhandel-Service „Instinet" zum Beispiel bietet Kapitalanlegern ein elektronisches Netz für den Handel mit US-amerikanischen und englischen Wertpapieren. Das tägliche Handelsvolumen beträgt durchschnittlich mehr als 10 Millionen Aktien – noch immer ein kleiner Bruchteil des Handelsvolumens an der New Yorker und Londoner Börse, aber ein wachsender Faktor im Aktienhandel. Auch am weltweiten Rohstoffhandel ist Reuters beteiligt. Zusammen mit Chicago Mercantile Exchange hat es kürzlich einen computergestützten Dienst für den Warenterminhandel namens Globex eingeführt. Dieser Dienst soll ein rund um die Uhr verfügbares elektronisches Hilfsmittel für Endabnehmer auf der ganzen Welt werden.

Reuters ist nicht allein im Rennen um den elektronischen Handel. Quotron entwickelt sich über seine traditionelle Rolle als Anbieter von Wertpapier-Informationen hinaus und bietet elektronischen Handel an. Bloomberg Financial Services expandiert ebenfalls über Unterstützung durch Information hinaus und hat schon einen hochentwickelten Dienst für den elektronischen Obligationenhandel eingeführt. Auch Telerate ist in der Lage, am Rennen teilzunehmen. Japanische Banken betreiben inzwischen mehrere leistungsstarke Netze für den Handel mit Obligationen, Devisen und Effekten. Diese Systeme könnten leicht in öffentliche Dienste umgewandelt werden.

Globex ist ein entscheidender Schritt in der Entwicklung der Finanzmärkte. Alle anderen genannten Dienste sind nur für den Großhandel, d. h. für existierende Makler und Händler. Es ist, als hätte man zu einem intelligenten Video-Immobiliendienst nur über ein traditionelles Maklerbüro Zugang. In vielen Branchen mögen Informationsdienste nur über traditionelle Kanäle zugänglich sein, doch es gibt beträchtliche Möglichkeiten, diese neuen Dienste direkt auf Einzelabnehmer auszuweiten. Globex will Ihnen die Börse direkt ins Haus bringen und die traditionellen Vermittler ebenso vollständig übergehen wie die alten Mechanismen des Handels.

Trotz aller offensichtlichen Vorteile des elektronischen Einzelhandels kann man noch nicht über ihn sagen: „Ich habe die Zukunft gesehen, und er funktioniert.“ Die Hindernisse sind enorm, und viele haben mit Macht am Markt und Psychologie zu tun, nicht mit Technologie. Im Unterschied zu anderen Branchen betrifft die Informationalisierung der Börsen in erster Linie die Großverdiener, nicht den Arbeiter mit Stundenlohn. Manche Firmen wie Chicago Mercantile

Exchange finden es in ihrem eigenen Interesse, den Kunden direkten Zugang zur „Börse“ zu geben, aber die meisten bleiben dabei, daß ihr Wettbewerbsvorteil von der direkten Anwesenheit in der wirklichen Börse kommt, nicht vom Computer-Monitor. Börsen bieten außerdem Liquidität durch Händler, die bereit sind, bei jedem Geschäft die andere Seite zu übernehmen; damit kann der elektronische Handel es kaum aufnehmen.

Die Branche der Finanzdienste steht an vorderster Front der Informationalisierung. Ihre Erfahrung läßt mächtige Konflikte zwischen traditionellen Vermittlern und den neuen Informationsvermittlern erwarten. Die traditionellen Makler wollen die Quellen und Netze der Information kontrollieren und sie in existierende Kanäle und Beziehungen zu den Kunden integrieren. Neue Wettbewerber können den Kunden hingegen direkten Zugang zu elektronischen Märkten geben. So ist es nicht nur die Frage, welcher Wettbewerber den Kanal für Informationsdienste erobert, sondern wie dieser Kanal definiert wird. Die beiden entscheidenden Dimensionen sind Entscheidungshilfe kontra Durchführung und Großhandel kontra Zugang für den Endabnehmer. Großhandels-Informationsvermittler geben den Kunden keinen Zugang zu Informationsdiensten und elektronischen Märkten in einer spezifischen Branche. Einzelhandels-Informationsvermittler bieten den Kunden direkten Zugang zu Informations- und Handelsdiensten.

Der Hauptgrund für einen geschlossenen Markt für Informationsdienste ist die Stärkung einer existierenden Branchenstruktur. Heute ist der wichtigste Devisenmarkt ein elektronischer Großhandelsmarkt, der nur ausgewählten Einrichtungen zugänglich ist. Wenn Sie oder ich Devisen kaufen wollen, zahlen wir erheblich mehr als den aktuellen Kurs. Wenn der offizielle Kurs für das englische Pfund $ 1,90 pro Pfund ist, zahlen wir $ 2, wenn wir kaufen, bekommen aber nur $ 1,80, wenn wir verkaufen. Der Unterschied ist die Handelsspanne der Bank. Ihre Gewinne würden gewaltig schrumpfen, wenn die Öffentlichkeit oder Unternehmen (oft kleinere Finanzinstitute) direkten Zugang zum elektronischen Markt und seinen besseren Preisen bekämen. Wenn nur existierende Firmen der Branche Zugang zu einem zentralen Informationsnetz haben, kontrollieren sie sowohl neue Wettbewerber als auch den Zugriff des Kunden. Nur eingetragene Immobilienmakler dürfen zum Beispiel den Multiple Listing Service benutzen. Wenn jeder dort eine Immobilie anbieten oder direkt die angebotenen Immobilien sichten könnte, so würde die Funktion des Maklers als Vermittler geringer werden oder wegfallen.

Das Beispiel des elektronischen Wertpapierhandels zeigt, daß ein paar große Institutionen, die sich einen hohen Prozentsatz der Marktaktivität und alle hochkarätigen Transaktionen in einer Branche teilen, einen hocheffizienten elektronischen Markt schaffen können, der auf einem privaten Netz mit hohen Einstiegsbarrieren beruht. Andere Unternehmen und Käufer müssen den Torhütern, die den Zugang zu diesen Diensten kontrollieren, eine Gebühr zahlen.

Wird der Wettbewerb in der Zukunft offener oder geschlossener sein?

Die neue Generation der Informationsvermittler wird vielleicht nicht offener sein als die alte Form des Wettbewerbs. Bei Finanzdiensten mögen sie uns effizientere Mittel zur Verfügung stellen, um unsere Geldgeschäfte zu tätigen, aber sie könnten auch versuchen, den Zugang zu elektronischen Märkten für Kunden wie Konkurrenten weiterhin einzuschränken. Sie werden bestimmen, wie offen oder geschlossen der Zugang für Käufer und Verkäufer, für Abnehmer und Anbieter sein wird. Die Immobilienbranche und der Devisenhandel machen das restriktive Ende des Kontinuums sichtbar, denn Informations- und Handelsdienste sind weder Käufern noch Verkäufern direkt zugänglich. Dagegen bietet American Airlines' Reservierungs- und Ticketdienst „Eaasy Sabre“, der über Compu-Serve, the Source, Prodigy und andere Videotextnetze zugänglich ist, Endabnehmern einen auf der Seite des Einzelhandels offenen Markt.

Viele etablierte Firmen werden versuchen, den direkten Zugang zu Informations- und Handelsdiensten zu beschränken. Dabei schaffen sie sich möglicherweise ihre eigene Konkurrenz. Geschlossene Systeme sind ein Hauptgrund für das Wachstum unabhängiger Informationsvermittler. Im Gegensatz zu traditionellen Firmen bieten sie den Kunden direkten Zugang zu Informationsquellen und Diensten für elektronische Transaktionen. Unabhängige Dienste entstehen auch, weil existierende Firmen in vielen traditionellen Branchen nur daran interessiert sind, ihre eigenen Produkte und Dienstleistungen zu verkaufen. Kundennutzen entsteht jedoch durch die Konsolidierung der Daten aller Beteiligten. Kaum jemand will über die Programme nur eines Fernsehkanals oder die Flüge einer einzigen Fluggesellschaft Bescheid wissen. Ohne Zugang zu einem OAG müßte der gestrandete Fluggast oder Mitarbeiter eines Reisebüros mehrere Fluggesellschaften anrufen, um einen akzeptablen Flug zu finden, und könnte nie sicher sein, die beste Option zu haben, es sei denn, er riefe alle Fluggesellschaften an.

Der Leiter einer großen Spedition reagierte kürzlich auf einen Vorschlag, einen branchenweiten Speditions-Informationsdienst einzurichten, der Beförderungswünsche mit der Planung der Fahrten abstimmt. Er sagte: „Es ist eine gute Idee, weil es die Auslastung bei Rückfahrten verbessert, Verspätungen reduziert, die Größe der Wagenparks, Personalbedarf, Energiekosten und Fixkosten verringert und den Kundennutzen verbessert. Aber wir werden es nicht tun, weil es dem Kunden helfen würde, eine Konkurrenz-Spedition zu wählen. Warum sollen wir etwas tun, das den Dienstleistungen unserer Konkurrenz hilft?" Die Antwort ist, weil es ein besseres Geschäft ist als die Spedition. *Wenn existierende Firmen einer Branche die Informationsdimensionen ihres Geschäfts aus irgendeinem Grund vernachlässigen, füllen unabhängige Dritte diese Lücke.*

Unabhängige Informationsvermittler bringen in den verschiedensten Branchen Käufer und Verkäufer zusammen. FTD bringt Kunden mit Floristen zusammen. Pizzanet ist ein Informationsvermittler, der unabhängigen Tante-Emma-Pizzaküchen im Wettbewerb gegen die großen, stärker informationalisierten Pizza-Lieferketten hilft. Die Anrufe kommen bei einer zentralen Nummer an und werden an die nächste unabhängige Pizzeria weitergeleitet. Der Rest funktioniert wie bei Domino's, dem Branchenführer bei der Pizza-Lieferung zu Hause.

Ein eigenständiges Geschäft mit dem Verkauf branchenweiter Informationen über alle Beteiligten aufzubauen, über die Konkurrenten ebenso wie die eigene Firma, ist eine oft verpaßte Chance. Unabhängige Dritte sehen sich keinen Zwängen unterworfen und sind oft besser in der Lage, Informationsdienste als getrennte, eigenständige Geschäfte zu sehen. Das *Journal of Commerce*, ein Unternehmen der Knight-Ridder Inc., bietet der Handelsschiffahrt zum Beispiel einen Dienst namens Trans/Rates, der alle Fahrpläne und Preise für Reedereien im In- und Ausland angibt. Mit Hilfe dieses Dienstes wählen die Kunden mögliche Reedereien nach Zweckmäßigkeit und Kosten aus. Ohne einen solchen Dienst müßten sie mehrere Reedereien anrufen oder einen Makler beauftragen, die Optionen zu identifizieren – das würde Zeit und Geld kosten. Trans/Rates ist ein wertvoller Informationsdienst; er hätte von einer der großen Reedereien genutzt werden können, wurde es aber nicht. Warum hat ein Außenseiter dieses Geschäft erobert? Vielleicht, weil keine Schiffahrtsgesellschaft sich einen Dienst vorstellen konnte, der Kunden helfen könnte, eine andere Reederei zu wählen. Diese Haltung ist zwar verständlich, ignoriert aber potentielle Möglichkeiten, die gewinnträchtiger sein können als das Primärgeschäft.

Das Aufkommen solcher Dienste hängt bis zu einem gewissen Grad von der Bereitschaft konkurrierender Firmen ab, dem Anbieter der Dienstleistung Informationen zu geben. Im Fall der Handelsschifffahrt stammt die Information von der U.S. Maritime Commission, bei der alle Firmen ihre Fahrpläne und Preise registrieren müssen. In anderen Branchen, z. B. Hotellerie, Spedition und Versicherungen, gibt es jedoch noch keine derartigen Beispiele.

Die Hotelreservierung ist heute nach einzelnen Ketten organisiert; eine konsolidierte Liste würde dem Gast jedoch eine bessere Auswahl bieten. Die Speditionsbranche in den USA birgt ebenfalls große Chancen für ein umfassendes Informationssystem. Heute muß ein Kunde etliche Speditionen ober einen Makler anrufen, um die Optionen zu identifizieren. Ein umfassender Informationsdienst, der alle Spediteure, ihre Preise und ihre Verfügbarkeit zeigte, wäre von großem Wert für den Kunden und sehr lukrativ für den Anbieter. Dritte könnten andere Informations-Maklerdienste aufbauen, die die Preise konkurrierender Versicherungen, Fahrdienste, medizinischer Dienste, Arrangements für Ferienreisen und vieles mehr zusammenbringen.

Rinder, Autos, Getreide und Münzen

Andere Chancen zum Aufbau von Geschäften mit der Vermittlung von Informationen auf elektronischen Märkten wurden seit einigen Jahren vorausgesehen. Die meisten sind nicht direkt darauf ausgerichtet, die Gestalt einer ganzen Branche zu bestimmen. Sie beruhen jedoch auf den gleichen Prinzipien der Informationalisierung, die wir oben beschrieben haben, und sie helfen so handfeste Dinge wie Kühe, Autos, Münzen, Getreide, Haarschnitte, Arbeitsplätze und Schrott verkaufen.

Kühe In der Industriewirtschaft wurde Vieh auf Viehhöfen verkauft, aber Video-Auktionen auf einem elektronischen Netz könnte bedeuten, daß den Viehhöfen das gleiche geschieht wie dem altmodischen Viehtreiber. Superior Livestock Auction in Fort Worth setzt

Satellitenübertragung, Fernsehkameras und computergestützte Verkaufsnetze ein, um Stiere zu versteigern, die erst dann die Ranch verlassen, wenn sie verkauft sind. Dies spart Zeit und Geld für den Transport und eliminiert die Gefahr von Verletzungen und Krankheiten. Dadurch, daß lokale Viehmärkte zu einem nationalen und sogar internationalen Markt werden, bringt das Vieh obendrein höhere Preise. 1990 wurden über eine Million Stück Vieh über dieses Netz verkauft.

Autos Gebrauchtwagen werden ebenfalls über einen elektronischen Markt gekauft und verkauft. Autohändler nehmen oft Gebrauchtwagen in Zahlung, um neue zu verkaufen, und laden sie periodisch in Bündeln bei Gebrauchtwagen-Großhändlern ab, wo sie in wöchentlichen Versteigerungen wieder verkauft werden. Das Verteilungssystem ist regional, episodisch und aufwendig. Die logistischen Notwendigkeiten zum Transport der Autos sind komplex und teuer. Heute werden Gebrauchtwagen vierteljährlich elektronisch versteigert. Bilder und Informationen über einzelne Autos werden über Terminals an Großhändler übermittelt, die elektronisch bieten. Elektronische Auktionen machen es überflüssig, persönlich zu Auktionen zu fahren, und vergrößern den Markt der Käufer und Verkäufer. Wenn Gebrauchtwagen elektronisch verkauft werden können, dann auch alles andere.

Getreide Roger Brodersen, Betriebsleiter der großen Getreidesilo- und Maklerfirma Scoular Company, kam 1983 zu dem Schluß, es sei von Vorteil für seine Firma, ihre internen Informationen an Farmer zu verkaufen. Er gründete ein internes Venture, um die Getreidepreise direkt an die Farmer zu übermitteln. 1986 verkaufte Scoular das Geschäft für 900000 Dollar an Brodersen. Seine Firma Data Transmission Network beliefert jetzt über 50000 Abnehmer mit Spotmarktpreisen, Kursen für Termingeschäfte, Wetterberichten und anderen landwirtschaftlichen Informationen und hat einen Marktwert von über 100 Millionen Dollar.

Münzen Der Markt für seltene Münzen ist ein klassisch zersplitterter Markt mit einzelnen Händlern, Maklern und Auktionshäusern. Monatliche Preislisten oder Bücher geben gewisse Bezugspunkte zum Wert von Münzen, doch der Münzenmarkt ist äußerst unberechenbar und ineffizient. Dies ändert sich rasch durch die Einführung von Bewertungsstandards und Preisinformation. ANE („Annie"), die American Numismatic Exchange (Münzenbörse) liefert jetzt über Terminals Echtzeit-Preisinformation zu Münzenverkäufen nach Klassen. Die Dienste der nächsten Generation werden Münzenbilder von hoher Qualität und elektronischen Handel in diesen Markt bringen. Und da dieser Markt besser organisiert und effizienter geworden ist, investieren Großanleger jetzt in Münzen. Merrill Lynch, Shearson und andere Maklerfirmen haben zum erstenmal 1989 Kommanditgesellschaften für Investitionen in Münzen angekündigt oder gegründet. Die Mittel dieser neuen Kommanditisten könnten die Nachfrage nach seltenen Münzen verdoppeln.

Haarschnitte Polizeizeichner, die Phantombilder erstellen, werden heute durch Software unterstützt, die ihre Zeichnung sofort nach dem Kommentar des Zeugen abwandelt. Das Fernsehpublikum wurde schon mit ähnlicher Software unterhalten, das jeden Teil eines Gesichts auf einem Foto sofort verändert. Wollen Sie zum Beispiel sehen, wie Präsident Bush mit den Haaren oder Augen von Vizepräsident Quayle aussehen würde? Oder Groucho Marx ohne die Augenbrauen! Sofort! Sehen Sie die Verwandlung auf dem Bildschirm mit eigenen Augen. Es ist fast so, als hörte man Robin Williams den Hamlet sprechen – erst als John Wayne, dann als Jerry Lewis und dann als Bette Midler. Nun stellen Sie sich vor, diese Software den Kunden in Friseursalons anzubieten. Sie könnten im voraus sehen, wie die Dauerwelle oder Tönung aussehen wird. Sie könnten eine Vielzahl an Haarschnitten auf dem Monitor „anprobieren", bevor die Schere überhaupt angesetzt wird. Das Haareschneiden würde weniger riskant, und der größte Wert des wirtschaftlichen Wertes könnte für den Friseur in dem vorher benutzten Informationsprodukt liegen. Das gleiche Potential gibt es in unendlich vielen anderen

Geschäften, zum Beispiel der Schönheitschirurgie, Landschaftsgestaltung und Innenarchitektur.

Arbeitsplätze In der Wirtschaft besteht der Bedarf, freie Stellen und Arbeitssuchende zusammenzubringen. Headhunter oder Personalberater dienen als Agenten und Makler auf diesem Markt. Wegen der Kosten, Wartezeiten und Ineffizienz solcher Dienste haben einige Unternehmen begonnen, ihren eigenen, internen Arbeitsmarkt zu schaffen. Sun Microsystems erhält zum Beispiel jede Woche Tausende von Bewerbungen. Sie zu sichten und freien Stellen zuzuordnen, der richtigen Einheit die Information zu übermitteln und so fort ist ein enormes Unterfangen. Die Softwarefirma Resumix hat ein Programm entwickelt, das alle Bewerbungen in ein Standardformat einliest. Dadurch entsteht eine Datenbank, die Sun dann je nach seinem Personalbedarf absucht. Eine vorläufige Liste von Bewerbern mit ihren Angaben wird elektronisch an die nachfragende Abteilung geschickt. Die Möglichkeiten werden gesichtet und eine elektronische Nachricht an die Personalabteilung zurückgeschickt, um mit den wenigen Geeigneten Bewerbungsgespräche zu verabreden. All dies kann jetzt in Minuten geschehen statt in Tagen.

Beschaffer von Arbeitskräften und Headhunter sind aufgekommen, um derartige Bedürfnisse zu erfüllen, aber sie tun dies auf uneinheitliche Weise. Systeme wie das von Sun werden schon von vielen Headhunterfirmen angewendet, aber immer als interne Effizienztechniken behandelt – als Mittel, um die Verwaltung der Organisation leistungsfähiger zu machen. Vielleicht werden einige von ihnen sich als offene Informationsdienste neu positionieren; dann werden sie das künftige Geschäft der jeweiligen Firma neu definieren und die heutige, ineffiziente und uneinheitliche Personalbeschaffung ersetzen.

Schrott Jawohl, sogar Schrottplätze werden elektronisch. Nehmen wir an, Sie brauchen vier Radkappen für einen 1976er Buick. In unserer Vorstellung von Opas Schrottplatz kommt ein verschmierter Kerl vor, der in chaotischen Haufen von altem, verbogenem Metall herumstochert und murmelt: „Irgendwo hier könnten wir eine haben.“ Heute tippen diese schmierigen Finger das Gesuchte in einen PC ein, und der elektronische Markt sucht automatisch alle ans Netz angeschlossenen Schrottplätze ab. „Möchten Sie sie mit UPS oder mit der regulären Post geschickt haben, und wie möchten Sie Ihre Radkappen bezahlen, Sir?“ Wie der informationalisierte Haarschnitt erweitert der elektronische Markt das Inventar und die Größe des Marktes für jeden Schrottplatz erheblich, und der Hauptteil des Mehrwertes kommt bei jeder Transaktion von der Fähigkeit, die Produkte zu finden, nicht von den Produkten selbst.

Informationalisierung ist in praktisch jedem Unternehmen möglich

Wenn ein relativ gängiges Produkt eine Anzeige auf einem Computer-Monitor wird, wird die Tatsache, daß die Anzeige eine Kuh oder ein Auto darstellt, faktisch unwichtig für die Transaktion. Die Bank in der Wirtschaft von gestern, die unsere Hypothek hatte, lagerte die Dokumente buchstäblich in ihrem Tresorraum. Heute werden Hypotheken so geschrieben, daß sie in Paketen als Sicherheiten verkauft werden können. Hypotheken sind heute Wertpapiere, die auf *sekundären Märkten* immer wieder gekauft und verkauft werden. Man verwendet sie bei Deckungsgeschäften, als Sicherheiten, räumt Optionsrechte auf sie ein und rechnet sie im Clearingweg ab. Dem Wirtschaftswissenschaftler Robert Kuttner zufolge sind die Basare der Dritten Welt am meisten dereguliert, denn dort ist jeder Preis verhandelbar; Verbraucher in entwickelten Ländern hingegen halten sich an angegebene Preise. *Bei Produkten nach Maß und offenen elektronischen Märkten werden auch die Preise nach Maß gemacht.* Doch die Möglichkeit zum Betrug verschwindet, wenn elektronische Märkte die Palette der Angebote und Anbieter erweitern.

Computersysteme haben periodische Flugpreisanpassungen eingeführt, und der elektronische Markt zwingt uns in die Richtung *laufend angepaßter Preise*. Stellen Sie sich vor, die Preise für Ölpumpen wären elektronisch mit den Ölpreisen am Weltmarkt verbunden. Oder verfügbare Plätze in Flugzeugen oder Theaterkarten, deren Preise fallen, um die „verderbliche Ware" loszuwerden, wenn der Termin näherrückt.

Bei Ferienreisen gibt es einen potentiell großen Markt für Last-Minute-Angebote von nicht verkauften oder abgesagten Reisearrangements. Reisebüros bieten eine Liste von Last-Minute-Gelegenheiten an, und Reisewillige, die bereit sind, kurzfristig dort zu buchen, wo die Schnäppchen sind, können riesige Preisnachlässe ergattern. Last Minute Travel in Alston, Massachusetts, ist auf solche Reisen in die Karibik und nach Mexiko für Abnehmer in Neu-England spezialisiert. Die Mitgliedschaft im Club kostet 35 Dollar jährlich pro Familie; dafür wird rund um die Uhr ein „heißer Draht" mit täglich aktualisierten Sonderangeboten für die nächsten vierzehn Tage geboten. Eine Woche auf Jamaica könnte einen Bostoner zum Beispiel 300 Dollar für Flug und Hotel kosten.

Es gibt wahrscheinlich ähnliche Möglichkeiten, in großen Städten einen Sekundärmarkt mit in letzter Minute angebotenen Karten für Konzerte, Theater und Sportereignisse zu entwickeln. Da der Wert des eigentlichen Produkts kurz davor ist, sich zu verflüchtigen, könnte der durch den Informationsvermittler geschaffene Mehrwert durchaus höher sein als der Wert des verkauften Produkts. Datenbanken für die Belegung von Ferienwohnungen funktionieren nach dem gleichen Prinzip. In einem derartigen elektronischen Markt könnte computergestützter Handel mit Flugtickets, Mietautos und Hotelzimmern entstehen. Wahrscheinlich werden sich für eine Vielzahl von Waren und Dienstleistungen sekundäre und terminabhängige Märkte entwickeln.

Die Informationswirtschaft schafft Dutzende von Mikromärkten – Nischen innerhalb von Nischen. Videotext ist zum Beispiel eine wichtige Quelle für Mikromärkte. Videotext hat eine lange, bewegte Geschichte, aber im nächsten Jahrzehnt könnte es durchaus die zentrale Quelle für Informationsdienste werden. Am schnellsten entwickelt es sich in Frankreich; dort bietet das System Minitel über 5 Millionen Abnehmern mehr als 13000 verschiedene Informationsdienste. Diese Dienste sind nicht über Heimcomputer zugänglich, sondern über einen Video-Terminal, der ans Telefonnetz angeschlossen ist. Die Terminals werden kostenlos installiert, mit dem Ziel, bis 1995 alle französischen Haushalte zu erreichen, die Telefon haben.

Mit Minitel können die Kunden eine breite Palette von Informationen sehen, bearbeiten, speichern und übermitteln. Wie der Name Videotext impliziert, bietet das Minitel-Netz nur minimale Datenverarbeitung, keinen Ton und fast keine Integration der vier Formen von Information. Dennoch ist es der erfolgreichste und wichtigste Vorläufer künftiger Verbrauchernetze, den es heute gibt.

Die eigentliche Macht dieser Netze liegt in der fast unendlichen Fülle von Informationsdiensten, die allen zugänglich sein werden. Elektronische Märkte werden es zum Beispiel ermöglichen, daß Käufer und Verkäufer weltweit ihre Produkte und Bedürfnisse eingeben, Angebote und Nachfragen sichten, Preise vergleichen und Transaktionen durchführen – alles elektronisch. Für jedes vorstellbare Gut werden elektronische Märkte entstehen, von Baseballkarten über klassische Autos, Haustiere, Dienstleistungen, Halbleiterchips, Flugzeuge und selbst Firmen.

Bedenken Sie, daß die Informations-Infrastruktur bis zum Jahr 2005 vollständig sein wird, und dann werden praktisch alle Videotext haben. Bis 2020 können buchstäblich Zehntausende von Spezialmärkten entstehen. Videotext bringt elektronische Einkaufszentren, in denen kleine Unternehmer ihren Laden neben Einzelhandelsriesen aufmachen können. Die Erfolgreichen werden viele traditionelle

Vorteile anbieten, etwa Bequemlichkeit, geringere Kosten und mehr Auswahl. Außerdem werden sie Vorteile des Jahres 2020 bieten: schnellere Reaktion, Anwenderfreundlichkeit, bessere Bearbeitung, serienmäßige Fertigung nach Maß und vorherige Simulation künftiger Ergebnisse.

Videotext-Dienste sind im wesentlichen offene Netze. Jeder, der Zugang zum öffentlichen Telefonnetz und einen Terminal hat, kann an den offenen elektronischen Märkten und Informationsdiensten teilnehmen. Die elektronischen Gelben Seiten sind ein Beispiel, das zur Zeit in der Entwicklung ist. In die gedruckte Version der Gelben Seiten kann sich jeder Anbieter gegen eine Gebühr eintragen lassen, und jeder kann sich mit jedem eingetragenen Anbieter direkt in Verbindung setzen. Mit der elektronischen Version kann man die Angebote detaillierter prüfen und Preislisten, Speisekarten, vorrätige Waren und S & P-Bewertungen über Standard & Poor, einer wichtigen New Yorker Bewertungsfirma, anfordern. Die Verbraucher können auch Transaktionen durchführen: „Ja, ich möchte sechs Paar gelbe Kaschmirsocken bestellen, Größe acht." Stellen Sie sich beispielsweise einen Dienst vor, der alle Live-Veranstaltungen nach Stadt und Bundesland aufführt und die Möglichkeit bietet, Karten auszusuchen und zu kaufen. Das ist einfach eine elektronische Erweiterung von Ticketron. Aber nun stellen Sie sich einen Dienst mit offenem Zugang für Anbieter und Abnehmer vor. Dieser Dienst hätte einen Kaufbestätigungs-Code für den Abnehmer und den Anbieter der Karten und würde die Prozedur der Kartenübergabe angeben. Offene elektronische Märkte dieser Art werden in allen Konsumbereichen entstehen.

Betrachten Sie offene elektronische Märkte als zweigleisige Anzeigen. Jeder kann bei den Gesuchen Angebote eintragen, und jeder kann sich direkt mit einem Anbieter in Verbindung setzen. Elektronische Gesuche erweitern die Funktion von Anzeigen noch mehr, indem sie passende Angebote heraussuchen und auf Wunsch ein größeres geographisches Gebiet einbeziehen.

Eines der Probleme mit offenen Netzen ist die Überprüfung der Integrität von Käufern und Verkäufern. Ein Beispiel dafür ist die Franklin National Bank: Kurz bevor sie Ende der 1970 bankrott ging, kaufte sie eine große Menge Devisen von der Chase Manhattan. Die Devisen wurden an Franklin überwiesen und gingen in die Konkursmasse ein. Franklins Schulden bei seinem Handelspartner gingen ebenfalls vor das Konkursgericht, und das Ende war ein beträchtlicher Verlust für Chase.

In elektronischen Märkten, besonders solchen, wo erhebliche Mittel fließen, ist die Integrität der Partner entscheidend. Eine Möglichkeit, die Integrität der Transaktionen zu sichern, ist die Beschränkung auf Organisationen oder Personen, die zuvor überprüft wurden. Das gehört zur Logik geschlossener Netze. Der Mechanismus des freien Marktes kann diese Integrität vielleicht nicht garantieren, doch man kann die Aktivitäten so strukturieren, daß es bei einem Minimum an Betrug bleibt. Käufer gehen die gleichen Risiken ein, wie wenn sie eine Anzeige aufgeben, doch diese könnten durch den fehlenden persönlichen Kontakt und die Unmöglichkeit, das Produkt zu begutachten, erschwert werden.

Bei anonymen Transaktionen, in denen ein einmaliger Kauf zwischen zwei unbekannten Beteiligten abgewickelt wird, besteht ein erhebliches Risiko, betrogen, getäuscht oder einfach mißverstanden zu werden. Es gibt allerdings Mittel, diese Risiken zu managen. Die Betreiber der Märkte können Wert schöpfen, indem sie den Bedürfnissen ihrer Abnehmer mit treuhänderischen Diensten, Versicherung, Kreditauskünften über Käufer und Verkäufer, Zollniederlagen, Begutachtung per Video und anderen Leistungen entgegenkommen. Für das Problem der Integrität von Transaktionen lassen sich Lösungen finden.

Intelligenz in Ihre Produkte einbauen

Neben der Belieferung von Firmen und Verbrauchern mit Informationsdiensten durch offene oder geschlossene Vermittlungssysteme gibt es eine dritte Alternative. In manchen Fällen macht sie die Wahl zwischen offenen und geschlossenen Kanälen unwichtig. Diese Alternative ist *„eingebaute Intelligenz"*. Informationsvermittler speichern wichtige Informationen zentral und machen sie Abnehmern über ein Netz zugänglich. Ständig neue Durchbrüche in der Mikroelektronik bewirken jedoch zunehmend, daß *Informations-Dienstleistungen in ein Produkt eingebaut werden und beim Kunden auf dem Schreibtisch oder Nachttisch stehen können.*

Dies entspricht der Auseinandersetzung über zentrale oder dezentrale EDV, die zwischen den mittleren 70er und den mittleren 80er Jahren stattfand. Es ging darum, wo die Intelligenz oder Rechenkapazität sein sollte – in einem Zentralrechner und dann über ein Netz heruntergeladen zu den Anwendern, oder in der Maschine, an der der Kunde tippte. Als die Preise niedriger wurden und Speicherplatz und Leistung höher, gewann eindeutig der dezentrale Ansatz.

Analog dazu kann man erwarten, daß viele neue Informationsunternehmen ihre Information buchstäblich an den Fingerspitzen des Kunden unterbringen: in ihren Telefonen, Fernsehern, Computern, Autos und anderen Produkten. Sowohl Verbrauchs- als auch Industriegüter der Industriegeneration werden zu intelligenten Produkten der neuen Generation, wenn Merkmale und Funktionen der Information direkt in sie eingebaut werden. Dann werden aus Toiletten, Kameras usw. intelligente Toiletten, intelligente Kameras, intelligente Undsoweiters. Intelligente Produkte und eigenständige Informationsdienste können einander ergänzen, potentiell aber auch gegeneinander konkurrieren.

Fahrstühle sind ein Beispiel für die Ergänzung von eingebauter Intelligenz und Informationsdiensten. Fahrstühle sind ein reifes Geschäft, und mit dem Kasten selbst ist wenig zu verdienen. Die Otis Elevator Company hat den Otis-Line Service eingeführt: Wenn an ihren Kästen irgend etwas nicht funktioniert, wird der Schaden im Kasten selbst diagnostiziert und, wenn möglich, behoben.

Andernfalls wird die Servicestelle benachrichtigt, welche Teile, wieviel Arbeitszeit und welche Wartung nötig ist. Der Eigentümer des Gebäudes ist durch den Servicevertrag abgesichert, mit dem der eigentliche Gewinn gemacht wird. Der größte Teil der gelieferten Intelligenz und Dienstleistung ist im Kasten selbst. Ähnliche Strukturen gibt es bei PBX, die ein eigenständiger Ersatz für das öffentliche Telefonnetz sind, und bei programmierbaren Steuerteilen, die eine breite Palette automatisierter Funktionen selbständig steuern können.

Die gesamte Wirtschaft wird das Wachstum neuer elektronischer Vertriebskanäle oder Informationsvermittler erleben. Traditionelle Vertriebsorganisationen mögen bestehen bleiben, aber letztlich werden alle Vertriebskanäle informationalisiert. Die traditionellen Vermittler können nur dann beherrschend bleiben, wenn sie ihre Aktivitäten und Dienstleistungen informationalisieren. Die modernisierte Vertriebsorganisation wird einer geschlossenen Informationsvermittlung entsprechen. Es wird effektiv ein „intelligentes“ Reisebüro, einen „intelligenten“ Immobilienmakler oder einen „intelligenten“ Börsenmakler geben.

Dies bedeutet, daß zwar *alle Unternehmen informationalisieren werden – doch sie haben die strategische Wahl, dies zu tun, indem sie Intelligenz in ihre Produkte und Dienstleistungen und/oder in ihre Vertriebskanäle einbauen.* Außerdem werden sie sich entscheiden müssen, ob sie nur eines tun, das eine eher als das andere oder beides gleichzeitig. Letztlich werden alle traditionellen Produkte, Dienstleistungen und Kanäle ersetzt oder abgelöst werden. Dies ist jedoch ein

Prozeß, der Jahrzehnte dauern wird. Hier einige Prognosen zum Tempo des Wandels.

Heute kann man über Datennetze auf Bibliotheken zugreifen – wie wäre es aber, eine elektronische Bibliothek *direkt* bei sich zu Hause zu haben? Encyclopedia Britannica hat jüngst eine elektronische Enzyklopädie für zu Hause angekündigt. Die ganze Ausgabe von 1990 ist auf optischen Speicherplatten, auf die man zugreifen kann, indem man Fragen in einen besonderen Heimterminal oder geeigneten PC eintippt. Die Dienstleistung bietet Hilfe bei der thematischen Suche, Querverweise, interaktive Grafiken und die Möglichkeit, die Platten zu aktualisieren. Die Information, die auf diese Weise verfügbar gemacht werden könnte, ist praktisch unbegrenzt.

Die gesamte Software-Bibliothek von Digital Equipment paßt zum Beispiel auf einen CD-ROM-Speicher (eine Kompaktdiskette, die gelesen, aber nicht beschrieben werden kann) und kann zusammen mit einem CD-ROM-Leser in jeden Kasten installiert werden, den Digital verkauft. CD-ROM macht Magnetbänder, Unmengen von Papierkram und dergleichen überflüssig. Schwester Software hat ihr gesamtes Repertoire bei der Hand. Ganze Bibliotheken von Dienstleistungen wären auf Abruf verfügbar, vor Ort statt über ein Datennetz. Mit dieser Technologie kann Digital seine gesamte Software in einem Gerät am Standort des Kunden einbauen. Dann kann Digital mit Fernablesung eines Zählers Gebühren für den Gebrauch berechnen, wie es Gaswerke tun. Die Kunden haben bequemen Zugriff auf die gesamte Digital-Software, bezahlen aber nur, was sie benutzen.

Bei dieser Vision, die eine völlig neue Marketing-Strategie für Computerfirmen ist, steckt das Geschäft der neuen Generation in dem, was auf dem CD-ROM ist, und in seiner Nutzung. Nun würde die Computerfirma zum Informationsvermittler und bekäme eine Gebühr für die Verfügbarmachung wie eine Telefongesellschaft. Die Abnehmer bezahlen zweierlei: die Installation des Zugangs zu dem geistigen Eigentum und eine Servicegebühr für die Nutzung. Diese

Technologie ermöglicht außerdem eine Preisgestaltung genau nach Maß. Das Menü, das auf dem Monitor des Chefs (oder der Chefin) und der Sekretärin erscheint, kann sich zum Beispiel in Inhalt und Preis unterscheiden. Jeder Anwender entscheidet, was er im einzelnen benutzen will und welche Merkmale es haben soll.

Hier eine wichtige Botschaft für die Hersteller der Kästen: Bauen Sie in jede Box einen Zähler und ein Modem ein. Ob es ein High-Definition-Fernseher ist oder ein Desktop-Computer: Wenn es leicht mit Informationsvermittlern zu vernetzen ist und die Lieferanten ein eingebautes Gebührensystem haben – toll! Die Dienste, die man dem Kunden so anbieten kann, sind unbegrenzt. Wir würden sogar empfehlen, daß Zähler und Modem gratis sind, in den Kasten eingebaut, aber nicht in den Preis. Sie wären ein Köder und wären notwendig, um den Verkehr einzurichten. Auch hier liegen die eigentlichen Gewinne in dem Verkehr, der durch die Kästen fließt, nicht in den Kästen.

Ähnliche Fähigkeiten könnten in elektronische Heimgeräte eingebaut werden. Tägliche, wöchentliche oder monatliche elektronische Anzeigen und Kataloge könnten den Abnehmern direkt ins Haus oder ins Büro gebracht werden. Ist der Kasten ein Fernseher zu Hause, so kann die gleiche Logik angewandt werden, um einen Film zu senden, der aus einem zentralen Filmarchiv bestellt wurde. In jedem Fall wird die angewandte Technologie Ihre Vorstellung von Ihrem Geschäft letztenendes wandeln.

Auch der Verkauf von Informations-Zubehör wird in den kommenden Jahren eine große Chance sein. Zubehör, mit dem man die Informationsdimension einfacher Produkte erweitern kann, wird es für fast alles geben. Schon jetzt kann man Geräte kaufen, die automatisch Licht und Rasensprenger steuern, Autos starten und Scheckbücher informationalisieren. Kameras werden nicht nur Bilder einfangen und zu Fotos machen, sondern zusätzliche Informationsfunktionen übernehmen. Polaroid hat die Funktion des Entwickelns eingebaut. Warum sollten Kameras nicht auch die intelligente Bearbeitung, Speicherung, Suche und Übermittlung von Bildern bieten?

Kameras, Telefone, Fernseher, Recorder, Herde, Toiletten und eine unendliche Zahl von Konsumgütern können und werden die verschiedenen Formen und Funktionen der Information nutzen. Ähnliche Fähigkeiten sollten in elektronische Heimgeräte eingebaut werden. Ganze Bibliotheken von Spielen, Diensten, Datenbanken und Programmen könnten für zu Hause verfügbar gemacht, auf Abruf geliefert und nach Gebrauch bezahlt werden. Dies sind keine bloßen Verbesserungen existierender Produkte. Durch den Einbau von Informationsdiensten in die Produkte informationalisieren und verändern die Unternehmen der älteren Generation ihr Angebot. Gleichzeitig ändert sich der Ort und die Methode des Verkaufs dramatisch. Indem sie ihre Produkte an eine „jüngere Generation" von Informationsvermittlern anschließen, schaffen sie grundlegend neue Formen und Funktionen und damit neue Marktchancen.

Eine 80-20-Regelung für die 2020er Jahre

Diese Entwicklungen werden sich wahrscheinlich im Reifeviertel der Informationswirtschaft vollziehen. Wie werden Firmenprofile aussehen, wenn wir in das letzte Viertel der jetzigen Wirtschaft eintreten, das Viertel des Alterns? Wie werden sich ihre Einkünfte und Gewinne auf ihre traditionellen und informationalisierten Geschäfte verteilen? Was wird deren jeweiliger Marktwert sein? Bis 2010 werden diese alten und neuen Geschäfte in vielen, wenn nicht den meisten Unternehmen so verschmolzen sein, daß die Unterscheidung mehr analytisch als real sein wird. Doch wenn wir von der Mitte dieser Wirtschaft auf die Zukunft blicken, sehen wir einen tiefgreifenden Wandel. Das durchschnittliche Unternehmen wird seinen

Schwerpunkt von Produkten, Dienstleistungen und Kanälen des Industriezeitalters zu neuen Informationsgeschäften und Vertriebskanälen verlagern. Zu den neuen Informationsgeschäften werden Dienstleistungen gehören, die turbogeladene Information, branchenweite Angebotsübersichten, Simulationen, Zugriff rund um die Uhr und die Möglichkeit zu eigener Gestaltung bieten. Viele dieser Dienstleistungen können eigenständige Unternehmen werden.

Voraussichtliche Verlagerung der Schwerpunkte 1990–2010

	Einkommen	*Gewinn*	*Marktwert*
Kerngeschäfte der alten Generation	80% -> 50%	50% -> 20%	80% -> 20%
Informationsgeschäfte der neuen Generation	20% -> 50%	50% -> 80%	20% -> 80%

Abb. 3

Wenn wir zwischen Kerngeschäften der alten Generation und informationalisierten Dienstleistungs-Geschäften heute unterscheiden, bringen die Geschäfte der neuen Generation selten über 25% der Einkünfte oder Gewinne ein. Die 80-20-Regel in der Wirtschaft besagt, daß 80% des Umsatzes von 20% der Kunden kommen. Für die restlichen 20% braucht man die verbleibende Mehrheit der Kunden und hohe organisatorische Fixkosten. Eine Variante dieser Regel für das Informationszeitalter wäre, daß bis 2020 80% der Gewinne und des Marktwertes von dem Teil eines Unternehmens kommen, der um Informationsgeschäfte herumgebaut ist. Reife, nicht informationalisierte Geschäfte und wiederum hohe organisatorische Fixkosten werden 20% oder weniger einbringen (vgl. Abb. 3).

Wenn der größere wirtschaftliche Wert in den sekundären Informationsdimensionen des Geschäfts besteht, warum sollte man dann nicht Ressourcen und Aufmerksamkeit des Managements diesen Aktivitäten zuwenden? Gerade dieser Prozeß hat im letzten Jahrzehnt begonnen. Ein paar vorausschauende Leute in einigen Großunternehmen haben solche Visionen erarbeitet. Sie wollten die Megaunternehmen der Zukunft schaffen, einen revitalisierten Kern mit einer Heerschar von Informationsgeschäften der neuen Generation verschmelzen. Der Koloß, der alle Finanzdienste unter einem Dach anbietet, das kombinierte Hotelunternehmen mit Autovermittlung und Reisebüro, der Fusionsdrang von Werbung, Consulting und Buchhaltung, der integrierte Kommunikations-Leviathan – lauter Beispiele für gekenterte Visionen.

Die Träumer haben es immer eilig, die Vision durch Fusionen und Akquisitionen innerhalb weniger Jahre zu verwirklichen. Nur wenige überleben. Über den Trümmern schwebt danach die Ahnung, daß solche Visionen vielleicht dermaleinst Wirklichkeit werden. Zunächst jedoch ist es wohl weiser, sich wieder auf das Kerngeschäft zu besinnen und es mit dem internen Wachstum verwandter Informationsgeschäfte zu stärken. Viele von ihnen sind noch im Embryonalstadium; ein paar wachsen schnell. Langfristig werden die erfolgreichen unter ihnen den Kern vielleicht ersetzen. Doch bevor das Jahrtausend zuende ist, werden sie als Hilfskräfte gesehen und behandelt, deren Hauptaufgabe es ist, das Unternehmen abzuschirmen, wenn der nächste Abwärtsschwung kommt.

In zwei oder drei Jahrzehnten werden turbogeladene Informationsgeschäfte jedoch die primären werden, und die einstigen Primärgeschäfte werden vielleicht sogar verkauft. Doch in den 10 Jahren nach 1990 haben wir wahrscheinlich eher einen Ausgleich als eine Ablösung. Für viel mehr sind Technologie, Infrastruktur und Markt noch nicht bereit. Die Kerngeschäfte in der heutigen Wirtschaft sind wie Eltern in den Vierzigern und Fünfzigern mit Kindern, die junge Erwachsene sind. In zwanzig Jahren wird die ältere Generation allmählich in Rente gehen, und die junge Generation wird das Ruder übernehmen. Das aber geschieht in den Jahren nach 2010, dem letzten Viertel der Wirtschaft – nicht im dritten Viertel, das jetzt vor uns liegt.

Die Geschäfte der neuen Generation werden uns nicht kurzfristig als Einkommensquellen überwältigen, doch sie sind gute Gewinnquellen, und Wall Street-Analysten schreiben ihnen schon einen Wert zu, der weit über ihrem Anteil an einem Unternehmen liegt. Sie haben sich aus kostensparenden Maßnahmen zu mehrwertträchtigen Dienstleistungen für Kunden und dann zu kleinen Geschäften entwickelt, die weiter wachsen werden. Sie sind die Turbolader, nicht die eigentlichen Motoren, und obwohl sie außerordentliche Gewinne bringen können, sind sie in ihren frühen Wachstumsjahren noch Kleinkinder: groß genug zum Überleben, aber zu klein, um für das Management im Zentrum der Zukunftsvisionen zu stehen.

Wenn sie etwa 30% des Gesamtgewinns der Unternehmen erreichen, wird ihre Quantität eine qualitative Veränderung bewirken. Bis dahin werden die cleveren Akteure wissen, daß dieser Trend anhalten und sich beschleunigen wird. Sie werden keine bloßen Turbolader mehr sein. Sie werden ihre eigene Energie erzeugen, und wenn die Aufmerksamkeit des Managements sich zu diesen neuen Geschäften verlagert, werden neue Prinzipien und Perspektiven für die Unternehmen im Vordergrund stehen. Dies wird einen tiefgreifenden Wandel signalisieren – nicht nur in der Weise, wie eine Organisation die Wirtschaft sieht, sondern auch, wie sie sich selbst sieht.

Jeder Schöpfungsakt ist zuerst ein Akt der Zerstörung.

Picasso

Kapitel 4

Ist es Zeit, Ihre Organisation kaputtzumachen, bevor sie Ihr Geschäft kaputtmacht?

Geschäfte haben Lebenszyklen, ebenso wie Ihre Organisationen – hier dargestellt durch überlappende Generationskurven.

Wenden Sie und Ihre Firma weniger als zwei Drittel Ihrer Zeit und Energie an Ihr Geschäft und mehr als ein Drittel an Ihre Organisation? Wenn ja, dann haben Sie ein Geschäft, das existiert, um eine Organisation zu unterstützen statt einer Organisation, die existiert, um ein Geschäft zu unterstützen. Es könnte Zeit sein, Ihre Organisation kaputtzumachen, bevor sie Ihr Geschäft kaputtmacht.

Halten Sie einfach die Ohren offen, wenn Sie das nächste Mal in Ihrem Büro sind. Stecken alle Mitarbeiter, die Sie treffen, unabhängig von ihren Aufgaben, ihre Energie in das Geschäft oder in die Organisation? Denken Sie mehr an die Kunden oder an die Mitarbeiter? An Konkurrenten auf dem Markt oder an Konkurrenten auf dem Flur? An Produkte oder an das Protokoll?

Bedenken Sie, daß Geschäft und Organisation nicht dasselbe sind. Ein *Geschäft* nutzt Ressourcen, um Güter und Dienstleistungen zu produzieren, die Bedürfnisse des Marktes erfüllen, im Wettbewerb mit anderen. Automobile, Bücher, Computer, Rüstung, Energie und Nahrungsmittel sind verschiedene Geschäfte. Eine *Organisation* ist die Weise, in der diese Ressourcen verwaltet werden – die Haushaltsführung. Dazu gehören Struktur, Systeme, Mitarbeiter und Kultur der Organisation. Es ist der Schlüssel zu gutem Management, sich diese so oft vergessene oder ignorierte Unterscheidung zwischen Geschäft und Organisation ständig vor Augen zu halten. Wer das tut, behält den Blick dafür, *warum* er das Haus verwaltet, nicht *wie*. Wird diese Rangordnung umgekehrt, so geht die Effizienz von Management und Unternehmen verloren. Gute Haushaltsführung sollte nie Selbstzweck sein.

Konzentrieren Sie sich mehr auf Ihr Geschäft und weniger auf Ihre Organisation

Wenn Sie in einer Firma arbeiten, gleichgültig, wie sie beschaffen ist, hätten Sie wahrscheinlich gern eine flexiblere Organisation. Eine mit mehr Innovationskraft. Eine risikofreudigere und unternehmerischere Organisation, die außerdem kreativer, anpassungsfähiger ist und rascher auf Veränderungen reagiert. Sie wollen all diese guten Dinge. Aber wissen Sie, was Sie haben werden, wenn Sie sie wirklich bekommen? *Mehr* Organisation!

Wenn Sie all diese wunderbaren Merkmale *wirklich* in Ihrer Organisation haben wollen, müssen Sie sich mehr auf Ihr Geschäft konzentrieren und weniger auf Ihre Organisation. Heute, auf halber Strecke in unserer Wirtschaft, gibt es zuviel Gerede über Organisation und zu wenig Resultate. Je mehr darüber diskutiert wird, desto mehr wuchert sie. Je mehr die Manager sich auf sie konzentrieren, desto mehr Organisation werden wir haben. Wir brauchen weniger davon, nicht mehr. Natürlich brauchen wir Management und Organisation, aber wie bekommen wir die Art, die unseren menschlichen und wirtschaftlichen Bedürfnissen genau entspricht? Man könnte folgendermaßen anfangen:

Die gegenwärtige Organisation kann generell nur schlecht voraussagen, welche Art in Zukunft gebraucht wird und welche Veränderungen deshalb nötig sein werden. Da man sie in Hinblick auf die Art des künftigen Geschäfts organisieren sollte, ist dieses noch nicht existierende Geschäft die beste Informationsquelle darüber, wie die künftige Organisation aussehen sollte. Der Prozeß ist einfach. Machen Sie sich zuerst eine möglichst genaue Vorstellung davon, wie Ihr Geschäft sein wird. Suchen Sie als nächstes so gut wie möglich zu verstehen, welche Art Organisation Sie brauchen, um dieses künftige Geschäft zu betreiben. Vergleichen Sie dann die künftige

Organisation mit Ihrer jetzigen und initiieren Sie einen Plan, um von hier nach dort zu kommen.

Der beste Ort, um die Basis für Veränderungen in der Organisation zu suchen, ist das künftige Geschäft, und der schlechteste ist die gegenwärtige Organisation. Die gegenwärtige Organisation könnte allerdings gut vorhersagen, was Sie daran *hindern* wird, die Organisation zu entwickeln, die Sie brauchen. Wie alles Geschaffene ist sie daran interessiert, weiter zu existieren. Versuchen Sie einmal, Eltern klarzumachen, daß die Kinder groß sind und ihre Betreuung nicht mehr brauchen, oder einer Abteilung in einer Firma oder Regierung, sie sei zu mächtig und müsse kleiner werden. Konzentrieren Sie sich nicht darauf, zu korrigieren, was an Ihrer gegenwärtigen Organisation negativ ist, sondern darauf, zu verstehen, welche Art Geschäft der Zukunft am effektivsten wäre, und lassen Sie die neue Organisation daraus entstehen.

Die große Buchhaltungsfirma Arthur Andersen & Company versucht genau dies in ihrem überreifen Geschäft der Wirtschaftsprüfung. Zwar ist Andersen mit Abstand branchenführend im Einfangen neuer Klienten bei öffentlichen Bücherrevisionen, doch viel Wachstum gibt es dort nicht. Aufwand und Preise sind ein schwieriges Thema, und die Risiken, für schlechte Revisionen angeklagt zu werden, sind steil angestiegen. Auf der Suche nach Wachstum hat Andersen die weltgrößte Informations- und Technologieberatung aufgebaut, eine Abteilung, die heute 42% seiner Einkünfte bringt. Wie zu erwarten, klagten die Berater zuerst, sie seien in der Macht- und Belohnungsstruktur der Organisation unterrepräsentiert. Als das Gleichgewicht sich dann den Verhältnissen entsprechend verlagerte, begannen sich natürlich die Mitarbeiter in der traditionellen Buchhaltungskultur zu sorgen, daß sie zu Überbleibseln würden.

Was Andersen als Problem der Organisation hätte ansehen können – Demotivierung, Verlust von Macht und Belohnungen bei der vorherrschenden Kultur – verstand er statt dessen richtig als Notwendigkeit, für neue geschäftliche Chancen zu sorgen. Hierzu gehört der Versuch, „Echtzeit-Revisionen" zu entwickeln, mit denen Investoren unmittelbaren Zugang zu Finanzdaten hätten. Außerdem fördert Andersen eine Special Consulting Group, die im Steuerjahr 1989 um 45% auf 140 Millionen Dollar gewachsen ist und innerhalb von vier Jahren 500 Millionen Dollar einbringen könnte. Hier übernimmt die Firma zum Beispiel mühsame Suchprozeduren, Rechtsstreitigkeiten und Fragen der Einhaltung von Vorschriften, die die Kunden lieber nicht selbst übernehmen wollen.

Andersens kühnster Schritt ist jedoch die Neuerfindung des Buchhalters. Freie Wirtschaftsprüfungen bedeuten, daß die Buchhalter auf Armeslänge sind, außerhalb der Auftraggeberfirmen. Andersen erprobt seine Bereitschaft, dieses einstige Kerngeschäft aufzugeben und durch spezialisiertes Finanzmanagement auf Vertragsbasis zu ersetzen. Wenn dies ebenso erfolgreich ist wie die Technologieberatung, wird die betroffene Firma nie wieder die gleiche sein. Jetzt kann ein Unternehmen seinen Finanzchef von Arthur Andersen mieten. Der Outsider wird der größte Insider! Vermögensverwaltung, Geschäftsplanung, Beziehungen zu Debitoren und Kreditoren und all die anderen heiklen Finanzfunktionen werden dem Mann oder der Frau von außen anvertraut.

Andersen wird äußerste Sorgfalt an die heiklen Probleme wenden müssen, die der Schritt zum Insider für seine Klienten wie für den Beruf des Buchhalters aufwirft. Angestellte von Auftraggeberfirmen werden zum Beispiel über Nacht Angestellte von Andersen. Diese Neudefinition vom Outsider zum Insider wird jedoch in der Auftraggeberfirma mehr Organisationsfragen aufwerfen als bei Andersen selbst. Aber dann kann Andersen seinen Klienten natürlich immer weitere Beratungsdienste verkaufen, um dieses Problem zu regeln. *Es ist besser, Probleme der Organisation zu lösen, indem man geschäftliche Chancen schafft, als indem man sich auf die Organisation als solche konzentriert.*

Warum es *noch* nicht unsere Aufgabe ist, neue Organisationsmodelle zu entwickeln

Am Anfang des Jahrhunderts sagte der große Wirtschaftswissenschaftler Joseph Schumpeter, der Kern unserer Wirtschaft liege darin, daß sie „die Wirtschaftsstruktur unaufhörlich *von innen* revolutioniert und unaufhörlich eine neue schafft. Dieser Prozeß schöpferischer Zerstörung ist ein wesentliches Merkmal des Kapitalismus“.[1] Wenn Wirtschaftsstrukturen sich erschöpfen, bringen sie ihre eigenen Nachfolger hervor. Revolutionäre haben diesen Gedanken manchmal zur Rechtfertigung von Gewalttaten benutzt, doch wirtschaftlicher Wandel braucht sich nicht gewaltsam zu vollziehen. Wie die jüngsten Ereignisse in Osteuropa gezeigt haben, arbeiten einige sozialistische Regierungen friedlich daran, ihre alte Wirtschaft schöpferisch zu zerstören.

Wenn wir in den heutigen Unternehmen einfach unsere Methoden der Organisation verfeinern, ignorieren wir vielleicht ein Grundprinzip: Die Form folgt der Funktion. Die Architekten des Bauhauses in den 1920er Jahren (Breuer, Gropius, Mies van der Rohe) schufen zum Beispiel als Reaktion auf überladene Architektur einen schmucklosen Baustil. Er marschierte unter dem minimalistischen Banner „Funktionalismus“. Auch wir müssen Raffinements und schmückendes Beiwerk unserer Organisationen abbauen und die Form der Organisation der Funktion des Geschäfts unterordnen. Spezialisten für den Wirtschaftswandel in den 1970er Jahren, etwa Dick Beckhardt vom MIT, sprachen sich für diese Methode aus. Sie gaben uns den für die damalige Zeit richtigen Rat, die Erstarrung zu überwinden. Unsere erste Aufgabe sei es, die gegenwärtige Organisation „aufzutauen“, bevor wir eine neue schaffen könnten. Ihr dreistufiger Prozeß bestand aus Auftauen, Ändern und erneutem Einfrieren. Diese Stufen waren sinnvoll, und innerhalb des Mikrokosmos einer einzelnen Firma erwarteten die Manager einen vollständigen Zyklus organisatorischer Umstellung innerhalb weniger Jahre. Wie sich zeigte, war dieser Zyklus zu kurz für die jetzige Wirtschaft. Wenn diese Wirtschaft siebzig Jahre dauert, von der Mitte der 1950er bis zur Mitte der 2020er Jahre, dann werden die Stufen Auftauen, Ändern, erneutes Einfrieren wahrscheinlich jeweils 25 Jahre dauern. Tatsächlich sind wir mit dem Auftauen unserer Organisationen noch lange nicht fertig. Die Führer von heute sind in den Vierzigern, Fünfzigern und Sechzigern, und sie werden pensioniert sein, bevor wir die großen Modelle für Management und Organisation des Informationszeitalters entwickelt haben. Diese Modelle werden erst kommen, wenn die Informationswirtschaft selbst gereift ist. Und das ist in der nächsten Generation.

In den 10 Jahren nach 1990 ist es noch nicht unsere Aufgabe, neue Modelle der Haushaltsführung zu entwickeln. Statt dessen müssen wir die gegenwärtigen Organisationsmodelle auftauen, den Boden bereiten und für die Veränderung der Organisation lockern, damit neue Samen, wenn sie da sind, in fruchtbare Erde gepflanzt werden können.

Eine Echtzeit-Organisation entwickeln

Die aktuellen Organisationsmodelle basieren nicht auf der Zeit. Sie operieren noch immer in einem dreidimensionalen Universum des Seins, nicht des Werdens. Dies ist ein weiterer Grund, warum es schwierig wäre, heute eine Organisation für die Zukunft zu schaffen oder auch nur zu postulieren.

Wissenschaft und Technologie haben die Zeit zum Bestandteil ihrer Modelle vom Funktionieren der Dinge gemacht, und in letzter Zeit hat die Wirtschaft diese neuentdeckte Realität eingeholt. Management Information Systems (MIS) und Strategieplanung sind zum

Beispiel Funktionen, die es am Anfang dieser Wirtschaft in Unternehmen noch nicht gab. Heute sind sie praktisch in jedem Unternehmen gegenwärtig und generell direkt der Unternehmensleitung unterstellt. Diese Funktionen haben die Zeit zum Bestandteil ihrer Haushaltsführung gemacht. Sie konzentrieren sich auf Prozesse statt auf Zustände. MIS hat uns mit der „Echtzeit" vertraut gemacht, die Strategieplanung mit Begriffen wie „Lebenszyklen von Produkten und Geschäften". Die Begriffe *Echtzeit-Geschäft* und *Lebenszyklus einer Organisation* sind hingegen weitgehend nicht bekannt oder nicht in Gebrauch.

Es wäre ein wesentlicher Fortschritt in unserer Haushaltsführung, wenn wir begriffen, daß auch Organisationen Lebenszyklen haben – auch für sie tickt die Uhr des Lebenszyklus. Untersuchen wir nun die Phasen des Lebenszyklus von Organisationen, und wie Lebenszyklen von Wirtschaftsordnungen, Firmen und Personen denen eines Geschäfts und seiner Organisation entsprechen oder nicht entsprechen.[2]

Wenn man Organisationen entlang einer zeitlichen Linie von Vergangenheit über Gegenwart bis Zukunft betrachtet, so hinken die meisten der gegenwärtigen Realität hinterher. Fast immer versuchen sie, aufzuholen und sich zu ändern, weil ihre Manager spüren, daß sie so, wie sie sind, irgendwie verkehrt sind. Jeder Mitarbeiter einer großen Organisation weiß, daß das kein leichtes Unterfangen ist. Bis die Veränderung tatsächlich durchgeführt ist, ist die einstige Gegenwart schon Vergangenheit, und das Hinken ist noch immer da. Bislang gibt es so etwas wie Echtzeit-Organisation nicht – eine Organisation, die sich ständig und unverzüglich den Geschäftsbedingungen der Gegenwart anpaßt.

Transaktionsorientierte Unternehmen wie Investitionsbanken bauen auf rasche Reaktion als Grundbedingung der Haushaltsführung auf, aber Ausnahmen wie sie werden schwerlich ein brauchbares Modell für alle Branchen abgeben. Eine führende Handelsbank erprobt allerdings eine neue Methode. Bevor ein neues Hauptquartier fertig gebaut war, verblüffte der Präsident die leitenden Angestellten mit der Eröffnung, daß keiner von ihnen ein eigenes Büro, eine eigene Sekretärin oder anderes Hilfspersonal bekommen würde. Statt dessen sollte jeder Zugang zu allem bekommen, was er für eine bestimmte Aufgabe an Information, Büroausstattung und Personal brauchte. Dies wurde zunächst nicht eben begeistert aufgenommen, und die Resultate sind noch nicht klar.

Die tatsächliche Umstellung auf Echtzeit-Organisation wird ein enormes Unterfangen sein, das zuerst eine weitere Entwicklung der Informations-Infrastruktur und Informationsgeschäfte erfordert. Schon jetzt kann hingegen der Schritt unternommen werden, den Faktor Zeit in unsere Haushaltsführung einzubeziehen. Dies ist eine Umstellung des Denkens, die keine Technologie abwarten muß. Wenn wir sie vollziehen und unsere Organisationen innerhalb eines Zeitrahmens behandeln, werden wir ihren Anfang, ihr Ende und alle Zwischenstadien sowie das Muster des Übergangs von einer Phase zur nächsten explizit unterscheiden.

Das biologische Phänomen der Epigenese ist sehr wichtig zum Verständnis dieses Entwicklungsmusters in allen Lebenszyklen. Es ist nutzbringend auf die Individualpsychologie angewandt worden und hat auch für die Unternehmenspsychologie Bedeutung. Die Epigenese besagt, daß Embryonen völlig neu geschaffen werden und sich auf vorbestimmte Weise entwickeln. Die Linsen der Augen sollen zum Beispiel in der siebten Schwangerschaftswoche gebildet werden, doch wenn nicht, werden sie nicht plötzlich in der siebzehnten Wochen kommen. Dahinter steckt das auch für Unternehmen geeignete Prinzip, daß Dinge, die sich nicht zu ihrer Zeit entwickeln, nicht irgendwann später kommen.

Der bekannte Psychologe Erik Erikson beschreibt die verschiedenen Phasen des menschlichen Lebenszyklus mit diesem Begriff. Laut Erikson ist jede Lebensphase durch eine Hauptaufgabe gekennzeichnet. Wird die Aufgabe mit Erfolg abgeschlossen, geht der Mensch vollständiger und erfüllter in die nächste Lebensphase. Andernfalls tritt er in die nächsten Lebensphasen ein, doch das Problem, mit dem er nicht zu seiner Zeit fertig geworden ist, macht ihm immer wieder zu schaffen. Grundvertrauen muß zum Beispiel im Säuglingsalter erworben werden; dies läßt sich nicht bis zur Kindheit oder später verschieben. Identität, die psychische Einheit und Stabilität der Persönlichkeit, ist eine Eigenschaft, die man im frühen Erwachsenenalter erwerben muß. Früher geschieht es nicht, und wer mit Dreißig noch kein eigenes Identitätsgefühl entwickelt hat, wird es kaum je entwickeln.

Das oft bemühte Bibelzitat „eine Zeit zu ernten und eine Zeit zu säen“ handelt vom gleichen Thema: daß die Zeiten des Lebens ihre je eigene Aufgabe haben. Ob wir von Biologie oder von Psychologie sprechen, von Landwirtschaft, Religion oder Wirtschaft – man sät nicht im Herbst und man erntet nicht im Frühling. In der Wirtschaft müssen Forschung und Entwicklung am Anfang des Lebenszyklus am intensivsten sein. Die Bemühung um Marktanteile ist vielleicht die Hauptaufgabe des Wachstumsviertels. Es ist sehr kostspielig, den Marktanteil eines reifen Produkts zu steigern. Kosteneffizienz ist die Aufgabe der Reifezeit im Leben eines Geschäfts.

Die vier Typen in der Wachstums/Anteil-Matrix der berühmten Boston Consulting Group für die 1960er und 1970er Jahre entsprechen den vier Phasen des Lebenszyklus: Entstehung, Wachstum, Reife und Alter. „Fragezeichen“ waren Geschäfte der ersten Phase; sie erforderten Investitionen für einen späteren Gewinn, den nur einige von ihnen bringen würden. „Sterne“ waren schnell wachsende Geschäfte in der zweiten Phase. „Kühe“, d. h. Geschäfte, die man melken konnte, waren in der dritten, reifen Phase des Zyklus, und „Hunde“ waren die alternden Geschäfte in der vierten Phase, am Ende ihres Lebens. Die Sprache war zwar ziemlich unfreundlich, aber man verstand, daß Geschäfte das Ende eines nutzbringenden Lebens erreichen und dann beseitigt werden sollten. Was hingegen nie angemessen gewürdigt wurde, ist die Tatsache, daß dies auch für Organisationen gilt. Alternde Organisationen sind Hunde; sie beißen die Hand des Geschäfts, die sie füttert, und sie sollten ebenfalls beseitigt werden. Statt dessen bleiben sie und machen das Geschäft kaputt, dem sie dienen sollten.

Gute Haushaltsführung ist für junge Leute direkt nach der Ausbildung etwas anderes als dreißig Jahre später, wenn sie ihr Häuschen am Stadtrand haben. Analog dazu könnten Technologen, Marketingleute, Spezialisten für effiziente Herstellung und Finanzleute die beste Reihenfolge für eine gute Haushaltsführung im Lebenszyklus eines Geschäfts sein. In den 1970er Jahren gab es sogar einmal Bestrebungen, den Lebensphasen von Geschäften Persönlichkeitstypen von Managern zuzuordnen.

Wenn Sie einen Augenblick an die vier Jahreszeiten denken – wo würden Sie die Anleger von Risikokapital finden? In der ersten Periode natürlich. Übernahmekünstler? Periode vier höchstwahrscheinlich. Erfolgreiche Unternehmer spielen gewöhnlich in der zweiten Phase eine beherrschende Rolle. Sie kann man nicht für das reife Ende des Lebenszyklus züchten. Unternehmer müssen ihren Lebenszyklus selbst beginnen, um erfolgreich zu sein. Es dürfte kein Zufall sein, daß die Renaissance des Unternehmertums in den 1970er und 1980er Jahren mit dem zweiten, dem Wachstumsviertel unserer Wirtschaft zusammenfiel. Reife Organisationen brüten nicht viele Unternehmer aus – sie können es nicht.

Das junge Erwachsenenalter ist die gesündeste Zeit für Nachwuchs – sowohl für Menschen als auch für Unternehmen. Die Jungen sind widerstandsfähiger und können eher die schwere Arbeit leisten, die es braucht, um die nächste Generation großzubekommen. Wenn Eltern – Menschen und Firmen – im mittleren Alter sind, wollen und können sie längst nicht so leicht mit ihren Kleinen in den Sandkasten und in den Schlamm.

Manager, die die Sterblichkeit ihrer Firma akzeptieren, sind eher bereit, neue Firmen hervorzubringen und zu fördern, kurz nachdem ihre eigene Firma erwachsen geworden ist, statt zu warten, bis sie weiter ins mittlere Alter fortgeschritten, brüchig und verfettet ist. Ihr Ziel sollte es sein, daß sie und ihre Firma noch gesund sind, und reif, wenn ihr Nachwuchs selbst erwachsen geworden ist.

In den Lebensphasen der Reife und des Alters versuchen Menschen gelegentlich, von Grund auf anders zu werden; manche beginnen neue Ehen, neue Familien, neue Karrieren. Statistisch gesehen machen wenige diesen Versuch im fortgeschrittenen mittleren Alter oder später. Das Jahrzehnt nach Vierzig ist dasjenige, in dem das „Gefühl der letzten Chance“ aufkommt; danach gibt es nur wenige Ausnahmen von der Regel. Auch Firmen machen einen Versuch mit einem anderen Leben; manchmal ändern sie ihr gesamtes Geschäft in fünf oder sechs Jahren. Anders als Menschen scheinen Firmen diese Versuche der Veränderung jedoch aufzuschieben, bis sie ihre Spannkraft verloren haben und ihre Gesundheit nachläßt. Anscheinend werden nie im jungen Erwachsenenalter Firmennamen in Akronyme umgewandelt, die den Eindruck erwecken, als seien die Firmen nicht mehr, was sie zu sein glaubten, und als hätten sie weder Klarheit noch Engagement in bezug auf das, was sie werden wollen.

Bei Firmen, die genug Glück und Grips haben, ihre Reife zu überleben, kommt das Alter viel schneller als bei Menschen. Im Unterschied zu Menschen sind nur wenige Unternehmen, die seit 20 Jahren existieren, noch in ihrem Wachstumsviertel. Eher ist ihr Wachstum erheblich abgeflacht, und sie gelten als „reif“. Doch genau wie Menschen wollen Firmen offenbar schnell erwachsen werden und eilen durch ihre erste Lebenshälfte. Wenn sie dann wirklich reif sind, verschreiben sie sich dem Jack Benny-Gesetz „Neununddreißig auf immer“ und strecken die zweite Hälfte so lang wie möglich.

Wenn Menschen dies tun, sehen wir den Selbstbetrug und lächeln verständnisvoll; wir wissen ja, daß die Phasen des Lebens ein wenig früher oder später kommen können, aber im allgemeinen nicht sehr verschieden sind. Tun aber Firmen es, loben wir ihr Management. Das sollten wir nicht tun. Die Führungskräfte können vielleicht sagen: „Unsere Produktpalette wird reif, wir müssen die nächste Generation herausbringen“, aber anscheinend nicht: „Unsere Organisation wird reif; wir müssen auch sie auslaufen lassen und die Organisation der nächsten Generation aufbauen, die unserem neuen Geschäft entspricht.“ Einer der besten Dienste, die Manager ihrer Organisation erweisen können, ist, sie dem Geschäft anzupassen, und das bedeutet auch im Hinblick auf das Alter.

Eine verbreitete Weise, dies zu tun, besteht darin, daß eine reife Organisation ihre jungen Geschäfte mit jungen Managern einsät. Als Sears seine Tochter Discover Card gründete, baute es eine Organisation außerhalb der Sears-Hierarchie auf. Die meisten Angestellten waren Sears-Veteranen, doch noch heute ist der Chef der Tochterfirma in den Dreißigern, und das Durchschnittsalter ist unter dreißig. Im Alter von weniger als fünf Jahren ist Discover Card das drittgrößte Kreditkartenunternehmen der Welt und der am schnellsten wachsende Teil von Sears. AT & T geht nach dem gleichen Modell vor.

Alternde Unternehmen machen nicht jahrzehntelang weiter. Entweder revitalisieren sie ihr Geschäft, oder sie sterben. Doch selbst wenn sie ihr Geschäft revitalisieren, nicht aber ihre Organisation, sterben sie. Neue Geschäfte der zweiten Generation werden mit alten Organisationen der ersten Generation nicht lange laufen. Dementsprechend müssen Initiativen zur Veränderung und Revitalisierung scheitern, wenn sie sich nur auf die Organisation konzentrieren. Das Geschäft muß als erstes revitalisiert werden. Erst dann sollte die Aufmerksamkeit auf die Organisation gelenkt werden. Mitarbeiter reifer Unternehmen, die sich oft mehr auf die Organisation konzentrieren, als sie sollten, können das Geschäft kaputtmachen und am Ende ohne Arbeit dastehen.

Der Mythos vom unsterblichen Unternehmen – oder wie man den Lebenszyklus seiner Organisation managt

Unternehmen leben nicht so lange wie Menschen. Der Durchschnittsamerikaner hat heute eine Lebenserwartung von etwa 75 Jahren. Das ist etwa ebenso lang wie die wahrscheinliche Lebensdauer der Wirtschaft selbst, doch nur eine Handvoll Unternehmen leben so lange. Ein Hauptgrund dafür ist, daß Manager zwar um die Lebenszyklen ihrer Geschäfte wissen, aber leugnen, daß ihre Organisationen nach dem gleichen Gesetz leben und sterben. Folglich können sie Geschäfte aufgeben, die am Ende ihres Lebenszyklus sind, und sich anderen zuwenden, die eine bessere Zukunft haben – aber bei ihren Organisationen sind sie dazu nicht imstande.

Menschen wachsen mit dem Wissen auf, daß sie sterben werden. Neben dem Glauben an ein Leben nach dem Tod werden sie mit ihrer Sterblichkeit fertig, indem sie Kinder haben, die ihre Lebenslinie weiterführen. Dieselben Menschen gehen aber in ihrem ganzen Berufsleben von einer gegenteiligen Annahme über ihre Unternehmen aus. Manager akzeptieren ihre eigene Sterblichkeit, beharren aber in dem Irrtum, sie könnten und sollten unsterbliche Firmen aufbauen. Sie glauben an einen allgegenwärtigen Mythos über das Leben von Firmen: daß ihre Firma dem Schicksal eines Lebenszyklus entgehen und ewig leben kann, wenn sie alles richtig machen. Dieser *Mythos vom unsterblichen Unternehmen* führt uns zu einer Art der Haushaltsführung, die uns in einen riesigen Schlamassel bringt.

Führungskräfte akzeptieren den Übergang vom Leben zum Tod bei Kulturen, Wirtschaftsformen und verschiedenen Branchen. Sie akzeptieren Anfang und Ende einzelner Geschäfte und den Lebenszyklus von Produkten. Achtzig Prozent aller neuen Konsumgüter haben zum Beispiel nicht einmal ein Jahr auf dem Markt überlebt. Warum sträuben sich die Führungskräfte dann gegen die unweigerliche, absolute Sterblichkeit ihrer Unternehmen? Es ist eine ungerechte, unrealistische und selbstauferlegte Last. Wenn sie den Prozeß des Lebenszyklus und die Sterblichkeit von Firmen akzeptierten, könnten sie eine reifende Wirtschaft und eine ältere Generation von Geschäften realistischer managen und sich besser auf die nächste Generation vorbereiten. *Unternehmen wären langlebiger und erfolgreicher, wenn ihre Methoden in Management und Organisation sich nach den gleichen Lebenszyklen richteten wie ihre Geschäfte.*

Erinnert sich irgend jemand an Atlas Powder, Bates Manufacturing und Cuban Atlantic Sugar? Sie alle waren 1955 auf *Fortunes* Liste der ersten 500. Weniger als 35% der damals Genannten leben heute noch. 40% der Liste von 1970 waren 1985 verschwunden? Manche gingen an einer tödlichen Krankheit zugrunde, andere schlossen sich durch Fusionen und Akquisitionen aus Wettbewerbsgründen mit anderen gesunden Firmen zusammen, aber auch das ist eine Form von Firmentod.[3] Das Motto des Bundesstaates New Hampshire, „Live Free or Die“ (Frei leben oder sterben) drückt wohl recht gut aus, wie fast alle Manager Fusionen empfinden. Wird ein Unternehmen einmal übernommen wie Kaiser von Ford oder RCA von GE, so hat es kaum Chancen, seine einstige Freiheit wiederzuerlangen. Zwar existieren die Ressourcen und Vermögenswerte der einstigen Firma irgendwo, aber sie selbst lebt nur noch in der Erinnerung. LBOs scheitern so häufig, daß diese Fälle kaum Ausnahmen sind – eher Ausnahmen, die die Regel in Frage stellen. Für Länder und Unternehmen bedeutet der Verlust der Freiheit letztlich Identitätsverlust.

Was kann man nun tun, um die Lebenserwartung eines Unternehmens zu erhöhen? Zuerst gilt es den Irrglauben und das Wunschdenken an die Unsterblichkeit von Firmen abzuschütteln und statt dessen die Realität des Lebenszyklus zu akzeptieren. Fragen und prüfen Sie als Nächstes gezielt: Wie würden sich die Strategien von Management und Organisation verändern, wenn wir von der Annahme ausgingen, daß Firmen absolut sterblich sind? Ermitteln Sie dann anhand einfacher Branchendaten statistisch die Säuglingssterblichkeit,

Erkrankungen der Herzkranzgefäße im mittleren Alter und die Wahrscheinlichkeit der Arterienverkalkung selbst bei gut geführten Unternehmen in Ihrer Branche. Stellen Sie Fragen wie diese: „Wie alt ist unsere Firma? Wo ist sie nach unserer Einschätzung in ihrem Lebenszyklus? Was tun wir, um die Geschäfte und die Organisation der nächsten Generation hervorzubringen?

Menschen werden mit einem Satz Gene geboren, der die Parameter ihrer Lebensdauer weitgehend vorgibt. Innerhalb dieser Parameter spielen Ernährung, Bewegung, Lebensweise und andere Faktoren eine Rolle. Doch der Kontext ist vorgegeben: In Joes Familie werden die Männer über neunzig, in Bobs nicht einmal sechzig. Obwohl es für Unternehmen keine genetischen Strukturen im wörtlichen Sinn gibt, ist die Annahme vernünftig, daß etwas Ähnliches am Werk ist, und dann spielen eine machtvolle Vision, eine brillante Strategie, ausgezeichnete Führung und all die anderen Faktoren der guten Haushaltsführung nur innerhalb dieser Parameter eine Rolle.

Firmen haben eine weit höhere Sterblichkeitsrate als Menschen. Von zehn neuen Firmen gehen in den USA acht in den ersten beiden Jahren ein – in der dritten Welt werden sieben von zehn Kindern älter. Firmen, die in den USA geboren werden, haben weit schlechtere Überlebenschancen als Säuglinge selbst in den am wenigsten entwickelten Ländern. Mit besseren Modellen der Haushaltsführung könnten wir die Kindersterblichkeit bei Unternehmen sicher reduzieren.

Geschäfte am Anfang ihres Lebenszyklus sind meist unterorganisiert, solche am reifen Ende ihrer Kurve meist überorganisiert. Die ersteren beschäftigen fast nie Management-Berater, die letzteren tun es regelmäßig. Irgendwo in der Mitte des Lebenszyklus liegt ein theoretischer Punkt, wo Geschäft und Organisation ausgeglichen sind. Die Organisation hinkt weder hinterher, noch führt sie; an diesem Punkt ist sie perfekt synchron.

Dieser Moment ist meist flüchtig. Statt Ausgeglichenheit zwischen Geschäft und Organisation ist der üblichere Zustand Unausgewogenheit.

Sollen wir es für das wünschenswerte Ziel halten, diesen Punkt des Gleichgewichts zu finden und zu jeder Zeit des Lebenszyklus zu wiederholen? Nein. Eine neugegründete Firma braucht eine ganz andere Organisation als ein großes, reifes Unternehmen. Und ein Hauptgrund, warum ein reifes Unternehmen Schwierigkeiten hat, neue Unternehmen hervorzubringen, liegt darin, daß es den Neugründungen oft die gleiche Art Organisation auferlegt wie sich selbst. Ein weiterer Grund ist der Glaube, es gebe für jeden Punkt im Lebenszyklus eines Geschäfts ein wünschenswertes Organisationsprofil. Das ist wie ein Familienmitglied, das immer Frieden stiften will, aber den Konflikt nie an der Wurzel packt.

Unternehmen haben Geschäft und Organisation selten oder nie im Gleichgewicht. Viel realistischer als die Annahme, an jedem Punkt des Lebenszyklus sei eine völlige Harmonisierung möglich, ist die, daß vollkommene Ausgeglichenheit nie möglich ist. Eines führt immer, während das andere hinterherhinkt, und die Rollenverteilung ändert sich irgendwo in einem flüchtigen Moment zwischen Wachstum und Reife.

Fragt man Geschäftsleute, welches die besten Zeiten sind, so sagen sie immer, es sei die Zeit, wenn sie rennen müssen, weil das Geschäft wächst, während die Organisation hinterherschnauft. Niemand sagt das Gegenteil. Sehen wir dies also als den gesunden Zustand an und das Gegenteil als ungesund. *Das Geschäft sollte seiner Organisation immer ein wenig voraus sein.* Diese Beziehung von Führen und Folgen sollte im gesamten Lebenszyklus des Geschäfts bestehen, doch das ist selten der Fall. Irgendwo in der zweiten Lebenshälfte scheint die Organisation das Geschäft einzuholen und zu überholen. Bürokratien wachsen, wenn der Lebenszyklus einer Organisation den Lebenszyklus eines Geschäfts überholt. Organisationen sollten am besten immer ein paar Mikrosekunden hinter ihrem Geschäft sein – nicht mehr und nicht weniger.

Größere Rationalisierungen können das Gefälle der gegenwärtigen Kurve im Lebenszyklus der Organisation verändern, aber Reorganisation, Straffung, Berater-Reports und dergleichen werden die Beziehung zum Geschäft nicht grundlegend ändern. Ein höherer Wirkungsgrad kommt vielmehr nur von der Entscheidung, welcher neue Lebenszyklus verfolgt werden soll. Vom Standpunkt des Unternehmens gesehen ist es Zeit für den nächsten Lebenszyklus, wenn der erste Verdacht aufkommt, daß der Schwanz, die Organisation, mit dem Hund, dem Geschäft, wedelt. *Irgendwo auf der Strecke zwischen gerade ausgewachsen und reif ist der beste Punkt, die nächste Generation von Geschäft und Organisation auf den Weg zu bringen.*

Manager von Geschäften der älteren Generation sollten interne Informations-Turbolader nutzen, um zu verhindern, daß eine wuchernde Bürokratie ihnen Kraft und Vitalität nimmt. Phillips Petroleum hat zum Beispiel ein Executive Information System eingeführt, mit dem es seinen Personalkostenkoeffizienten von 30% in 1986 auf 13% in 1988 senken und seine Gesamtleistung erheblich steigern konnte. Gleichzeitig ist es die Aufgabe der Unternehmensleitung, Geschäfte der neuen Generation am Anfang des nächsten Lebenszyklus hervorzubringen und sie ihre eigenen Organisationsformen entwickeln zu lassen. In der gleichen, reifen Ölbranche führt ARCO diesen Trend mit Innovationen bei seinen Vertriebskanälen an, hauptsächlich mit seinen sehr erfolgreichen „AM/PM"-Läden. Weil Großunternehmen generell schlechte Erfahrungen damit machen, neue Geschäfte mit ihren eigenen Organisationen aufzubauen, muß bei ihren Modellen jedoch etwas grundlegend anders gemacht werden.

Passen Sie den Lebenszyklus Ihrer Organisation dem Lebenszyklus ihres Geschäfts an

Warum akzeptieren Führungskräfte die Realität des Lebenszyklus in ihren Geschäften, nicht aber in ihrer Organisation? Eine Organisation wird nie vitaler sein als das Geschäft, dem sie dient. Ein reifes Unternehmen, das seine Organisation erneuern will, muß deshalb erfolgreiche Geschäfte auf den Weg ihres Lebenszyklus bringen. Ein Geschäft und seine Organisation sind ein Paar, und wenn ein Partner viel jünger ist als der andere, können Ehen zwischen Mai und Dezember, wie bei Menschen, aus einleuchtenden Gründen sehr problematisch sein. Niemand weiß, welcher Wein zu Erdnußbutter paßt.

Große, sehr reife Unternehmen, die davon träumen, ewig junge und vitale Organisationen zu schaffen, haben etwas Trauriges und Verkehrtes an sich. Junge und vitale Organisationen kann man nicht ohne junge und vitale Geschäfte haben, und alte, schlaffe Geschäfte werden selten von jungen, vitalen Organisationen geführt. *Wenn das Management das Geschäft nicht wiederbeleben kann, sollte es keine Zeit mit Wiederbelebungsversuchen an seiner Organisation verlieren.* Diese Ansicht ist nur für jene ketzerisch und ungehörig, die von der Annahme der Unsterblichkeit ausgehen.

Die beste Ausgewogenheit zwischen einem Geschäft und einer Organisation herrscht, wenn die Lebenszyklen der beiden so parallel sind, wie das Unternehmen sie bekommen kann. Junge Unternehmer bringen oft aufregende und chaotische Organisationen hervor, und beide scheinen die Freude, die Ungeschicklichkeit und den Schmerz ganz junger Ehen miteinander zu teilen. Je schneller ein Geschäft von der Konzeption zum Wachstum übergeht, desto schwerer fällt es der Organisation, Schritt zu halten. Das Letzte, was ein junges Geschäft gebrauchen kann, ist eine überentwickelte Organisation, die ihm voraus ist, und ebenso schlecht ist es für die Organisation, mit einem rasch wachsenden Geschäft nicht Schritt zu halten.

Sun Microsystem ist ein typisches Beispiel für die Probleme, die aufkommen können, wenn die Organisation eines Unternehmens nicht mit dem Wachstum seines Geschäfts Schritt hält. Sun war für einige grundlegende Neuerungen in der Computerbranche verantwortlich, und dabei wuchs es in sieben Jahren von 0 auf rund 2 Milliarden Dollar und von vier auf zehntausend Mitarbeiter. „In den letzten sieben Jahren hatte man bei Sun immer das Gefühl, die Dinge seien, wenn nicht außer Kontrolle, so doch hart am Rand", sagt Crawford Beveridge, Vizepräsident für Unternehmensressourcen. „Neue Leute fanden oft einen Mangel an Regeln und Strukturen, die sie bei einer so großen Firma, wie wir sie wurden, erwartet hätten. Im typischen Fall gab es Überschneidungen und Lücken. Unsere Reaktion darauf, selbst wenn wir mit den Einstellungen immer im Rückstand waren, bestand in der Auswahl von Leuten, die mit Grundprinzipien, ein paar Regeln und sehr viel Uneindeutigkeit gut zurechtkommen."

Wie einer Ehe geht es einer Firma am besten, wenn ihre beiden Partner – Geschäft und Organisation – eher zusammen als getrennt die gleichen Phasen ihres Lebens durchlaufen. Paare, die vieles gemeinsam haben, passen gut zusammen. Zwar ist sie nicht leicht zu erreichen, aber *die effizienteste Organisation ist eine, deren Lebenszyklus am gleichen Punkt ist wie der des Geschäfts, dem sie dient.*

Ist die Infrastruktur einer Organisation einmal angelegt, so ist es schwer, sie gegen eine andere auszutauschen. Schalentiere haben Außenskelette und werfen ihre Schalen ab, um zu wachsen. Firmen können das nicht. Statt dessen wachsen ihre Organisationen wie innere Skelette und erleiden all die Schmerzen alternder Körper, die man nicht abwerfen kann, selbst wenn sie nicht mehr tun, was ihr Management von ihnen will. Firmen sind auf nur halb befriedigende rekonstruierende Chirurgie beschränkt, die sie „Reorganisation" nennen, und auf Fettabsaugung, die sie „Straffung" nennen und bei der sie Management-Schichten um die Mitte herum abbauen, aber die Grundform unverändert lassen. Firmen, die sich ihren Bauch abnehmen lassen müssen, sind nicht in der besten Verfassung, um Nachwuchs aufzuziehen.

Es kann effektiver sein, ungesundes Fett in gesunde Muskeln und anderes Gewebe umzuwandeln, statt überschüssiges Gewicht zu verlieren. Ein erster Schritt in diese Richtung ist für die Haushaltsführung eines Unternehmens die Repositionierung von Mitarbeitern in produktivere Aufgaben, wo immer das möglich ist, statt sie zu entlassen. Eine beliebte und erfolgreiche Methode, dies in reifen Unternehmen zu tun, besteht darin, Mitarbeiter des Stabes in den Verkauf zu versetzen. IBM und AT & T sind zwei Firmen, die in den letzten Jahren so verfahren sind.

IBM war immer stolz darauf gewesen, die Bedürfnisse seiner Kunden zu erfüllen, aber als seine monopolähnliche Stellung unterhöhlt wurde und sein Wachstum stetig nachließ, unternahm es schließlich Ende der 1980er eine massive Reorganisation. IBMs Chef John Akers kommentierte die Fehlentwicklung: „Wir versuchten, Probleme zu lösen, die eher IBMs Probleme als die der Kunden waren." Wegen seiner traditionellen Abneigung gegen Entlassungen schrumpfte die Belegschaft durch vorzeitige Pensionierungen nur um 6500 Personen. Wichtiger war, daß Akers 20000 Mitarbeiter aus Stab und Labors in den Verkauf versetzte und damit die Einkünfte sowie den Kontakt zum Kunden verbesserte.

AT & Ts 14 Milliarden Dollar starke Telefongesellschaft für Ferngespräche versetzte 1989 5500 Stabskräfte in den Verkauf. Nach Joseph Nacchio, dem verkaufsorientierten Leiter der Gesellschaft, wurden dadurch mehrere hundert Millionen Dollar Einkünfte wiedergewonnen. Paine Webber fragte zum Beispiel bei MCI, US Sprint und AT & T nach billigeren und besseren Methoden, seine Börsenmakler mit Informationen über Kundenkonten zu verbinden. AT & T hatte innerhalb 24 Stunden über ein Dutzend Verkäufer und Preispolitiker auf das Projekt angesetzt und entwickelte in 44 Tagen einen Plan, dem Kunden 1 Million Dollar pro Monat zu sparen; es bekam den Auftrag, bevor die anderen auch nur geantwortet hatten.

Niemand hat gar kein Fett am Leib, obwohl die besten Spitzenprogramme manche Sportler auf 2 oder 3% herunterbringen. Die meisten Männer haben hingegen 15–18% Körperfett und Frauen sogar um 25–28%. In der Wirtschaft neigen reife Firmen wie reife Menschen zum Fettansatz. Menschen essen Diät und treiben Sport, um gesund zu bleiben, und das legt nahe, daß Firmen ihre Organisation mit einem ähnlichen Ansatz in Form bringen könnten. Stabspersonal ist wie Fett – ein bißchen ist nötig und gesund, eine Menge ist das Gegenteil. Wie die meisten Menschen haben auch die meisten Unternehmen viel mehr, als sie brauchen. Zwar wird praktisch keines von ihnen je seinen Stab auf Null bringen, aber als Zielrichtung ist dies nicht schlecht. Ihr Leben kann länger und produktiver sein, wenn sie sich in Form bringen – dennoch bleibt es Tatsache, daß sie nicht ewig leben können.

Alternde Sportler werden nicht jünger; sie werden Trainer, Manager, Sportjournalisten und Werbepersönlichkeiten. Das Berufsleben der meisten Sportler ist deutlich kürzer als 20 Jahre, außer in den seltensten Fällen. Diejenigen, die länger erfolgreich sind, können das tun, weil sie ihr Geschäft so gründlich ändern. Arnold Palmer blieb im Geschäft, weil er in ein anderes Geschäft einstieg. Viele andere versuchen hingegen nur, ihren sportlichen Lebenszyklus zu verlängern, statt einen neuen Zyklus von vergleichbarem Wert zu schaffen.

Wenn Vollblutpferde nicht länger Rennen laufen können, sind sie als Zuchthengste noch immer wertvoll. Warum widerstreben wir dem Alterungsprozeß in Unternehmen? Warum versuchen wir, verbrauchte Firmen im Rennen zu halten? Den Tod zu leugnen, kann tödlich sein.

Wachsen und sich fortpflanzen – oder sterben

Einsparungen durch Masse helfen großen, reifen Unternehmen, im Wettbewerb zu überleben, doch am anderen Ende dieser Skala erleben sie Behinderungen durch Größe. Hier wachsen sie, bis sie nicht mehr zu managen sind. Die Regeln der Haushaltsführung brechen zusammen. Sie hören auf zu wachsen; und alles Lebendige, das aufhört zu wachsen, beginnt zu sterben. So gehen große Unternehmen entweder ein – was Jahrzehnte dauern kann – oder sie entwickeln eine neue Form, eine neue Logik, die Wachstumszyklen auf einem höheren Komplexitätsniveau organisieren und verwalten kann.

Es gibt nur zwei Methoden, dem Firmentod zu entgehen: Wachstum und Fortpflanzung. Beides sind Erweiterungen über Zeit und Raum. Wachstum ist der Schlüssel zum Leben innerhalb eines einzigen Lebenszyklus, Fortpflanzung hingegen ist der Schlüssel zum Leben über mehrere Lebenszyklen hinweg. Lebendes kann nur wachsen, wenn es fortfährt, sich innerlich zu differenzieren, aber auch das hat seine Grenzen. Die Logik jeder Struktur hat ihre Grenzen. Werden sie erreicht, hört das Wachstum auf, die Reife setzt ein, und nach einer Weile geht es bergab. Um weiter wachsen zu können, muß der Organismus eine neue Logik oder Struktur, ein neues Muster entwickeln. *Ist die Grenze der Struktur einmal erreicht, muß der Organismus selbst neu definiert werden, um weiter wachsen zu können.*

Die Entstehung der Arten, die Entwicklung von Staaten aus Stadtstaaten und jede Art individueller Vervollkommnung sprechen für solche Neudefinitionen. Die technologische Verlagerung vom Analogen auf das Digitale und der Übergang von bäuerlichen zu industriellen Wirtschaftsformen sind weitere Beispiele. Je reifer die Unternehmen des Informationszeitalters werden, desto deutlicher wird, daß aus dem Industriezeitalter übernommene Modelle der Haushaltsführung ihre Grenzen erreicht haben. Wir müssen die Organisation neu strukturieren.

Es hat viele Umwandlungen der Organisation gegeben, um neues Wachstum über die Grenzen einer früheren Struktur hinaus zu unterstützen. Die Gliederung in Produktabteilungen, in den 1920er Jahren von General Motors entwickelt, ermöglichte es Unternehmen, durch Zusammensetzung zu wachsen, indem sie die Funktionsstruktur mehrfach reproduzierte. Die Gliederung in strategische Einheiten, 30 Jahre später von General Electric eingeführt, förderte das Wachstum auf entgegengesetzte Weise, durch Auseinandernehmen, indem sie nach der kleinsten vollständigen Geschäftseinheit in einem noch kleineren Ganzen suchte.

Weitere 30 Jahre später führten Unternehmen wie McDonald's eine weitere organisatorische Innovation an, und es gab ein explosives Wachstum bei Konzessionen. Daß dieses Wachstum zur Zeit nachläßt, ist wahrscheinlich ein Zeichen für den Übergang der Wirtschaft in ihr drittes, reifes Viertel. Konzessionen gerieten in der Zeit ihres Booms in ein recht schiefes Licht, denn viele Leute mit höchstens halbgaren Geschäftsideen benutzten sie als Köder für schlechte Anlagen. Als Organisationsprinzip haben sie dennoch jede andere Form darin übertroffen, die Säuglingssterblichkeit bei Unternehmen zu senken. Obwohl Konzessionen nicht bei jeder Art Geschäft möglich sind, gehören sie eindeutig auf die Liste guter Methoden zur Haushaltsführung im Informationszeitalter.

Man könnte sich die Erneuerung der Organisation auch vorstellen, indem man Firmen mit Pflanzen vergleicht, die wachsen und sich durch Ableger fortpflanzen. Ableger sind kleine Pflanzen, die ihre eigenen Blätter und Wurzeln treiben, aber noch immer mit der Mutterpflanze zusammenhängen. Am Anfang sind die „Nabelschnüre", an denen sie hängen, dicker als die kleinen Triebe am Ende. Die neuen kleinen Ableger sind vollständige Pflanzen, aber am Anfang sind sie auf die Ressourcen der Mutterpflanze angewiesen. Wenn die neuen Pflanzen Wurzeln treiben und nach Boden suchen, auf dem sie stehen können, haben sie deutlich die Absicht, selbst lebensfähig und unabhängig zu sein. Sie sind von ihrem noch nicht entwickelten Anfang über das Wachstum bis zur Reife gelangt. Wenn ein Ableger aus irgendeinem Grund abgeschnitten wird, ist die neuere Pflanze eindeutig ein in sich geschlossenes Ganzes, und je nachdem, wann sie abgeschnitten wird, ist sie unabhängig lebensfähig oder nicht.

Diese Logik steckt hinter Spinoffs wie den Informationsdiensten der neuen Generation. Sie beginnen als beschützte Neugeborene, die von der Mutterfirma versorgt werden. Sind sie dann lebensfähig, schaffen sie sich ihre eigenen Ressourcen. Sie können kleiner, gleich groß oder größer als die Mutterfirma sein. Sie können weiter mit dieser verbunden sein oder verkauft werden. Wenn es dem Kerngeschäft nicht gut geht, wird das Ablegergeschäft der Mutterfirma Nahrung zukommen lassen, und das gesamte Ökosystem bleibt erhalten.

Bleibt der Ableger mit der Mutterpflanze verbunden, ist er dann eine andere Pflanze oder nicht? Er ist beides, je nachdem, wie man ihn betrachtet. Auch Abteilungen und strategische Einheiten in einem diversifizierten Unternehmen sind gleichzeitig etwas Ganzes und Teil eines größeren Ganzen. Wenn man ein lebensfähiges Geschäft in einem Unternehmen behält, ist es gleichzeitig Ganzes und Teil. Je stärker es abgetrennt ist, desto weniger ist es ein Teil. Als ein abgetrenntes Ganzes ist es jedoch weniger, als wenn es gleichzeitig Ganzes und Teil ist. Die auf Information basierenden Geschäfte, von denen oben die Rede war, sind gerade in den frühen Phasen solche Fälle. So mag Sabre einen sehr hohen Verkaufswert für Wall Street-Analysten haben, aber für seine Mutterfirma ist es mehr wert, wenn es als Ganzes und gleichzeitig als Teil mit ihr verbunden bleibt.

Die Verbindung zwischen Ganzem und Teil erweitert das Leben eines Organismus sowohl zeitlich als auch räumlich. Grünpflanzen und Unternehmen, die so vorgehen, werden gleichzeitig größer und kleiner, und dadurch leben sie länger. Sie werden kleiner, weil sie laufend neue Organismen hervorbringen, und größer, weil sie miteinander verbunden bleiben. Sie haben mehrere Lebenszyklen gleichzeitig. Wachstum und größere Komplexität auf diese Weise erfolgreicher managen bedeutet, sich einem lebendigen Netzwerk einfügen, sowohl Ganzes als auch Teil sein. Auf dieser Gleichzeitigkeit beruht die Fähigkeit des Netzwerks, mehr Größe und Komplexität zu organisieren.

Die Organisationsmodelle für die Haushaltsführung des Informationszeitalters werden das haben, was die Naturwissenschaftler heute *Selbstähnlichkeit* nennen: *Jeder Teil ähnelt dem Ganzen und umgekehrt.* Auf einer höheren Organisationsebene sieht das frühere Ganze aus wie eine vielfache Wiederholung des gleichen Teils. Auf einer niedrigeren Ebene haben die Teile Ähnlichkeit mit dem Ganzen. Dieses Organisationsmodell benutzt nach oben und nach unten ein Muster, das sich selbst vervielfältigt.

Diese Selbstähnlichkeit läßt sich mathematisch nachweisen, etwa in der Fraktalgeometrie von Schneeflocken, Küstenlinien, der Anatomie und aller Strukturen in der Natur. Diese wissenschaftlichen Erkenntnisse finden bereits praktische Anwendung, zum Beispiel in der Verhinderung von Herzanfällen durch Medikamente gegen Rhythmusstörungen. Man versucht auch, sie auf wirtschaftliche Phänomene anzuwenden, etwa zur Bestimmung von Mustern in scheinbar unmotivierten Preisumschwüngen bei Aktien. Wer sie auf die Struktur von Organisationen anwenden will, muß sie jedoch in einer noch einfacheren Form nehmen, eher als Bild denn als Gleichnis. Hier zwei Anwendungen, eine nach oben und eine nach unten auf der Skala der Organisation von Geschäften.

Schaffen Sie Ihre *Inter*organisation

Zuerst die Skala hinauf. Wir bewegen uns in eine Welt der Organisation, die immer mehr *Intra*organisation statt *Inter*organisation ist. Durch die Informationstechnologie wird die Organisation elektronisch vernetzt – mit Vertriebsorganisationen und Abnehmern, aber auch in globalen und strategischen Allianzen. Trotz des Siegeszuges der elektronischen Technologie haben die Firmen noch keine Modelle zum Management der Vernetzung zwischen Organisationen entwickelt. Statt dessen halten die meisten (ihre eigene) Organisation für das Universum. Alle Überlegungen und Bestrebungen, sie zu managen und zu verändern, sind intern, darauf konzentriert, was innerhalb des Unternehmens vorgeht. Wir fühlen uns merkwürdig unwohl mit dem Begriff der Haushalt*e*führung – mehr als einen Haushalt führen – einen Begriff, der ein Modell der *Inter*organisation beschreiben würde.

Wir hören den Ausdruck *Inter*organisation seit einem Jahrzehnt, wir sehen, daß das Phänomen zunimmt, aber niemand findet es sonderlich aufregend. Ob Intra-O oder Inter-O, der Begriff ist in beiden Fällen ein Wort, und keines der beiden sehr sonor oder glanzvoll. Hätten wir nur ein griffigeres Wort für Interorganisation, dann könnten wir die Realität vielleicht eher durchsetzen. Statt dessen wenden wir unglaubliche Mengen an Geld, Energie und Zeit für alle möglichen Veränderungen der Organisation auf, und die Resultate sind dürftig. Warum? Weil wir von sehr reifen, hochentwickelten Modellen der *Intra*organisation behindert werden. Und wie die reifen Geschäfte und Industrien, für die sie entwickelt wurden, widersetzen sie sich dem Wandel oder konzentrieren ihre Bemühungen darauf, ihre Funktion zu verfeinern statt neu zu definieren.

Das Gebiet der *Inter*organisation ist hingegen absolut jungfräulicher Boden. Es gibt wenig Verständnis dafür, daß Investitionen für Interorganisation viel einträglicher sind als für Änderungen in der Intraorganisation. Versuchen Sie einmal folgendes: Verwenden Sie von jedem Dollar, der für Veränderungen in der Organisation ausgegeben wird, 20 Cent für die Entwicklung einer Interorganisations-Vernetzung. Ihre Investitionen werden viel bessere Erträge bringen, und das psychologische und planerische Engagement auch. Diese Vernetzung braucht weder eine Neuerfindung noch kreativ noch ein entscheidender Vorsprung zu sein. Nehmen Sie einfach viele der Aktivitäten, die in Ihrer Organisation schon existieren, und wenden Sie sie für die Vernetzung Ihrer Firma mit anderen an. Im folgenden Beispiel aus drei verschiedenen Funktionen: F & E, Vertrieb und Personalwesen.

Gängige Organisationsmodelle haben immer die Bedeutung und Schwierigkeit betont, F & E-Anstrengungen mit anderen Funktionseinheiten innerhalb des Unternehmens zu koordinieren – ein Anliegen der Intraorganisation. Jetzt wissen Manager, daß sie die F & E direkt mit dem Abnehmer koordinieren müssen – ein Anliegen der Interorganisation. „Die Konkurrenz wird Produkte maßschneidern, noch bevor sie fertig erfunden sind", sagen Ira Magaziner und Mark Patinkin. „Es wird eine allgemeine Strategie, mit den Abnehmern zusammenzuarbeiten, während man noch im F & E-Labor ist. ... Der einzige Weg, (die Konkurrenz) zu schlagen, wird sein, sich vom Abnehmer im Labor beraten zu lassen, während man noch experimentiert."[4]

Während Unternehmen sich mit vor- und nachgeordneten Instanzen vernetzen, nimmt auch der Bedarf an Management für die Interorganisation zu. Jeder am Netz Beteiligte bekommt mehr Funktionen einer Vertriebsorganisation, die die Unternehmen in einer Wertschöpfungskette verbindet. Im nächsten Jahrzehnt müssen wir deshalb nach Möglichkeiten suchen, bei unserer *Haushalte*führung die Aspekte Vertrieb und Lieferung zu entwickeln.

Im Personalwesen gibt es viele Aktivitäten, die in einer Interorganisation vernetzbar sind, etwa hierarchische Beziehungen, Gehaltssysteme, Kontrollen und Weiterbildungsprogramme. Lassen Sie die endlose Debatte hinter sich, welche Gelder in den Abteilungen bleiben und welche der Zentrale zustehen, und schaffen Sie Modelle der Interorganisation, die auch Zulieferer, Vertriebsorganisationen und Abnehmer an dem Kuchen beteiligen.

Eine neue Grenze der Strukturierung: Jeder Mitarbeiter entspricht einem Geschäft

Modelle der Interorganisation werden generell nach oben auf der Skala angewendet, auf ein Unternehmen als Ganzes, in seiner gesamten Größe und Komplexität. Man kann sie jedoch auch nach unten auf der Skala anwenden, innerhalb der kleinsten möglichen Einheit, sogar bis zu Einzelpersonen im Unternehmen, die dadurch zu echten Unternehmern werden.

Wenn Einheiten in einem Unternehmen zu groß werden, werden sie unbeweglich. Erfolgreiche Unternehmen finden Wege, um sie aufzuteilen, bevor Mehrkosten durch Größe entstehen. Strategische Einheiten sind eine Methode geworden, um das kleinste vollständige Geschäft herum zu organisieren. Firmen, die für dieses innovative Vorgehen gepriesen werden, etwa Johnson & Johnson und 3M, können große Einheiten mit 4000 Angestellten haben, aber auch kleine mit nur 15. Wenn eine Einheit mit 15 lebensfähig ist, warum dann nicht mit 5 oder sogar nur einem? Die letzte Konsequenz ist, daß jeder Mitarbeiter potentiell ein Geschäft ist.

Erinnern Sie sich an die Grundidee, den Schwerpunkt von der Organisation zum Geschäft zu verlagern. Manche Firmen haben das getan, indem sie Mitarbeiter des Stabes in den Verkauf versetzt haben, um ihre Konzentration auf das Geschäft wiederzubekommen. Hier treiben wir dieses Prinzip noch weiter, indem wir den gesamten Stab an die Linien versetzen, wo jeder als vollständiges Geschäft mit Gewinn- und Verlustrechnung operiert. In diesem System müssen alle Mitarbeiter sich selbst tragen. Wenn ihre Dienste gebraucht werden, werden sie bezahlt. Keine Tätigkeit wird zu den Festkosten gerechnet, und nichts wird gratis geliefert. Wer Post ausgeliefert haben will, zahlt für die Benutzung der Poststelle; wer will, daß die Toiletten geputzt werden, zahlt dafür.

Büroarbeit, Wartung und Unterstützung dieser Art wird generell zusammen unter „Allgemeine Verwaltungskosten" verbucht, und für sie wird ein Prozentsatz des Haushaltes festgesetzt. Dies mag rationell sein, aber es ist auch kontraproduktiv. Am Anfang vereinfacht es die Dinge sehr. Briefpapier, Kantinen, Wachdienst und hundert andere Notwendigkeiten werden zusammengefaßt, um die Buchhaltung wie auch das Management zu erleichtern. In der Vergangenheit wurden diese Aufgaben für einen nominellen Satz von etwa 10 bis 15% des Haushaltes recht schmerzlos bewältigt. Solange diese Kosten nominell blieben, erforderten sie nicht viel Aufmerksamkeit. Heute sind sie in den meisten Firmen zwei- oder dreimal so hoch. Sie sollten aus ihrer internen Gefangenschaft „dereguliert" werden. D.h. sie sollten zu Geschäften gemacht werden. *Die Umwandlung von Organisation in Geschäft stärkt die Leistung eines Unternehmens immer.*

Dies geschieht schon heute in einer Variante der Entscheidung „Selber machen oder Kaufen". Wenn Firmen feststellen, daß es billiger ist, etwas zu kaufen als selbst herzustellen, beauftragen sie einen externen Zulieferer. So könnte man Marriott Foods mit dem Betrieb der Kantine beauftragen, Pitney Bowes mit der Poststelle, Brinks mit dem Wachdienst, Bankers Trust mit dem Eintreiben von Außenständen usw.

Warum nicht für diese Aktivitäten dieselben Leute unter Vertrag nehmen, die sie jetzt abwickeln? Machen Sie Angestellte zu Unternehmern, die rechtlich und wirtschaftlich Eigentümer des Geschäfts sind, für das sie verantwortlich sind. Wenn der Schwerpunkt einer Firma bei der internen Organisation liegt, kann man nur mit mehr Personal und mehr Mitteln an Bedeutung gewinnen, und da interne Organisationen wie Monopole funktionieren, ist das nicht schwer. Wenn der Schwerpunkt des Modells die Geschäfte sind, d. h. der Abnehmer am Markt, gewinnt man Bedeutung durch profitablen Dienst am Kunden. *Wenn der Schwerpunkt sich von der Organisation zum Geschäft verlagert, werden interne „Kunden" echte Kunden, und das Niveau der Dienstleistungen steigt.*

Diese Methode wird im nächsten Jahrzehnt langsam um sich greifen. Heute ist sie erst in Umrissen erkennbar. Doch wir können die „Scherben" künftiger Organisationen zusammensetzen wie Archäologen, die die Zukunft statt der Vergangenheit erforschen. Stellen wir uns einmal vor, Ihre Firma übernähme diese neuen Spielregeln der Haushaltsführung. Sie werden nur Leute einstellen, die bereit sind, als Selbständige zu arbeiten. Folgendes wird vereinbart: Diese Leute können mit sich selbst als einzigem Angestellten Unternehmer sein, um Ihrer Firma eine bestimmte Dienstleistung zu liefern. Sie sind gemeinsam mit der Muttergesellschaft, die am Anfang ihr finanzieller Rückhalt und einziger Kunde ist, Eigentümer des Geschäfts. Wenn sie erfolgreich sind, gibt es einen gestuften Übernahmeplan, so daß sie allmählich der Haupteigentümer sind. Jedes Jahr dürfen sie einen vereinbarten Prozentsatz ihrer Dienstleistungen am freien Markt verkaufen. Am Anfang jedoch haben sie einen garantierten Markt.

Viele Mitarbeiter in Großfirmen wollen lieber Angestellte als Unternehmer sein. Es geht darum, eine Struktur zu entwickeln, die ihnen beides ermöglicht. Nehmen wir zum Beispiel Sekretärinnen. Nicht alle werden dieses Arrangement gut finden oder mögen. Doch der Plan wird jene anziehen, die dies tun, und jede zwanzigste oder hundertste Sekretärin gründet vielleicht ein zweites Kelly Girls (Sekretärinnen-Agentur). Können Sie sich nicht vorstellen, daß eine von ihnen die Idee begreift und dann die anderen Sekretärinnenposten innerhalb der Firma per „Lizenz“ vergibt? Zwei oder drei könnten den Markt konsolidieren, indem sie die anderen übernehmen. Spezialisierungen könnten sich entwickeln. Eine könnte sich auf Desktop Publishing konzentrieren, eine andere auf Reisearrangements und eine dritte auf das Geschäft um Konferenzen und Seminare. Die Wirkung wäre revolutionär.

Die soziale Folge einer solchen wirtschaftlichen Organisation wäre mehr Demokratie. Traditionell hatten die Leute, die Hilfsdienste ausführten, immer einen niedrigeren Status. Personal ist für Firmen, was Hausangestellte für reiche Familien sind. Mag sein, daß ohne sie nichts läuft, aber es läuft nicht für sie. Rollen mit niedrigem Status sind auch nicht immer auf periphere Tätigkeiten beschränkt. Jedes Unternehmen hat eine Frontlinie und eine Etappe. Die Stellungen an der Front bringen gewöhnlich die Lorbeeren. Die in der Etappe sind die, wo nur geschuftet wird. Wenn eine Maklerfirma oder eine Investitionsbank ihr Verwaltungsbüro an den Partner verkaufte, der es führt, könnte dieser (oder diese) ebenso reich und geachtet werden wie die stärker sichtbaren Händler und Manager in der ersten Reihe.

Ein solcher Schritt würde natürlich eine Menge Energie freisetzen. Es ist ein sehr riskanter Schritt, und das Management würde einen Tiger von der Leine lassen, den es dann reiten müßte. Was schließlich dabei herauskäme, wäre nicht sicher. Eine verfrühte Reaktion auf die Turbulenz könnte die ganze Idee ruinieren. Ein wirres Experiment mit der Modernisierung der Organisation könnte dazu führen, daß der Führungsstil noch konservativer wird als vor der Erprobung der neuen Wege. In diesem Jahrhundert ist es oft so gewesen – in vielen Ländern und vielen Unternehmen. Ein paar haben es geschafft, viele nicht.

Wie ein Komiker sagt, sind die (amerikanischen) Kongreßabgeordneten seit 200 Jahren unfähig, den Haushalt auszugleichen und einen Gewinn auszuweisen; deshalb schlägt er vor, sie auf Provisionsbasis zu bezahlen. Kalifornien, Florida, Pennsylvania und Tennessee haben einige ihrer Gefängnisse privatisiert, und der Erfolg solcher Experimente könnte sich an der Senkung der Kosten und der Rückfallquote messen lassen. Die Stadt Chelsea in Massachusetts hat ihr Schulsystem der Boston University übergeben. Diese Experimente gehen an die Wurzel der Struktur von Organisationen. Sie stellen die grundsätzlichsten Annahmen in Frage und befassen sich mit dem zugrundeliegenden Gesellschaftsverständnis. Dazu werden sie nur gebraucht, weil die gewandelten wirtschaftlichen Realitäten die bestehenden Modelle unmöglich machen.

Das schwedische Steuersystem gibt genau diese Art Anreiz zur Schaffung von Organisationsstrukturen, die gleichzeitig zur Leistungssteigerung der Firmen und zu höherem persönlichem Einkommen führen. Die Einkommensteuer in Schweden kann bis zu 75% betragen, so daß es für Unternehmen sehr schwierig wird, ihre Angestellten zu härterer oder längerer Arbeit zu motivieren. Wenn praktisch alle zusätzlichen Einkünfte von der Steuer geschluckt werden, haben die Leute lieber mehr Freizeit als mehr Arbeit. Die Besteuerung von Unternehmen ist jedoch in Schweden sehr gut, und sehr wenige Firmen zahlen mehr als 30% Steuern. Außerdem gibt es viele Möglichkeiten, Gewinne für „Rücklagen" zu verwenden. Wenn man ein Unternehmen verkauft, werden erst nach zwei Jahren 40% des Kapitalgewinns an Steuern fällig, und das ist viel besser als eine Einkommenssteuer von 75%.

Die ungeplante Wirkung war eine Abflachung der Organisationspyramide und ein Anwachsen des Unternehmergeistes und des Kundennutzens in den meisten Firmen. Astonson-Security in Stockholm fertigt und verkauft elektronische Sicherungssysteme gegen Ladendiebstahl, hauptsächlich an Kaufhäuser, Eisenwarengeschäfte und Supermärkte. Die Verkaufsorganisation hatte etwa 12 Mitarbeiter, die alle für ein Festgehalt plus 15 bis 20% Provision arbeiteten. „Sie waren teure Fixkosten und nicht motiviert genug“, sagt Anders Ilstam, der damalige Vorstandsvorsitzende. „Sie machten zu wenig Besuche, übernachteten in zu teuren Hotels und dergleichen. Der Verkauf kostete die Firma 18%. Dann gründeten wir ein Unternehmen, an dem die Vertreter mit 60% und die Mutterfirma mit 40% beteiligt waren. Ein Vertrag regelte den Umfang der Verkäufe, und es wurde ein normaler Vertretungsvertrag geschlossen. Sie bekamen 15% Verkaufsprovision, so daß unser Unternehmer schon 3% gespart hatte. Die Jungs drehten sich plötzlich um und verkauften wie nie zuvor, verdienten sowohl für sich als auch für die Firma eine Menge Geld, nutzten ihr eigenes Unternehmen, um eine Menge ihrer privaten Ausgaben abzusetzen, und die Spesen wurden geringer. Sie bekamen ein weit geringeres Gehalt, doch sie bauten ihren Anteil an der Firma in Form von Leasing-Verträgen und dergleichen aus. Später stellten wir fest, daß es besser gewesen wäre, zwei Firmen mit je sechs Vertretern zu gründen. Eine zu große Gruppe könnte Probleme aufwerfen.“

Trygg Hansa, eine große schwedische Versicherungsgesellschaft, hat diese Logik vor einigen Jahren noch weiter getrieben. Sie machten jeden ihrer über hundert Vertreter zu einer Ein-Mann-Firma. Diese Verkaufs-Unternehmer mieteten Büros, Verwaltung und Buchhaltung von der Mutterfirma und lebten nur von Provisionen. Die Resultate waren ähnlich wie die von Astonson-Security – Festkosten in variable umgewandelt und höhere Leistung –, und alle waren zufrieden.

Wenn die Buchhaltungsabteilung eine Firma 3% der Verkaufseinnahmen kostet, sollte man sie für eben diese Summe an die Buchhalter verkaufen. Wahrscheinlich werden sie Wege finden, Buchhaltung von der gleichen Qualität für 2% anzubieten, so daß die Buchhalter-Unternehmer das übrige Prozent in Produktentwicklung, Büroausstattung, Beteiligung oder was auch immer investieren können und steuerlich weit besser dastehen.

Herr Ilstam, der heute Geschäftsführer von SKF Tools ist, sagt: „Ich kann keinen Grund erkennen, warum ein Unternehmen nicht aus einer beliebigen Zahl von selbständigen Firmen bestehen soll, die die Hauptorganisation mit Dienstleistungen beliefern.“ Außerdem denkt er daran, dieses Prinzip sowohl über die Firma hinaus als auch durch die Hierarchie nach unten anzuwenden. In einem Brief schreibt er:

> Vielleicht könnten zwei, drei Präsidenten oder Geschäftsführer ein Unternehmen gründen und ihre Dienste an ihre Firmen verkaufen. Lassen Sie mich mit diesem Gedanken spielen! Der Geschäftsführer verdient 200000 US-Dollar plus Dienstwagen etc. plus 56% Sozialleistungen, die von der Firma gezahlt werden; insgesamt rund 350000 US-Dollar. Nun zahlt die Firma die gleiche Summe an das „Beratungsunternehmen“ des Geschäftsführers, der sich davon nur ein bescheidenes Gehalt von 50000 Dollar auszahlt. Das wird sein Unternehmen zusammen mit den freiwilligen Sozialleistungen nur 80000 bis 90000 Dollar kosten, und er wird über 200000 Dollar im Unternehmen haben, um zu investieren, seinen Anteil auszubauen und vielleicht seiner Frau ein Gehalt zu zahlen. Das ist nicht schlecht! Bald werden wir wahrscheinlich viel mehr flexible Organisationsformen finden, die jedem gerecht würden.

Amerikanische Manager sollten aus diesen Beispielen lernen, ohne es auf die Motivation durch 75% Einkommenssteuer ankommen zu lassen.

Wie es geschehen wird

Der älteste und kapitalintensivste Sektor der heutigen Wirtschaft ist die Landwirtschaft. An zweiter Stelle steht die Industrie. Dienstleistungen sind am wenigsten kapitalintensiv. Analog ist innerhalb von Unternehmen die Fabrik kapitalintensiver als das Büro, doch das Büro wird hier aufholen, wenn diese Wirtschaft reift, und in ihrer zweiten Hälfte ebenso kapitalintensiv sein wie Fabriken. Außerdem werden für jeden Dollar, den das nun teure technisierte Büro kostet, mehrere weitere Dollars für Personal und Verwaltung ausgegeben werden. Wenn die Kosten der allgemeinen Verwaltung 40 und 50% des Firmenhaushalts erreichen, werden die Manager beginnen, an der zugrundeliegenden Philosophie der Organisation herumzubasteln.

Deregulierung, Privatisierung, Beteiligung der Belegschaft, Entflechtung und Entkapitalisierung sind Beispiele hierfür, und sie alle haben einen gemeinsamen roten Faden in der Führung einer Organisation: *Sie konzentrieren sich auf die zugrundeliegende Geschäftsphilosophie und eliminieren Merkmale und Prozeduren der Organisation, die den Menschen von seinem Geschäft trennen.* Wenn wir die gesamte Wirtschaft und ihre verschiedenen Branchen restrukturieren, werden wir unausweichlich auch die Organisationen restrukturieren, aus denen sie bestehen. Wie Regierungen werden Unternehmen allmählich neue Wege erproben, und ein paar Ideen werden sich durchsetzen und für eine bis dahin reife Wirtschaft neue Modelle der Haushaltsführung entwickeln.

Die wichtigsten Modelle der Haushaltsführung kommen meist aus dem wichtigsten Sektor einer Wirtschaft und von dessen Kernprodukt. In jeder Wirtschaft beeinflußt das Kerngeschäft die Art, in der alle Geschäfte geführt und alle Organisationen gemanagt werden. So waren Eisenbahnen der Kern der frühen Industriewirtschaft, und die Eisenbahngesellschaften unterschieden als erste zwischen Funktions- und Führungsaktivitäten. Später erwies sich der Automobilbau als Kern der Industriewirtschaft, und die wichtigsten Formen von Management und Organisation entwickelten sich in der Automobilbranche: Fords Fließband und GMs von Sloane entworfene Struktur aus zentraler Planung und Steuerung mit dezentralen Operationen innerhalb der Abteilungen.

Die Organisationsmodelle, die wir heute haben, wurden in, von und für Industrieunternehmen entwickelt. Die industrielle Produktion macht jedoch weniger als ein Viertel unserer gesamten Wirtschaft aus. Deshalb gehören die Modelle, selbst wenn sie modernisiert sind, einer früheren Wirtschaft an. Wir verwenden fabrikorientierte Modelle in einer büroorientierten Wirtschaft. Das ist ebensowenig sinnvoll wie der Einsatz von Landwirtschaftsmodellen zur Führung einer Fabrikwirtschaft. Ungeeignete Führung und Organisation verkürzt das Leben jeder Firma. Unsere Unternehmen heute würden länger leben, wenn unsere Methoden der Haushaltsführung besser auf die Geschäfte zugeschnitten wären, die sie organisieren sollen.

Information, die treibende Kraft dieser Wirtschaft, wird zunehmend Einfluß auf Management, Organisation und Quellen unserer künftigen Modelle für gute Haushaltsführung haben. Schon jetzt ist klar, daß die Information einen enormen Einfluß auf die Führung aller Geschäfte hat. In den nächsten paar Jahrzehnten wird deutlich werden, daß Informationstechnologie und Informationsgeschäfte sich auch auf die Haushaltsführung aller Geschäfte auswirken werden – nämlich auf ihr Management und ihre Organisation. Seit zehn Jahren ist ihr Einfluß als Metapher spürbar; in den nächsten zehn Jahren wird die Verbindung zwischen Organisation und Information handfester werden.

Ein Beispiel sind Netzwerke. Die Reihenfolge, in der sie aufkommen werden, ist zuerst Technologie-, dann Geschäfts- und dann Organisationsnetze. Wir sprechen schon ohne Schwierigkeiten von den alten und den neuen Organisationsmodellen als Verlagerung von der Hierarchie zur Vernetzung, als wären vernetzte Organisationen bereits eine reale Möglichkeit statt eines bloßen Bildes. Bis die Technologienetze aufgebaut sind, sind vernetzte Geschäfte jedoch mehr Erwartungen als Realitäten. Und sowohl die technologischen als auch die Geschäftsnetze kommen vor den Organisationsnetzen. Vernetzte Organisationen als Tatsachen, nicht als bloße Möglichkeiten, müssen warten, bis sie an der Reihe sind. Wir alle sind gespannt darauf, wann ihre Zeit kommt, und wenn es soweit ist, wird es einen neuen Lebenszyklus für Organisationen geben. Dann werden unsere Methoden der Haushaltsführung zumindest eine Weile lang zu unserem Haus passen. Bis dahin wird sie hinterherhinken; Unternehmen werden ihre Geschäfte des Informationszeitalters mit Methoden des Industriezeitalters organisieren, und diese Mesalliance wird das Leben der Unternehmen verkürzen.

Neben der Vernetzung ist ein anderer Aspekt in der Informationstechnologie von Bedeutung; er zeigt sich in der Geläufigkeit von Worten wie „nahtlos“ und „transparent“. Sie drücken aus, wie wichtig es ist„ inkompatible Computer miteinander zu verbinden. „Kompatibilität“ ist ein Schlagwort der 1990er Jahre. All die „Black Boxes“ müssen sich zu Netzen verbinden, und LANs (lokale Netze) müssen an WANs (Weitverkehrsnetze) anschließen. Die Verbindungen dürfen kein umständliches Flickwerk sein. Sie müssen glatt, unsichtbar, mühelos und dauerhaft sein. Im alten Jargon konnte die Telefongesellschaft Ihnen vielleicht einen Anschluß „dranflicken“, aber in der neuen Wirtschaft dürfen nicht einmal die Nähte auf dem Flicken sichtbar sein.

In den ersten Jahrzehnten des Automobilbaus mußten die Benutzer die Mechanik des Vehikels recht gut kennen. Man mußte imstande sein, den Motor anzukurbeln, um es in Gang zu bringen, und es zu reparieren und daran zu basteln, damit es weiterhin lief. Nur wenige Jahrzehnte später wollten die meisten Autofahrer nicht mehr wissen, wie es funktionierte oder wie man es reparierte; sie wollten es nur fahren. Am gleichen Scheidewege stehen die Computer heute. Die Anwender wollen nicht wissen, wie sie funktionieren; sie wollen sie viel lieber benutzen, ohne das wissen zu müssen. Was für Automobile und Computer zutrifft, ist wahrscheinlich auch bei Organisationen der Fall.

Organisationen müssen nahtlos und transparent werden. Ebenso, wie Computerfirmen mehr dafür tun, ihre Geräte anwenderfreundlicher zu machen, muß das Management mehr tun, um die Organisation leichter anwendbar zu machen. Der Grund, warum Organisationen so viel Pflege und Aufmerksamkeit bekommen, ist, daß sie nicht leicht anzuwenden sind. Wie die ersten Autos und Computer sind sie umständlich, und die meisten Leute kümmern sich nur um ihre Funktionsweise, wenn sie sie reparieren müssen. Und sie haben gute Gründe, sie lieber anwenden als verstehen zu wollen. *Wie Computer müssen erfolgreiche Organisationen lernen, anwenderfreundlich, nahtlos und transparent zu sein.*

Für die meisten Menschen ist die Kommunikation mit einem Computer noch immer nicht leicht. Wenn Computer das Leben erleichtern sollen, warum sind die meisten dann so schwierig in der Anwendung? Erst wenn sie leicht sind und Spaß machen, werden sie die Verheißung von Computervisionären erfüllen, die Ausdrücke wie „Flügel für den Geist“ benutzen. Bis dann sind sie eine Last. Organisationen, die den Bedürfnissen dieser Wirtschaft gerecht werden und ihr Potential nutzen wollen, müssen sich in die gleiche Richtung verändern und anwenderfreundlicher werden. Wie die Computer von gestern sind die Organisationen von heute noch immer Lasten statt Flügel. Die Organisationen von morgen müssen *ent*lasten.

Im Wissen um diese Grenzen und um die Richtung, in die wir gehen, haben wir unsere Modelle angepaßt und betonen jetzt, daß unsere Organisationen *„flach“, „flexibel“ und „teamorientiert“* sein müssen. Weiter sind wir freilich noch nicht mit der neuen Realität, und solche Veränderungen sind zwar Schritte in die richtige Richtung, aber bloße Korrekturen am alten Modell statt eines von Grund auf neuen Modells, das den Unterschieden zwischen der Industrie- und der Informationswirtschaft gerecht wird.

Wir stecken mit unseren Organisationen in einem Dilemma. Die alten Modelle funktionieren nicht, und die neuen müssen sich erst entwickeln. Was tun wir inzwischen? Die Antwort ist rundheraus: Mehr auf das Geschäft achten als auf die Organisation. Wie alte Geschäfte im unentrinnbaren Kreislauf von Werden und Vergehen neuen weichen, so werden auch ihre Organisationen weichen. Stützen Sie sie nicht. Lassen Sie sie sanft in die dunkle Nacht der Organisationssterblichkeit sinken.

Toto, ich habe das Gefühl, wir sind nicht mehr in Kansas.

Dorothy in: *Der Zauberer von Oz*

Kapitel 5

Auf Schienen, die man nicht gelegt hat, kann man nicht fahren

Die weltweite Dominanz von Technologien und Branchen, deren Kern Information ist, bildet die wesentliche Grundlage für die künftige Führung in der Wirtschaft.

Woody Allen fragte einmal Arnold Schwarzenegger, wie lange es dauern würde, sich einen Körper wie Arnolds anzutrainieren. „Etwa zwei Generationen“ lautete die Antwort. Etwa so lange dauert es auch, die Infrastruktur – die Knochen und Muskeln – einer starken Wirtschaft aufzubauen. Neue Wirtschaftsordnungen passieren nicht einfach. Sie werden von Visionären aufgebaut.

Das Sagres-Institut wurde 1419 gegründet, um die portugiesische Führungsrolle in Schiffsbau, Navigation, Kartenkunde und anderen seemännischen Wissenschaften zu fördern. Dieses vom Staat finanzierte Zentrum lag an der Südspitze der Iberischen Halbinsel in der Stadt Sagres und entwickelte die technologischen Grundlagen für eine auf weltweitem Überseehandel beruhende Wirtschaft. Seine Techniker konstruierten Galeonen und Navigationssysteme, die ein Weltmeer und Jahrhunderte umspannendes Reich schufen.

Portugal leitete die Ära des weltweiten Überseehandels ein, aber diese Wirtschaft erreichte nicht auf der Iberischen Halbinsel ihr volles Potential. Die besten Modelle und Institutionen waren die englischen. So, wie die Wirtschaft des Merkantilismus in Portugal begann und in England gipfelte, begann die Industriewirtschaft wiederum in England und gipfelte in den USA.

Die Informationswirtschaft begann in den USA, aber wird sie dort ihren Gipfel erreichen? Werden die besten Modelle und Institutionen amerikanisch sein? Viele Amerikaner glauben, die USA seien bei den zentralen Informationstechnologien und -industrien der heutigen Wirtschaft fest verankert in einer beherrschenden Position. Auf sie wartet ein gewaltiger Schock.

In der zweiten Hälfte dieser Wirtschaft wird internationale Wettbewerbsfähigkeit auf Computern und Telekommunikation aufbauen. Die amerikanische Führungsrolle in diesen Sektoren ist keineswegs gesichert. Kleine wie große Länder entwickeln Technologien, fördern Industrien und bauen Infrastrukturen auf, um wirtschaftlich mehr zu leisten. Ein intensiver internationaler Wettbewerb nimmt Formen an, und es geht um nichts weniger als die weltweite wirtschaftliche, militärische und politische Führung.

Kein Land kann ohne überlegene Wirtschaft militärisch führend bleiben. Das ist ein zentrales Problem der Sowjetunion in der Ära Gorbatschow und ein wachsendes Problem in den USA. Die Herausforderung für Sowjetunion wie USA ist recht klar. Die wirtschaftliche und militärische Führung, das Allgemeinwohl und der generelle Fortschritt stehen und fallen mit der Leistung des jeweiligen Landes in den Informationstechnologien. *Dauerhafte Beherrschung der zentralen Informationstechnologien und -industrien ist die entscheidende Grundlage für die künftige weltweite Führung.*

Die USA konkurrieren in den letzten Jahrzehnten an zwei Fronten mit spezialisierten Rivalen: an der militärischen Front mit der UdSSR und an der wirtschaftlichen Front mit Japan. Während die USA an beiden Fronten kämpften, konzentrierte sich jeder ihrer Rivalen auf eine einzige. Die Sowjetunion konzentrierte ihre Ressourcen und Energien auf den militärischen Bereich und vernachlässigte industrielle Ziele. Japan war vertraglich am Wiederaufbau seines Militärs gehindert und konzentrierte seine Ressourcen und Energien auf wirtschaftliche Ziele. Die amerikanische Rivalität mit den Sowjets ist nun praktisch vorbei. Ohne wirtschaftliche Grundlage konnten die Sowjets ihre militärische Position nicht halten. Mit ihrem wirtschaftlichen Gegner kämpfen die USA hingegen noch immer. Im nächsten Jahrzehnt wird sich die weltweite Führung eher im wirtschaftlichen Wettbewerb als in militärischer Rivalität entscheiden. Kommerzielle Technologien werden der Brennpunkt dieses Wettbewerbs sein.

Schon bevor die außergewöhnlichen Umwälzungen in der UdSSR und Osteuropa begannen, verstanden japanische Kommentatoren die Macht der Technologie in der Neuzuordnung der Führung in der Welt:

Die Kräfte, die die Welt heute verändern, sind im wesentlichen technologisch, nicht militärisch oder politisch. Militärische Rivalitäten sind im großen und ganzen überholt. Die waffenstarrenden Konfrontationen zwischen USA und UdSSR haben keine eigentliche Bedeutung für die Logik der Geschichte. Militärische und politische Kräfte können in ihrer Grundlage auf wirtschaftliche Kräfte zurückgeführt werden, und Wirtschaft beruht auf Technologie. Die Welt bewegt sich in jede von der Technologie vorgegebene Richtung, und die Macht der Technologie, die Welt zu verändern, wird künftig immer stärker werden. Die geopolitischen Achsen der Welt werden immer mehr dort zusammentreffen, wo die neue Technologie herrscht. Dieses Zentrum ist natürlich Japan.[1]

Wir meinen nicht, daß Militärmacht unwesentlich ist, selbst wenn die industrielle Basis für sie überholt werden kann. Die menschliche Geschichte legt nahe, daß militärische Rivalitäten nicht verschwinden werden. Die Technologie der Kriegführung entwickelt sich nur weiter. Wirtschaftliche und politische Macht kann künftig nur haben, wer führend in den Technologien und Industrien bleibt, die entscheidend für *beide* Fronten sind. Kurzfristig können es sich die USA allerdings erlauben, Ressourcen von der Rüstungsspirale zur Wirtschaftsspirale zu verlagern. Sie werden sogar an beiden Fronten verlieren, wenn sie ihre Ressourcen nicht in den kommerziellen Wettbewerb um die zentralen Informationstechnologien und -industrien umleiten.

Bis zum Ende der 90er Jahre sollte klar sein, wer die Quellen wirtschaftlicher und militärischer Führung für die nächsten drei, vier Jahrzehnte kontrolliert. Mikroelektronik, Computer und Telekommunikation sind Bereiche, wo Amerika das Tempo vorgegeben hat; dennoch sind Amerikas Aussichten auf weitere Führung in diesen Technologien und Industrien ungewiß. Unterdessen investieren Europa und Japan massiv für die zweite Hälfte dieser Wirtschaft.

Japan als Informations-Samurai

Zu Beginn der 1970er Jahre erschien ein Buch mit dem Titel *Building a New Japan*.[2] Es beschrieb eine Vision von Japan als Inselgruppe, die durch hochentwickelte Netze von Computer- und Kommunikationstechnologien zusammengehalten wird. In anderen Ländern sind ähnliche Bücher erschienen, aber dieses ist ungewöhnlich, weil es von Japans Premierminister Kakuei Tanaka geschrieben wurde, einem sehr mächtigen, pragmatischen Politiker. Sein Buch gilt nicht als politische Science-Fiction, sondern als weithin anerkannte Sicht von Japans Zukunft. Die in diesem Buch beschriebene Informationswirtschaft und -gesellschaft aktiv zu entwickeln, ist offizielle Politik. Japans Führer wollen nichts Geringeres, als die gesamte Wirtschaft auf eine neue Infrastruktur von Informationstechnologien neu zu bauen – ein Unterfangen, das schon in Dutzenden von japanischen Gemeinden sichtbar Gestalt gewinnt. In Japan wird ein Heer von historischen Infrastrukturprojekten durchgeführt.

Auf einer grünen Ebene nahe der alten japanischen Hauptstadt Kyoto entsteht zum Beispiel eine neue Stadt. Es wird eine Stadt des 21. Jahrhunderts sein, ein Schaufenster des neuen Japan. Für über 20 Milliarden Dollar wird dort ein Entwicklungszentrum für Wissenschaft und Technik errichtet. „Kansai Science City", wie es genannt wird, wird Tausende von Forschern und Wissenschaftlern beherbergen, die die technologische Grundlage für Japans postindustrielle Wirtschaft aufbauen. Die erste von vielen Forschungseinrichtungen in Kansai wurde 1988 eröffnet. Sie heißt Advanced Telecommunications Research Center (Forschungszentrum für fortgeschrittene Telekommunikation) und befaßt sich mit hochmoderner Computer- und Kommunikationsforschung. Die stille Arbeit der Männer und Frauen in dieser Stadt könnte von großer Tragweite für die Gestalt des nächsten Jahrhunderts sein.

Kansai Science City ist nur eine von Dutzenden neuer Initiativen, die zur Zeit in Japan laufen. In seinem Bericht *Vision für die 1980er Jahre* schlug das MITI (Ministerium für Außenhandel und Industrie) ein massives nationales Programm vor, um moderne Informationstechnologien und Dienste in einigen „informationalisierten Städten“ zu installieren. Seither sind neunzehn Städte als „Technopolis“-Standorte ausgewählt worden. In jeder werden hochentwickelte Computer- und Kommunikations-Infrastrukturen installiert, um das Wachstum neuer, auf Information beruhender Geschäfte zu fördern und die jetzige Wirtschaft und Gesellschaft zu verändern.

Das MITI ist nicht der einzige Vorkämpfer der Informations-Infrastruktur. Das Ministerium für Post und Telekommunikation kündigte sein Programm „Teletopia“ 1985 an, und seither sind über 70 Gemeinden als Standorte für dieses Programm genehmigt worden. „Teletopia“ umfaßt eine breite Palette von Projekten, die als Telekommunikations-Plazas, Parks, Teleports und Teletopia-Regionen kategorisiert werden.

Das Projekt der Modellgemeinde „Suwa“ ist eine typische Teletopia-Region. Das System Suwa umfaßt drei große Städte, zwei Kleinstädte und ein Dorf, die mit Glasfaserkabeln vernetzt sind. Das Netz liefert der Region ein Computer-LAN, Kabelfernsehen, automatische Zählerablesung, Hilfsdienste für die Landwirtschaft, Registrierung der Wahlberechtigten und viele andere Dienste. Der erste Telekom-Park ist die oben genannte Forschungsanlage in Kansai Science City. Diese Anlage, die ein Dutzend oder mehr Forschungsinstitute beherbergen wird, bedeutet allein eine Investition von rund 750 Millionen Dollar.

Ein weiteres Teletopia-Projekt im Rahmen einer größeren Initiative ist der Teleport Osaka. Zu ihm gehört ein 3000 km langer Glasfaserring, der die Region Osaka mit Hochgeschwindigkeits-Informationsverbindungen versorgt. Dieser Teleport wurde 1989 für etwa 300 Millionen Dollar fertiggestellt; er ist eine entscheidende Unterstützung des größeren Projekts Technoport Osaka. Der Technoport erfordert 16 Milliarden Dollar Investitionen in neue Einrichtungen für informationalisierte Industrien, etwa für Mehrwertdienste und Datenbanken, Software, Bildschirm-Marketing und Informationsdienste. Ein ähnliches Projekt, das jetzt verwirklicht wird, ist der noch kostspieligere Teleport Tokio. Für den Aufbau der japanischen Informationswirtschaft werden enorme Mittel eingesetzt.

Das Ministerium für Post und Telekommunikation schrieb 1989 in seinem Bericht: „Von jetzt bis zum 21. Jahrhundert muß die Grundlage der Info-Kommunikation schnell erneuert und über das ganze Land ausgeweitet werden. Japan muß ein Kernland für multifunktionale Info-Kommunikationsnetze werden." Japans wirtschaftlich-gesellschaftlicher Terminplan steht und fällt mit dieser neuen Infrastruktur, und es legt mit massiven Ressourcen Schienen in die Zukunft. Diese Investitionen für Infrastruktur werden die Entwicklung informationalisierter Geschäfte und Gemeinden unterstützen. Ebenso, wie intelligente Unternehmen ihre traditionellen Konkurrenten in der Informationswirtschaft verdrängen werden, werden intelligente Gemeinden und Nationen die weniger fortschrittlichen hinter sich lassen. Vielleicht essen wir am Ende Japans Staub.

Außerdem fördert Japan energisch das Wachstum wichtiger Informationsindustrien. Es will die Hauptquelle der Brückentechnologien und -dienste sein, die die neue Wirtschaft voranbringen. Die gewaltige Maschinerie der japanischen Industriepolitik konzentriert sich auf dieses Ziel. Zwischen 1945 und 1970 stand die Schwerindustrie im Mittelpunkt der Industriepolitik. Der Erfolg in drei Industrien – Stahl, Werften und Automobilbau – beanspruchte in dieser Periode über 40% aller Kapitalinvestitionen und förderte andere Industrien. In den 1970er Jahren verlagerte sich der Schwerpunkt vom Überleben zur Führungsrolle, und Japan begann, sich auf den breiteren Sektor der Informationstechnologie zu konzentrieren.

Die öffentliche Förderung des Informationssektors nimmt in Japan viele Formen an. Eine Hauptquelle finanzieller Unterstützung ist die Japan Development Bank. Die JDB steht im Allerheiligsten des japanischen Wirtschaftssystems und gibt strategischen Entwicklungsprojekten Kredite zu Vorzugsbedingungen. Mitte der 70er Jahre ergab die JDB über 400 Millionen Dollar an „Krediten" für das Projekt VLSI, ein Konsortium aus sechs bekannten Elektronikfirmen, dem MITI und NTT (Nippon Telephone and Telegraph).

Das Projekt VLSI sollte in Japan ultramoderne Technologie für Halbleiter-Speicherchips entwickeln. Es war ein rauschender Erfolg. Japanische Firmen brachten als erste den 16K RAM-Chip auf den Markt, und heute kontrollieren sie über 80% des „Händlermarktes" für Halbleiter-Speicherchips. In nur zehn Jahren haben japanische Firmen in dieser entscheidenden Technologie eine Überlegenheit erreicht, die ihren Erfolg bei Stahl, Werften und Autos bei weitem übertrifft. In den 1980er Jahren entwickelten sich die Speicherchips von einer Kapazität von 16000 Bits zu 16000000 Bits, und die japanischen Firmen forcierten das Tempo von Innovation und Überalterung.

Das Projekt VLSI ist ein Modell für die Organisation von Entwicklungsbestrebungen in anderen Informationstechnologien geworden. Konsortien aus den wichtigsten Firmen und öffentlichen Institutionen entwickeln gemeinsam und mit Hilfe öffentlicher Gelder Schlüsseltechnologien. Einige dieser Projekte, etwa VLSI, erhalten besondere Unterstützung in Form von *hojokin*-Krediten von der JDB. Hojokin-Kredite sind zinslos, und dem Kreditnehmer wird vergeben, wenn das Projekt scheitert. Andere Projekte werden über Konten wie das Special Account for Industrial Investment direkt aus dem Staatshaushalt finanziert. Unter den vielen Informationstechnologie-Projekten, die zur Zeit in Japan laufen, verdienen einige besondere Erwähnung.

Das Projekt TRON zielt auf den Bereich Mikroprozessoren. Mikroprozessoren, das Gehirn elektronischer Geräte und Systeme, kontrollieren alles von intelligenten Haushaltsgeräten bis zu den fortschrittlichsten Computern oder militärischen Systemen. Dieser Bereich war praktisch amerikanisches Monopol, seit in den frühen 1970er Jahren der ersten Mikrocomputer gebaut wurde. TRON soll die japanische Mikroprozessor-Technologie in Führung bringen.

Das Projekt Optoelektronik ist ebenfalls auf neue Schlüsseltechnologien ausgerichtet. Die gesamte Elektronikindustrie verwendet das Elektron als Medium der Informationsverarbeitung. Optoelektronische Geräte verwendeten Photonen statt Elektronen. Photonen könnten das Kernelement in der Informationswirtschaft werden, und japanische Forscher, die dieses neue Feld energisch erkunden, haben schon einen Photon-Speicherchip mit einem Kilobit Kapazität produziert. Außerdem hat Japan eine sehr starke Stellung bei optischen Glasfaserkabeln. Bis die Informationswirtschaft gereift ist, wird Japans Nervensystem aus Glasfaserkabeln bestehen, die Information in Lichtgeschwindigkeit mit Photonen transportieren und verarbeiten.

Ein anderes Grundelement der gegenwärtigen Elektronikindustrie ist Silizium. Fast alle Halbleiter werden aus Silizium hergestellt, und heute werden elektronische Funktionen von Elektronen angetrieben, die durch Silizium fließen. Japan erforscht aktiv andere Materialien. Besonders Galliumarsenid (GaAs) wird jetzt in Japan oft verwendet. GaAs-Geräte erzeugen weniger Hitze, so daß die Sender und Empfänger von Elektronen viel näher beieinander sein können. Größere Nähe heißt höhere Verarbeitungsgeschwindigkeit – bis zu vier- oder fünfmal höher –, und dies bedeutet weit größere Leistung. Bei bestimmten Anwendungen ist dieser Unterschied in der Geschwindigkeit entscheidend. Für militärische Zwecke bedeutet er den Unterschied zwischen Gewinnen oder Verlieren in jedem elektronischen Wettrennen.

Shintaro Ishihara, der 1989 für das Amt des japanischen Premierministers kandidierte, machte die oft zitierte Bemerkung: „Wenn Japan Washington sagen würde, daß es keine Computerchips mehr an die USA verkaufte, wäre das Pentagon völlig hilflos. Außerdem könnte das weltweite militärische Gleichgewicht völlig durcheinandergeraten, wenn Japan beschlösse, seine Computerchips an die Sowjetunion statt die USA zu verkaufen."[3] In Wirklichkeit ist die Abhängigkeit des US-Militärs freilich sehr begrenzt und weniger bedenklich als die wachsende Abhängigkeit im Handel. Eines ist jedoch klar: Japans zunehmendes Können in der Mikroelektronik ist ein entscheidendes Stück der Plattform, die nötig ist, um eine Informationswirtschaft aufzubauen. Es arbeitet energisch an der Entwicklung weiterer Schlüsselelemente, und seine größte Stärke könnte im Bereich der Heimelektronik liegen.

Japanische Firmen beherrschen den Markt der Audio- und Video-Konsumelektronik. Sie sind starke Wettbewerber in den Massenmärkten für Drucker, Diskettenlaufwerke, optische Scanner, Mobiltelefone und Kopierer. Ihre Nischenpositionen beginnen zu einer erheblichen Masse zusammenzuwachsen, besonders, wenn diese verschiedenen Aktivitäten in ein einziges Paket integriert werden können. Schon jetzt wird Managern in Japan ein intelligenter Aktenkoffer angeboten, der einen Kopierer, Fax, Mobiltelefon, Scanner, Videoanschluß und einen PC mit Drucker integriert. Solche Angebote können nur noch integrierter, preiswerter und effektiver werden.

Wir können in den kommenden Jahrzehnten eine Flut hochentwickelter Heimelektronik aus Japan erwarten, die zu einem erheblichen Teil wichtige neue Technologien enthält. Japans größte Chance kann im Audiobereich liegen, und dies wegen eines großen Nachteils in seiner Gesellschaft: seiner Sprache. Der typische japanische Text ist eine Mischung aus Kanji, Hiragana und dazu zwei einzigartigen Systemen von Silbenzeichen (zwei anderen Alphabeten), Katakana und Romanji. Japanische Firmen dokumentieren Konferenzen in allen Einzelheiten; die meisten Protokolle liegen in Lagerhäusern voller Papierakten. Wenn man die Kosten für Raum in Japan und die Verfügbarkeit moderner Speichergeräte bedenkt, ist das eine primitive Praxis. Das Problem ist die Dateneingabe.

Japanische Geräte zur Textverarbeitung haben sehr große Tastaturen. Bis vor kurzem hatte ein typisches Gerät einen Stapel von acht verschiedenen, großen Tastaturen. Da es Tausende von einzigartigen Kanji-Symbolen gibt, war es kein kleines Unterfangen, Papier in Daten umzuwandeln. Dieses Problem läßt sich reduzieren, aber nicht lösen, indem man Hiragana verwendet, ein zweites japanisches Zeichensystem mit 52 Zeichen. Sagen Sie das Ihrer Sekretärin (oder Ihrem Sekretär), wenn Sie das nächstemal Klagen über die Textverarbeitung hören. Als Folge hiervon arbeitet Japan energisch an der Entwicklung von Technologien und Geräten zur akustischen Dateneingabe, die gesprochene Texte in digitales Format bringen.

Geräte zur akustischen Dateneingabe sind seit 25 Jahren in der Entwicklung, aber erst jetzt stehen sie wenige Jahre vor der Massenproduktion. Wenn diese Technologie einmal ausgereift ist, wird sie dem Normalbürger einen noch nie dagewesenen Zugang zu Informationstechnologien geben. Es ist einer der Durchbrüche, die uns in der Informationswirtschaft rasch vorantreiben und einen neuen Lebensstil bringen werden. Akustische Dateneingabe wird viele Anwendungen haben, aber ihre Hauptfunktion ist es, die Macht der Informationstechnologie zu den Massen zu bringen, wie Gutenbergs Druckerpresse vor fünfhundert Jahren Text zu den Massen brachte.

Ein weiterer potentieller Durchbruch zeigt sich in der Videotechnologie. High-Definition-Fernsehen (HDTV) produziert Bilder, die um einen Quantensprung besser sind als herkömmliche Fernsehbilder. HDTV-Bilder sind verblüffend nahe am Dreidimensionalen, und ihre Farbe und Klarheit sind hypnotisierend. Für Leute, die schon heute gern fernsehen, läßt sich leicht voraussagen, wie sie am Ende des Jahrzehnts ihre meiste Freizeit verbringen werden. Diese Technologie hat einen enormen Unterhaltungswert, doch sie wird auch Videokonferenzen, ferngesteuerte Qualitätskontrolle, Videotext, CAD, Bildschirmarbeit zu Hause und Dutzende anderer Aktivitäten stark vorantreiben. HDTV wird zur Zeit in 17 japanischen High-Vision-Modellgemeinden eingeführt. Der Beginn landesweiter Sendungen ist Mitte der 1990er Jahre zu erwarten.

Japans Terminplan für die Entwicklung und Installierung neuer Informationstechnologien ist nichts Geringeres als ein strategischer Plan, um die Führung der Weltwirtschaft zu übernehmen. Japan baut aktiv eine Infrastruktur auf, die als Grundlage der neuen Informationswirtschaft und -gesellschaft dienen wird. Die Modelle, Technologien und Institutionen, die den nächsten Abschnitt der Geschichte beherrschen, könnten durchaus aus Japan kommen. Japan besitzt den Willen und jetzt auch die Ressourcen, um seine neue nationale Strategie zu unterstützen. Seine Fähigkeit, gut geplante nationale Programme systematisch durchzuführen, ist vielleicht unvergleichlich. Japan legt Schienen. Aber auch andere Länder haben das gleiche Ziel, besonders in Europa.

Ja, es gibt „ein" Europa

„Ein" Europa hat es nie gegeben, aber nun nimmt es rasch Gestalt an. Der ursprüngliche Vertrag von Rom (1956) begründete die Europäische Wirtschaftsgemeinschaft (EWG) und bildete eine Grundlage für die Schaffung einer gesamteuropäischen Wirtschaft. Dieser Vertrag enthielt eine Klausel, die besagte, daß er mit Zustimmung aller Mitgliedstaaten jederzeit geändert werden könne. Drei Jahrzehnte lang gab es keine Veränderung. Die Mitglieder konnten nichts finden, über das sich alle einig waren. Der Fortschritt in Richtung auf die angestrebte europäische Wirtschaft war langsam. Als Europa dann in sein viertes Jahrzehnt als wirtschaftlicher Blick eintrat, bekam es Perspektive. Wie bei einem jungen Erwachsenen, der seine Bestimmung gefunden hat, folgte heftige Betriebsamkeit. Eine Reihe von Beschlüssen und Initiativen wurde verabschiedet. Zuerst wurde der ursprüngliche Vertrag von Rom so abgewandelt, daß er durch Mehrheitsbeschluß von den Mitgliedsstaaten geändert werden konnte. Dann wurde die „Initiative 1992" mit ihren weitreichenden Folgen für alle Aspekte des europäischen Wirtschaftslebens beschlossen.

Die Initiative 1992 sieht vor, viele der Hemmnisse des europäischen Systems abzubauen. Reisende in Europa müssen heute zum Beispiel noch immer Geld tauschen, wenn sie von einem Land ins andere kommen, und verlieren dabei etwa 5%. Grenzkontrollen und Zollprozeduren belasten alle Transporte mit Verzögerungen und Kosten. Stellen Sie sich vor, Reisende zwischen Massachusetts und Connecticut müßten bei jedem Grenzübergang Formulare ausfüllen, Gebühren bezahlen und Geld wechseln. Solche Hemmnisse haben die europäische Wirtschaft seit Jahrhunderten beeinträchtigt. Die Initiative 1992 will diese Kosten und Verzögerungen abschaffen und das Wirtschaftswachstum fördern. Der Abbau innerer Schranken für den Austausch von Gütern, Dienstleistungen, Geld, Arbeitskräften, Technologie und Information wird einen wirtschaftlichen Aufschwung bewirken.

Die im Entstehen begriffene europäische Föderation ist sehr vielversprechend, aber nicht jeder glaubt an sie. Die Initiative 1992 fordert gemeinsame technische Normen, „harmonisierte" Steuersätze und eine koordinierte, wenn nicht zentrale Geldpolitik. Souveräne Staaten müssen Autorität über diese und andere Entscheidungen an eine embryonale Regierung abtreten. Viele tun sich schwer mit der Vorstellung einer einheitlichen europäischen Politik, aber es gibt erhebliche Fortschritte. Vielleicht am erfolgreichsten ist die Schaffung einer einheitlichen Industriepolitik für die EG, die einen spezifischen Schwerpunkt in Informations-Infrastrukturen und -industrien hat.

Ausgewählte EUREKA-Projekte

BEREICH	VORAUSSICHTLICHE KOSTEN (Millionen Dollar)
ES2: Automatisierte Konstruktion maßgeschneiderter Chips	110
ESF: Eureka Software-Fabrik Automatisierte Software-Produkte	360
High-Definition-Fernsehen	232
EPROM: Speicherchips	450
FAMOS: Flexible Montageroboter	200
Anwendungen der Lasertechnik	200
COSINE: Europäisches Hochgeschwindigkeits-Datennetz	300
Galliumarsenid-Halbleiter	60
JESSI: Gesamteuropäisches Forschungsinstitut für Submikron-Halbleiter	400
Supercomputer	370

Abb. 4

Der entscheidende Vorsprung der neuen europäischen Industriepolitik liegt in einer Reihe von High-Tech-Initiativen, von denen die Programme EUREKA und ESPRIT die bekanntesten sind. Jede umfaßt ein Dutzend einzelner Projekte, an denen meist mehrere Firmen aus verschiedenen EG-Ländern beteiligt sind. EUREKA wurde zum erstenmal 1985 von Frankreichs Präsident François Mitterand vorgeschlagen, um die gemeinsame Forschung in strategischen kommerziellen Technologien zu fördern, und hat seither über 250 Einzelprojekte mit einem Gesamtbudget von rund 5 Milliarden Dollar finanziert. Das Programm sollte ursprünglich Projekte in drei Bereichen finanzieren: Mikroelektronik/EDV, Kommunikation und Robotik. Auch einige andere Projekte wurden finanziert, doch das Hauptaugenmerk bleibt in diesen Bereichen (vgl. Abb. 4). Einige Projekte haben schon beträchtliche Resultate gezeitigt.

Im Oktober 1986 schlossen sich vier Firmen für ein dreijähriges EUREKA-Projekt zusammen, um eine europäische High-Definition-Fernsehtechnik zu entwickeln. Die Beteiligten an EUREKAs Projekt Nr. 95 – Philips (Holland), Bosch (Deutschland), Thomson (Frankreich) und Thorn-EMI (England) – wollten eine Konkurrenznorm entwickeln, um Japans Anspruch zu bekämpfen, die Fernsehtechnologie der nächsten Generation zu beherrschen. Innerhalb eines Jahres erarbeitete das europäische Konsortium eine funktionierende Alternative zur japanischen Norm, die 1983 eingeführt worden war. Das japanische HDTV produziert Bilder mit einer Norm von sechzigmal 1 152 Zeilen pro Bildschirm und Sekunde. Die europäische Norm hat fünfzigmal 1 152 Zeilen pro Sekunde. Nach einem sehr späten Start ist Europa jetzt im Bereich HDTV wettbewerbsfähig. Vergleichen Sie dies einmal mit der amerikanischen Position ... Mit über 250 laufenden Projekten wird EUREKA fortfahren, die technischen Grundlagen für die Informationswirtschaft in Europa aufzubauen.

Noch größere Beiträge könnte ESPRIT leisten. ESPRIT, das europäische strategische Forschungsprogramm für Informationstechnologie, ist ein zehnjähriges Programm, das 1983 angelaufen ist. Es zielt spezifisch darauf ab, Europas Industrie für Informationstechnologie die Basistechnologien zu liefern, die sie braucht, um in den 1990er Jahren konkurrenzfähig zu sein. In seiner ersten Phase wurden 104 Projekte in fünf Bereichen finanziert: hochentwickelte Mikroelektronik, Software, hochentwickelte Rechentechnologie, Bürosysteme und CAM. Jedes Projekt hat mehrere Beteiligte aus verschiedenen Ländern, die spezifische technologische Ziele erreichen wollen. An ESPRITs Projekt Submikron-Halbleiter beteiligen sich zum Beispiel Thomson (Frankreich), AEG (Deutschland) und Plessey (England), um ultramoderne mikroelektronische EDV-Technologie zu entwickeln. Eine andere Unternehmung, das Projekt Optoelektronik, vereint zehn Organisationen aus Italien, Deutschland, England und Frankreich und soll Hochgeschwindigkeitsleitungen zur Datenübermittlung aus Glasfaser entwickeln.

EUREKA und ESPRIT sind nur zwei von mehreren Dutzend öffentlichen Initiativen, die von der EG gefördert werden. Eine andere erwähnenswerte Initiative ist RACE, Forschung in hochentwickelter Kommunikationstechnologie für Europa, die die Einrichtung eines „Nervensystems“ in Form von Allzweck-Breitbandkabeln in ganz Europa fördern soll. Das neue Netz soll Bildtelefon, Kabelfernsehen, Daten, elektronische Post und andere moderne Dienstleistungen liefern. RACE wird die Konstruktion und Planung dieses Netzes fördern, die schätzungsweise 120 Milliarden Dollar in zehn Jahren an Investitionen erfordern wird. Außerdem gibt es eine Reihe von Programmen, die die Entwicklung des Marktes für Informationsdienste unterstützen soll. All dies sagt nichts über die Projekte aus, die in Europa auf nationaler Ebene durchgeführt werden, doch wir werden sehen, daß unter ihnen einige von erheblicher Tragweite sind.

Wie Japan hat Europa eine enorme Palette von Projekten zur Entwicklung der Technologie. Auch Europa besitzt die Ressourcen und den Willen, in der reifenden Informationswirtschaft einen mächtigen Anspruch auf Führung zu erheben. Und es hat einen entscheidenden Vorteil. Europa ist schon jetzt in einem Prozeß politischer und wirtschaftlicher Restrukturierung, wie es ihn noch nie gab. Wie der Präsident der Europakommission Jacques Delors sagt: „Jetzt brät das Omelette. Wir können nicht mehr zurück und Eier sein.“

Europäische Regierungen, Firmen und Bürger sind heute von einzigartiger Aufgeschlossenheit für neue Ideen. Es ist, als meinten sie, wenn sie schon einmal an diesem Punkt der Geschichte ihr Haus neu bauen wollen, könnten sie auch gleich die neuesten Ideen und Raffinessen einbauen. Aus diesem Grund könnte Europa die Chancen der Informationswirtschaft schneller nutzen als die USA oder Japan. Die Europäer schaffen nichts Geringeres als eine neue Wirtschaft und Gesellschaft, und das Wissen der Öffentlichkeit um diesen Prozeß beschleunigt den Wandel auf jeder Ebene.

Amerika, du hast es besser?

Die Entwicklungen in Japan und Europa sind eine enorme Bedrohung der amerikanischen Führungsrolle, doch die USA haben durchaus eigene Stärken und Ressourcen. Amerikanische Firmen beherrschen zum Beispiel den europäischen Halbleiter- und Computermarkt. Japanische und europäische Firmen sind bisher erfolglos in den Bereichen Workstations und Mikrocomputer. Diese Geräte werden mit den modernsten Mikroprozessoren ausgestattet, und in dieser Kerntechnologie sind die Amerikaner führend. Prozessoren wie Intels vierte Generation, der 486, definieren noch immer den entscheidenden Vorsprung. Andere amerikanische Firmen wie Sun Microsystems haben ihre eigenen Mikroprozessoren entwickelt, etwa den SPARC für hochentwickelte Workstations. IBMs Workstation RS 6000, die 1990 eingeführt wurde, setzte sogar noch höhere Leistungsstandards.

Insgesamt hält die amerikanische Computer-Industrie ihren erheblichen Vorsprung vor der ausländischen Konkurrenz. IBM hat noch immer die meisten installierten Großrechner in Japan und Europa, und seine Systems-Network-Architektur (SNA) definiert weltweit den Standard für Computer-Umgebungen. Auch in der Software liegt Japan weit zurück, besonders wegen der Sprachbarrieren. Sein groß angekündigtes Projekt Fünfte Generation hat kein Neuland für Computer-Architekturen erschlossen, und Japan und Europa hinken in neuen Bereichen wie Parallelprozessoren und neuronalen Netzen noch hinterher.

Ein Maßstab für den Fortschritt in der Entwicklung der Informationswirtschaft ist die Investitionsrate in Informationstechnologien und -dienste. Investitionsraten sind ein Indikator für die Geschwindigkeit, mit der neue Informationstechnologien in die breitere Wirtschaft einbezogen werden. Bis 1989 haben japanische und europäische Firmen erheblich weniger Hardware und Software gekauft als amerikanische. Die amerikanischen Ausgaben für Software und Dienstleistungen waren bis 1989 nicht nur wesentlich höher, sondern höher als die japanischen und europäischen Ausgaben zusammengenommen. Auf hundert Beschäftigte kommen in den USA mehr als 20 PCs, in Westeuropa hingegen nur 7 und in Japan 6.

Die USA haben noch weitere Asse in der Hand. Ihr High-Density-Fernseher wird wahrscheinlich japanisch sein, doch man kann annehmen, daß die Programme primär amerikanisch sein werden, selbst wenn die Studios nicht Amerikanern gehören. Die amerikanische Unterhaltungsindustrie erwirtschaftet ständig große Handelsbilanzüberschüsse. Die amerikanische Fernsehprogramm- und Filmindustrie ist nicht nur durch Auslandsverkäufe, sondern auch durch gestiegene Einkünfte aus Videokassetten und Kabelfernsehen sehr gestärkt worden. Dies sollte der Branche helfen, ihre beherrschende Position in der zunehmend englisch orientierten Weltkultur zu behalten. Die Informationswirtschaft wird nur zusätzliche hochentwickelte Anlagen für die Herstellung von Programmen produzieren.

In den Bereichen Informationsdienste und Software, die am schnellsten wachsen und am gewinnträchtigsten sind, bleiben die Amerikaner weiterhin besonders stark. Die beherrschenden Betriebssysteme für Desktop-Computer – DOS von Mikrosoft und Unix von AT & T und anderen – sind amerikanische Exporte. Die wichtigsten Mikrocomputer Softwarepakete für Tabellenkalkulation, Textverarbeitung, Datenbankverwaltung und Tausende von anderen Anwendungen werden von amerikanischen Firmen angeboten. Diese Bereiche wachsen schnell, aber Software für Minicomputer und Großrechner machen noch immer den größten Teil des Marktes aus. IBM allein bietet vier Softwareprodukte für Großrechner an und setzt damit über 1 Milliarde Dollar jährlich um. Trotz der wachsenden Konkurrenz von europäischen Anbietern sind amerikanische Softwarefirmen weiterhin marktführend bei Anwendungen in Handel, Industrie und Finanz.

Außerdem besitzen die USA die vitalste Risikokapital-Industrie der Welt. Amerikanische Risikounternehmen investieren jährlich an die 3 Milliarden Dollar in neue High-Tech-Firmen. Diese Investitionen werden weiter neue Firmen, Technologien und ganze Branchen hervorbringen.

Private Risikokapital-Aktivitäten stellen eine einzigartige amerikanische Stärke dar. Der traditionelle Unternehmergeist der Yankees allein wird in diesem Wettbewerb allerdings nicht ausreichen. Zwar können Risikounternehmen wichtige neue Technologien entwickeln, doch private Institutionen und Märkte sind nicht in der Lage, die entscheidende öffentliche Infrastruktur zu planen und zu bauen, die für den Wettbewerb in der globalen Informationswirtschaft nötig ist. Japan und Europa treiben den Aufbau hochentwickelter öffentlicher Telekommunikationsnetze voran; die USA tun das nicht. In diesen Ländern wird die Entwicklung dieser entscheidenden Infrastruktur durch staatliche Politik aktiv gefördert, während Amerika hinterherhinkt.

Die meisten Amerikaner glauben, ihr Land besitze das beste Telekommunikationsnetz der Welt – aber die Schlüsselindikatoren erzählen eine andere Geschichte. Unsere (amerikanischen) Netze geraten ins Hintertreffen, und *der private Sektor in den USA deckt seine infrastrukturellen Bedürfnisse bei privaten Netzen.*

Ein vielsagendes Muster betrifft die Installierung neuer Netzwerk-Technologien. Schaltgeräte sind das Herz des öffentlichen Netzes – alle Information fließt auf dem Weg zu ihrem Bestimmungsort durch einen zentralen Schalter. Heute sind mehrere Generationen von Schalttechnologie in Gebrauch, darunter auch die alten, mechanischen Einzelschrittschalter, die vor 80 Jahren eingeführt wurden, elektronische Schalter, die zuerst vor 30 Jahren eingeführt wurden und Digitalschalter, die vor 15 Jahren eingeführt wurden. Jede Generation senkt die Betriebskosten erheblich, erweitert das Angebot an Dienstleistungen und verbessert deren Qualität und Zuverlässigkeit. Heute verwenden über 10% der Zentralschalter in den USA Einzelschritt-Technik, die in den 1930er Jahren reif war. Weniger als die Hälfte verwenden Digitaltechnik. Frankreichs Schalter hingegen sind zu über 70% digital. Andere Länder, darunter Kanada und Großbritannien, sind ebenfalls weiter digitalisiert.

Schalter-Hardware ist ein Indikator für die Fortschrittlichkeit öffentlicher Netze. Auch die Betriebssoftware ist entscheidend. Die Netzwerk-Software der nächsten Generation heißt Common Channel Signaling System 7 oder SS7. Sie bietet außer dramatischen Verbesserungen in der Effizienz der Netze auch Funktionen wie die automatische Identifizierung der Anrufer. Dieses Merkmal ermöglicht eine Reihe von Funktionen, darunter Dienstleistungen für Konsumenten wie „Smart 911" („Intelligenter Notruf") und Rufdatenermittlung. Ein intelligenter Notrufdienst informiert die Vermittlung automatisch, wer von wo aus anruft, und kann den Teams im Krankenwagen sowie der Notaufnahme im Krankenhaus im voraus Krankengeschichten und andere relevante Daten übermitteln. Für geschäftliche Anwendungen eröffnet SS7 eine Reihe von Möglichkeiten, etwa das Abrufen von Daten über den Anrufer, bevor man das Gespräch entgegennimmt. Signaling System 7 wurde im Herbst 1989 praktisch landesweit in ganz Frankreich installiert. Dieser Prozeß wird in den USA erst Ende der 1990er Jahre abgeschlossen sein.

Neuentwicklungen bei Hardware und Software verbessern die Leistung der Netze und bilden die Grundlage für eine folgenreichere Veränderung. Das öffentliche Netz expandiert von einem Medium der Stimmübermittlung zu einem Angebot von weit mehr Funktionen. Das Netz der nächsten Generation wird Sprache, Musik von CD-Qualität, Daten, Text und Bilder übermitteln, auch Video. Die ursprüngliche Version dieses Netzes ist Integrated Services Data Network (ISDN). Der erste Versuch mit öffentlichem ISDN wurde 1984 in England unternommen, und der erste kommerzielle Dienst wurde 1988 in Japan angeboten. ISDN stand in Paris ab 1989 und in ganz Frankreich ab 1991 allgemein zur Verfügung. Weniger als 10% aller Amerikaner werden 1991 Zugang zu ISDN haben. Die Bandbreite der verfügbaren Dienstleistungen ist ein weiterer Indikator für den Status öffentlicher Netze. Über 13000 Dienste sind in Frankreich über das öffentliche Netz zugänglich. In Amerika konzentrieren öffentliche Telekommunikationsnetze sich hingegen noch immer fast ausschließlich auf die bloße Sprachvermittlung. Für amerikanische Firmen und Bürger wird es schwieriger und teurer oder sogar unmöglich sein, an die modernen Funktionen und Dienstleistungen heranzukommen, die in der Informationswirtschaft entscheidend für den Erfolg sind.

IVAN ist kein russischer Spion

Ein hochentwickeltes Netz treibt die wirtschaftliche Leistung eines Landes nicht nur durch die Unterstützung anderer Geschäfte voran, sondern auch durch seine Eignung zum weltweiten Handel. Im nächsten Jahrzehnt wird sich ein bemerkenswertes neues Drama im internationalen Wettbewerb abspielen: *Über Netze verfügbare Dienste werden selbst in großem, globalem Maßstab importiert und exportiert werden.* Im Pazifik hat dieses Drama schon begonnen, und in Europa entwickelt sich ein spektakuläres Schauspiel.

Im Herbst 1987 unterzeichneten die USA zwei internationale Verträge, die „IVAN Pacts". Dies ist nicht der Titel eines russischen Spionagethrillers, sondern eine Abkürzung für Verträge über „International Value Added Networks" (Internationale Mehrwertdienste). Sie wurden von den USA, Großbritannien und Japan unterzeichnet und erlauben freien Handel mit Informationsdiensten zwischen den drei Ländern. Die Verträge geben den Partnerländern gegenseitig freien Zugang zu den Märkten für Informationsdienste. Gleichzeitig fördern diese Länder neue internationale Verhandlungen über weltweit freien Handel mit Informationsdiensten. Doch man kann nicht im Zug fahren, bevor die Schienen gelegt sind.

Die erste transamerikanische Eisenbahn wurde 1869 fertiggestellt; mit ihr begann ein neues Zeitalter des Handels, der Wirtschaft, des Wachstums und der Ausdehnung nach Westen für die USA. Vordem war der Transport von Gütern quer durch das Land teuer und zeitraubend gewesen. Entweder durchquerte man den Kontinent in gefährlichen Wagentrecks, oder man fuhr mit dem Schiff um ihn herum, durch die tückische Magellan-Meerenge. Die Eisenbahn ermöglichte die rasche Beförderung von Gütern und Passagieren quer durch Amerika. Gleichzeitig ermöglichte die Fertigstellung eines landesweiten Telegrafensystems einen schnellen Informationsfluß und machte den Pony Express überflüssig. Im April 1989 geschah etwas Ähnliches, das jedoch weit weniger Beachtung fand.

Das erste Transpazifik-Glasfaserkabel kam in Port Arena, Kalifornien an – 3728 Meilen von der anderen Landseite im japanischen Chikura entfernt. Dieses Kabel signalisiert eine neue Ära im Informationsfluß zwischen den USA und Asien. Die erste Glasfaserverbindung durch den Atlantik wurde im Dezember 1988 fertiggestellt; sie verbindet New York mit England und Frankreich. Das Transatlantik-Kabel hat die bestehende Kapazität für Informationsvermittlungen über den Atlantik vervierfacht, doch das Transpazifik-Kabel steigerte die Kapazität um ein noch größeres Vielfaches. Beide Kabel sind bereits völlig ausverkauft. Innerhalb von fünf Jahren wird die jetzige Kapazität über beide Meere nochmals um das Zwanzig- oder Dreißigfache verstärkt werden, und auch diese Kapazität wird im Handumdrehen verkauft sein.

Diese Informationsbrücken bieten einen internationalen Vertriebskanal für Informationsdienste, und sie eröffnen eine neue Ära des weltweiten Wettbewerbs in der Branche der Informationsdienste. Wenn wir heute eine Servicenummer anrufen, ein Hotelzimmer oder Mietauto reservieren, wissen wir als Kunden nicht, wo der Telefondienst oder die Datenbank sind – und es interessiert uns nicht. Dies wird weltweit so werden. Wenn Information sich mit Lichtgeschwindigkeit bewegt, wird der Standort ihres Anbieters fast irrelevant. Die Datenbank, das Informationssystem oder die Leute am Telefon können praktisch überall sein. So wird es möglich, Informationsdienste zu exportieren und zu importieren; dies öffnet eine ganze Reihe neuer Branchen für den internationalen Wettbewerb, und progressive Wettbewerber bekommen eine breite Palette von Chancen.

In der Vergangenheit galten Dienstleistungen generell als lokale Geschäfte, die dem internationalen Wettbewerb nicht unterlagen. Internationale Unterschiede in Preis, Qualität und Fortschrittlichkeit der Dienstleistungen waren für die Abnehmer in den meisten Dienstleistungsbranchen bedeutungslos, weil sie zu den ausländischen Angeboten nicht leicht Zugang hatten. Ein Haarschnitt kostete in China nur 10 Cent, und man durfte die Schüssel behalten, aber niemand fliegt zum Haareschneiden nach Shanghai. Es ist klar, daß ausländische Angebote bei Friseuren, Reinigungen, Wohnungsbau, Nahverkehr und Restaurants für die meisten Kunden nicht zugänglich sind. Jetzt sind neue Dienstleistungen aufgekommen, die potentiell für ausländische Abnehmer zugänglich sind. Dazu gehören Finanzdienste, namentlich Finanz-Informationsdienste. Versicherungspolicen können ebenso exportiert werden wie Makler- und Bankdienste, Beratung, Ingenieurdienste. EDV und so fort. In der Ära, in die wir jetzt eintreten, werden die in der Informationsindustrie führenden Länder Chancen haben, ihre Exporte in ganz neuen Märkten dramatisch zu steigern.

Jedesmal, wenn Amerikaner ihre Visa-Karte oder MasterCard in Europa benutzen, werden die Daten über die Transaktion über eine private, geleaste Leitung nach Nordamerika übertragen, und dort werden die Informationen verarbeitet, die Summen in Rechnung gestellt und eingezogen. Den Wettbewerb um die Bearbeitung der Kreditkartenzahlungen gewann Mitte der 1980er Jahre eine Bank in Toronto, weil sie bessere Fähigkeiten zur Datenverarbeitung mit öffentlichen Netzen und niedrigere Kosten für Telekommunikation hatte. Ende der 1980er Jahre waren mehrere Tausend Angestellte dieser Bank für das Kreditkartengeschäft tätig, und die Bank exportierte praktisch alle ihre Dienstleistungen in die USA. Exporte von Informationsdiensten sind eine der größten Wachstumschancen dieses Jahrzehnts.

Die ersten Informations-Servicestationen

Singapur ist ein kleiner Stadtstaat in Äquatornähe in Südostasien. Im letzten Jahrzehnt hat es eine nationale Strategie durchgeführt, deren Hauptaugenmerk auf der Bedeutung der Informationstechnologie liegt. 1987 veröffentlichte Singapurs Regierung ein Dokument mit dem Titel „Nationaler Plan zur Informationstechnologie für Singapur". Auf der ersten Seite dieses Dokuments steht: „Das Informations- und Kommunikationssystem ist das Rückgrat der Informationswirtschaft. Wir müssen weiter das beste Kommunikationssystem der Welt haben, um unseren Vorsprung im Informationszeitalter zu halten."

Singapur hat massive öffentliche Mittel in die Entwicklung einer hochmodernen Informations-Infrastruktur investiert. Heute braucht Singapurs öffentliches System der Telekommunikation einen Vergleich mit dem amerikanischen wahrlich nicht zu scheuen. Die installierte Technologie ist ebenso gut oder besser als in den USA, und die Kosten sind bedeutend geringer. Dieser Kostenvorteil hat eine besonders wichtige Rolle beim Aufbau von Singapurs Stellung als Exporteur von Informationsdiensten gespielt.

Die internationale Telekommunikation verzeichnet seit über einem Jahrzehnt gesunde, zweistellige Wachstumsraten, und sie wird weiter rasch wachsen, während die Wirtschaft immer globaler wird. Unternehmen achten zunehmend auf die Kosten für diese Dienstleistungen. Japanische Firmen, die jetzt im Ausland rasant expandieren, nutzen die internationalen Telekommunikationsdienste besonders stark. Diese Dienste sind in Japan äußerst kostspielig. Eine internationale Direktverbindung von Singapur in die USA kostet im Durchschnitt rund 1,50 Dollar pro Minute, ob nun Sprache, Daten oder ein Fax übermittelt werden. Die gleiche Verbindung würde von Japan in die USA, obwohl die Entfernung geringer ist, fast 4 Dollar pro Minute kosten. Singapurs Tarife liegen oft bei der Hälfte der entsprechenden Tarife anderer Länder oder sogar darunter. Dieser Kostenunterschied hat zur Entwicklung einer ganz neuen Art von Handel im Pazifikraum geführt.

Organisationen mit viel internationaler Telekommunikation sehen, daß in Singapur erhebliche Einsparungen möglich sind, und leasen nun private Leistungen nach Singapur. Diese Firmen übermitteln ihre internationale Kommunikation von ihrem eigenen Land nach Singapur und nutzen dann dort das öffentliche Schaltsystem, um die Anrufe an ihren Zielort weiterzuleiten. Dabei sparen sie 50% oder mehr an Kosten für die Telekommunikation. Singapur exportiert Schalt- und Vermittlungsdienste für Informationen. So bekommt es die Einkünfte und die Beschäftigungswirkung, die mit diesen Dienstleistungen verbunden sind. Außerdem bekommt es Mittel, die weitere Investitionen in seine hochentwickelte Infrastruktur finanzieren werden.

Heute versucht Singapur, über einfache Vermittlung und Schaltung hinaus höhere Dienste zu verkaufen. 1989 führte es einen Dienst namens „Tradenet" (Handelsnetz) ein, der elektronische Dokumentation, Finanzierung und logistische Unterstützung für den internationalen Güterverkehr auf dem Seeweg bietet. Dieser Dienst ist jedem Partner einer internationalen Handels-Transaktion elektronisch zugänglich. Er soll bis zu 90% Kosten und Zeit für den Papierkrieg sparen, der eine internationale Handels-Transaktion gewöhnlich begleitet. Das System Tradenet wird, wenn es erfolgreich ist, eine Datenbank aufbauen, die entscheidende Informationen darüber enthält, wer was an wen schickt, zu welchem Preis, mit welcher Reederei und zu welchen Bedingungen von welcher Institution finanziert. Wenige Monate nach seiner Einführung im Frühjahr 1989 wurden monatlich mehrere Tausend Transaktionen über Tradenet abgewickelt. Singapur ist bereits der größte Seehafen der Welt, und es schickt sich an, auch die Informationsdimension des traditionellen Überseehandels an sich zu reißen.

Singapur ist eines der deutlichsten Beispiele für ein Land, das bereit ist für den Erfolg in der globalen Informationswirtschaft. Seine Position beruht auf einer hochentwickelten Informations-Infrastruktur, die moderne Informationsdienste von hoher Qualität zu geringen Kosten bietet. Sein Erfolg ist schon gut sichtbar. Heute hat Singapur nur ein wirtschaftliches Problem: Es leidet infolge des raschen Wachstums seiner Wirtschaft unter akutem Arbeitskräftemangel.

Singapur ist nicht das einzige Land, das die Chancen im Informationsgeschäft erkennt. Auch die Franzosen haben eine starke, führende Stellung in der „télématique“ (Telematik) aufgebaut. In den 1970er Jahren war das staatliche französische Telefonsystem eine Katastrophe, bis Präsident Giscard d'Estaing Maßnahmen einleitete, Frankreichs Wirtschaft und Gesellschaft durch Telematik-Technologien (Computer und Kommunikation) zu wandeln. Diese Anstrengungen tragen jetzt Früchte. Die Franzosen haben eine Industrie für Informationsdienste entwickelt, die nicht ihresgleichen hat.

Der Kern dieser Industrie ist das staatlich initiierte „Télétel“; aus ihm ging das berühmte Minitel-System hervor, das heute der durchschnittlichen französischen Familie und Firma über 13000 verschiedene Informationsdienste anbietet. Die Minitel-Verbraucherdienste umfassen ein weites Spektrum, darunter die Lieferung von Essen ins Haus, elektronisches Einkaufen, Gesundheitspflege, politische Information und Unterhaltung. Ein medizinischer Dienst ermöglicht es Krankenhäusern in ganz Frankreich, die Krankengeschichte eines Patienten über einen Minitel-Terminal einzusehen. Ein anderer dient als Verwaltungsstelle für Organtransplantationen.

Einer der meistgenutzten geschäftlichen Dienste ist „Téléroute"; hier können Privatpersonen oder Unternehmen Beilademöglichkeiten suchen. Der Kunde gibt an, was er verschicken möchte, von wo, wohin und in welcher Zeit. Sein Eintrag kann mit den Einträgen von Speditionen abgeglichen werden, die ihre verfügbare Kapazität angeben, oder er kann von potentiellen Transporteuren eingesehen werden. Vergleichen Sie das einmal damit, wie Speditionen und Reedereien in den USA geführt werden. Kenner der Branche schätzen, daß bis zu 50% der Ladekapazität auf amerikanischen Straßen ungenutzt bleiben, weil die Lastwagen nur zum Teil beladen sind und leer zurückfahren. Denken Sie daran, wenn Sie das nächstemal von Dieselschwaden umnebelt in einem Stau stecken.

Einer neuen Umfrage in Unternehmen zufolge bringen die über Minitel verfügbaren Dienste folgende Vorteile:

- durchschnittliche Senkung der Lagerhaltung um 10%
- durchschnittliche Senkung der Beitreibungen von 11%
- durchschnittliche Senkung der Reisekosten von 8%
- durchschnittliche Senkung von Festkosten und Verwaltungskosten von 6%
- angegebene Einkommenssteigerungen von 16%.

Die Einführung solcher wichtigen öffentlichen Infrastrukturen treibt die Informationalisierung von Wirtschaft und Gesellschaft voran und bringt alle damit verbundenen Vorteile.

Minitel ist in Frankreich gut etabliert, und jetzt wird es in andere Länder exportiert. In fünf anderen europäischen Ländern sind

Minitel-Systeme eingeführt worden, und im fernen Brasilien wurde ein System installiert, das auf Minitel beruht. France Telecom will seine Dienste auch in den USA verkaufen. Zur Zeit werden Minitel-Dienste über ein Venture namens Videotel in Houston angeboten, und in der Region Omaha werden sie über ein Joint Venture mit U.S. West angeboten. Vielleicht noch wichtiger ist, daß Amerikaner über das neue Transatlantik-Kabel jetzt direkten Zugang zum Minitel-System in Frankreich haben, um die Informationsdienste dort zu nutzen. 1989 benutzten Ausländer über 40000 Stunden Minitel-Zeit. Wenn man einen Terminal hat, bekommt man durch einen einfachen Telefonanruf direkten Zugang zu einer Reihe englischsprachiger Dienste in Frankreich.

Singapur und Frankreich sind an der vordersten Front des neuen Exports von Informationsdiensten, doch auch Japan und England sind erwähnenswert. England hat seine Telekommunikation energisch reformiert, und mit beeindruckenden Resultaten. British Telecom, die traditionelle staatliche Monopolgesellschaft, wird privatisiert und modernisiert. 1985 hatte das staatliche britische Netz weniger als 1% Digitalschalter; 1990 waren es schon über 50%, und 1995 werden es über 95% sein. Qualität und Effizienz sind dramatisch gestiegen, und eine Heerschar neuer Dienste wurde eingeführt. Großbritannien scheint sich besonders darauf vorzubereiten, die Chancen des Exports von Informationsdiensten, des internationalen Verkehrs im Transit und informationsintensiver Geschäftstätigkeit zu nutzen. Großbritanniens Industrie der Mehrwertdienste, die 1990 über 1 Milliarde Dollar umsetzte, ist die größte in Europa.

Cable and Wireless Ltd., die zweite britische Telekommunikationsgesellschaft, ist auf dem besten Wege, eine einzigartige globale Strategie umzusetzen. Sie ist zusammen mit ihrem amerikanischen Partner US Sprint Eigentümerin des transatlantischen Glasfaserkabels, das die USA und England verbindet. Mit Sprints Glasfasernetz in den USA bieten die beiden Firmen ein hochentwickeltes Netz an, das die gesamten USA und England bedient. Das ist erst der Anfang.

Ein zweites Kabel über den Pazifik, das 1992 fertig installiert sein soll, wird die USA mit Japan und Hongkong verbinden. Letztlich wird diese Glasfaser-Autobahn ganz Asien mit dem Mittleren Osten und dem europäischen Festland verbinden. Sie wird ein hochentwickeltes Medium sein, das die Informationswirtschaft an die Haustüren der Welt bringt. Allerdings werden viele Länder eventuell nicht bereit sein, die Tür zu öffnen, und zu dieser Liste gehören mehrere europäische Länder. Dienste der Telekommunikation gehörten nicht zur ursprünglichen Initiative 1992, doch im Sommer 1989 wurden sie formell einbezogen. Das bedeutet, daß diese Dienste zum erstenmal frei über Europas Grenzen hinweg angeboten werden können.

Ein äußerst wichtiges Phänomen, das erscheint, wenn Märkte integriert sind, ist die Arbitrage. Preisunterschiede zwischen verschiedenen Märkten werden schnell ausgenutzt, wenn Handelsschranken fallen. Eine neue EG-Studie ergab, daß die Dienste der Telekommunikation die größten Preisunterschiede in den europäischen Märkten aufwiesen. Eine private Studie ermittelte, daß die Tarife für internationale Direktverbindungen in der (damaligen) Bundesrepublik bis zu siebenmal höher waren als in England. Dieselbe Studie ergab, daß ein „Warenkorb" mit modernen Kommunikationsdiensten ein Unternehmen in Deutschland bis zu achtzehnmal mehr kostet als in England.

Deutschland und Italien haben zum Beispiel die Entwicklung einer modernen Telekommunikations-Infrastruktur vernachlässigt. England, Frankreich und Schweden sind weit progressiver. Mit dem Voranschreiten der europäischen Integration werden diese Länder erhebliche Vorteile aus ihren Investitionen in die Informations-Infrastruktur ziehen. Andere Länder werden es schwer haben, aufzuholen.

Im Fernen Osten ist Japan eher Opfer als Sieger in der Telekommunikation. Sein Profil ähnelt eher dem deutschen als dem englischen.

Japans nationale Industriestrategie hat immer zwischen Exportindustrien und Inlandsindustrien unterschieden. Ressourcen und politische Maßnahmen wurden eingesetzt, um die Leistungen der Exportindustrien zu maximieren. Inlandsindustrien, die weder Märkte noch Wettbewerber im Ausland hatten, waren nie vorrangig. Infolgedessen ist die Produktivität und Leistung vieler Inlandsindustrien miserabel. Die Post der USA stellt zum Beispiel doppelt so viele Sendungen pro Mitarbeiter zu wie die japanische Post. Die amerikanische Eisenbahngesellschaft Amtrak, die in den USA nicht gerade ein Musterbeispiel an Produktivität ist, gibt sechsmal mehr Meilen an Passagier- und Güterbeförderung an als die staatliche japanische Eisenbahn. Die amerikanische Baubranche ist um ein Vielfaches produktiver als die japanische, und auch im Groß- handels- und Einzelhandelsvertrieb, Gesundheitswesen, bei Nahrungsmitteln und im Wohnungswesen gibt es extreme Produktivitätsgefälle. In Japan galt Telekommunikation lange als Inlandsindustrie; man nahm an, daß ihre Dienste nicht exportiert oder importiert werden könnten und daß es Auslandskonkurrenz nicht gab. Singapur hat bewiesen, daß diese Dienste exportiert werden können, und Japan war unter den Hauptverlierern.

Jetzt erkennen die Japaner den neuen Status dieser Industrie, und sie verstehen ihre wichtige Funktion für die Förderung einer wettbewerbsfähigen Informationswirtschaft. Seit der Mitte der 1980er Jahre modernisieren sie ihr öffentliches Netz energisch. Das wichtigste Programm bei dieser Anstrengung ist das Projekt INS (Integrated Network System). INS ist ein Projekt von Nippon Telephone, in das über 12 Jahre über 150 Milliarden Dollar investiert werden; sein Ziel ist die Installierung eines landesweiten, modernen Netzes, das die fortschrittlichsten Technologien nutzt und die fortschrittlichsten Dienste anbietet. Innerhalb eines Jahrzehnts sollen drei Generationen von ISDN-Diensten eingeführt werden. Die erste Generation mit einer Leistung von 64 Kilobit pro Sekunde wurde im April 1988 in Tokio, Nagoya und Osaka eingeführt. Die zweite Generation mit einer Kapazität von 1,5 Megabits pro Sekunde wurde im Sommer 1989 eingeführt. Die dritte Generation, die Breitbanddienst genannt wird, wird 450 Megabits pro Sekunde liefern.

Das Einführungsdatum für den Breitbanddienst ist ungewiß, doch wahrscheinlich wird er innerhalb der nächsten drei, vier Jahre beginnen. Mit dem Breitbanddienst kann das volle Potential der 4 x 4 Formen und Funktionen des Informationsrasters mit der künftigen Entsprechung des Telefons übermittelt werden. Japan und – was vielleicht überrascht – Großbritannien werden höchstwahrscheinlich in der Installierung von Breitbandnetzen führend sein. Diese beiden Länder waren maßgeblich an der Entwicklung der internationalen Standards für Breitband-ISDN beteiligt, und sie streben aktiv die Führungsrolle in der modernsten Kommunikation an.

Seit Alexander Graham Bell hatten die USA die Führung in der Kommunikation gepachtet. Selbst als entscheidende Technologien im Ausland erfunden wurden, zum Beispiel Rundfunk und Fernsehen, wurden sie in den USA am energischsten entwickelt, vervollkommnet und angewandt. Das macht die aktuellen Trends in der Telekommunikation umso beunruhigender. Sie laufen darauf hinaus, *daß Länder mit fortschrittlicheren Informations-Infrastrukturen für die nächste Generation einen entscheidenden Wettbewerbsvorteil in der Weltwirtschaft genießen werden.*

Der beste Grobindikator für Wettbewerbsfähigkeit kann einfach die Menge der Ressourcen sein, die für die Informations-Infrastruktur eingesetzt werden. Wie wir oben sahen, investieren die USA bei Computern mehr in Hardware, Software und Dienstleistungen als andere Länder. Leider trifft in der Telekommunikation das Gegenteil zu. Die jährlichen Investitionen in öffentliche Telekommunikationsnetze sind in den USA in vier aufeinanderfolgenden Jahren zurückgegangen, und im Durchschnitt betragen sie unter 200 Dollar pro Teilnehmer, verglichen mit über 300 Dollar in Europa und Japan. Dieses Investitionsgefälle zeigt sich letztlich in Kosten, Qualität, Fortschrittlichkeit, Reichweite und Wettbewerbsfähigkeit der Informationsdienste. Lücken in diesen Bereichen haben große Auswirkungen auf die Aussichten der Volkswirtschaft. Während andere Länder energisch öffentliche Informations-Infrastrukturen aufbauen, trödeln wir Amerikaner herum und setzen unser Vertrauen auf ein Flickwerk privater Initiativen. Warum erwecken die USA nach einem Jahrhundert der Führung in der öffentlichen Telekommunikation den Anschein, gerade an dem Punkt der Geschichte vor dem Engagement zurückzuscheuen, wo dieser Sektor die größte Bedeutung bekommt?

Zuviel Privatsphäre im Informationszeitalter?

Die USA investieren pro Kopf wohl tatsächlich mehr in Informations-Infrastruktur als andere Länder. Aber *amerikanische Investitionen fließen infolge einer unbewußten, aber de facto wirksamen nationalen Strategie primär in private, nicht in öffentliche Netze. Business Week* schätzt, daß amerikanische Unternehmen allein 1987 14,7 Milliarden Dollar in private Netze investiert haben. Ironischerweise ist die Bundesregierung der größte aller amerikanischen Investoren in private Netze. Ihr Projekt FTS 2000 sieht den Bau eines privaten Netzes für 25 Milliarden Dollar vor.

Die Zahlen sind beruhigend, aber das Muster ist es nicht. Die USA investieren Riesensummen in Informations-Infrastruktur, doch die Zusammensetzung dieser Investitionen fördert einseitig den Aufbau Tausender einzelner, privater Netze. Es ist klar, daß amerikanische Firmen die Wichtigkeit einer modernen Informations-Infrastruktur begreifen. Investitionen in private Netze unterstreichen die zentrale Rolle der Information für die Wettbewerbsfähigkeit der Unternehmen. Doch die Vorstellung von Tausenden moderner, privater Netze ist besorgniserregend. Diese privaten Netze sind letztlich redundant und ineffizient. Noch kritischer ist, daß sie untereinander nicht kompatibel sind und nur mit Kosten, Verzögerungen und Funktionsreduzierungen miteinander verbunden werden können. Und sie sind privat – also unzugänglich für Nichtmitglieder. Das mag im Kontext eines Geschäfts tragbar sein, aber nicht als gesellschaftliches Szenario.

Auf einer grundsätzlicheren Ebene muß dieses Muster des Einsatzes von Ressourcen als Wettbewerbsstrategie bewertet werden. Der amerikanische Glaube an den freien Wettbewerb, die Kräfte des Marktes und den privaten Sektor wird frontal auf Ideologien prallen, die auf staatliche Maßnahmen und auf Partnerschaften zwischen öffentlichem und privatem Sektor setzen. Japans enorme Maschinerie der Industriepolitik wird darauf ausgerichtet, eine Informations-Infrastruktur aufzubauen. Eine lange europäische Tradition staatlicher Beteiligung an strategischen Industrien liefert dort die Plattform für massive Gemeinschaftsanstrengungen in diesem Bereich.

Die USA waren bisher am wenigsten geneigt, nationale Programme zur Förderung informationsbezogener Technologien, Infrastrukturen und Industrien zu formulieren. Doch selbst die USA haben eine Geschichte bundesweiter Infrastrukturprogramme. Staatliche Maßnahmen und Ressourcen haben den landesweiten Ausbau von Elektrizität, Telefonen und Autobahnen ermöglicht. Im ungebremsten Kapitalismus des 19. Jahrhunderts unterstützten Landschenkungen der Regierung den Vorstoß der Eisenbahnen nach Westen. Ist es nur die jetzt regierende Generation, der es an Weitsicht gebricht?

Es gibt neue öffentliche Initiativen. Die Bundesregierung hat 1985 das Konsortium Sematech mit initiiert, um die amerikanische Halbleiterindustrie zu fördern. Die DARPA (Defense Advanced Research Projects Agency, Behörde für moderne Rüstungsforschung) verteilt Milliarden für modernste Forschung in Bereichen wie integrierte Hochgeschwindigkeits-Schaltkreise, Galliumarsenid, Software, Supercomputer und neue Computerarchitekturen. Die DARPA hat sogar bei dem Bundesprogramm von 1989 zur Entwicklung von HDTV-Technologie eine zentrale Rolle gespielt.

Auch von der Legislative gab es Unterstützung. Der amerikanische Kongreß genehmigte 1984 einstimmig das Gesetz zu kooperativer Forschung und Entwicklung, durch das Kartellstrafen für gemeinsame Forschungsanstrengungen fortfielen. Das Gesetz zum Schutz von Chips, das Chipdesign unter Copyright stellt, wurde ebenfalls einstimmig 1984 verabschiedet, und das Software-Schutzgesetz trat in Kraft. 1989 wurde eine Reihe wichtiger Gesetze vorgelegt, die die Entwicklung der Informations-Infrastruktur fördern sollen. Senator Albert Gore von Tennessee hat ein Gesetz für nationale Hochleistungs-Computertechnologie vorgelegt, das allerdings nicht angenommen wurde; es sah 1,75 Milliarden Dollar Fördergelder für hochentwickelte Computerforschung und den Bau einer amerikanischen Hochgeschwindigkeits-Datenautobahn vor. Gorway sagte: „Unsere künftige wirtschaftliche Stärke, unsere Fähigkeit, Arbeitsplätze, Industrie und Technologie zu bieten und zu halten, wird von unserer Fähigkeit abhängen, riesige Mengen von Information schnell zu übermitteln und zu verstehen."

Eine verwandte Initiative ist das Bundesprogramm für Hochleistungscomputer, ein Plan, den das Wissenschafts- und Technologiebüro des Präsidenten dem Kongress 1989 vorlegte. Dieser Plan sieht 1,9 Milliarden Dollar an Bundesmitteln für modernste Computerforschung vor und spricht von der Notwendigkeit eines Hochgeschwindigkeitsnetzes, um Forschungszentren zu verbinden. In der Einführung zu dem Bericht steht: „Ein amerikanisches Hochgeschwindigkeits-Computernetz könnte die Art katalysatorische Wirkung auf unsere Gesellschaft, unsere Industrien und Hochschulen haben, die das Telefonsystem im (frühen) 20. Jahrhundert hatte."

Auch die jüngsten Änderungen in den Vorschriften der US-Bundeskommission für Kommunikation sind verheißungsvoll. Die Kommission hat Beschränkungen aufgehoben, die Investitionen in die Modernisierung öffentlicher Netze gebremst hatten. Richter Harold Greene entschied 1989, daß AT & T über sein öffentliches Netz Informationsdienste anbieten darf. Beide Entwicklungen werden die Entwicklung und Installierung fortschrittlicher Technologien und Dienstleistungen anregen.

Viele Barrieren bleiben. Namentlich die Telekommunikation wird von archaischen, erstickenden Vorschriften und Prozeduren überwuchert. Eine Führungsrolle in der Informationswirtschaft erfordert eine positive, progressive Politik im öffentlichen wie im privaten Sektor. Sie erfordert den Einsatz enormer Ressourcen. Sie erfordert eine aufgeklärte Sicht der Zukunft, und sie erfordert die meisterliche Durchführung vernünftiger, wenn nicht genialer Strategien.

Diese Strategien müssen alle zugrundeliegenden Technologiebereiche abdecken, die der Informationsindustrie zuarbeiten. Sie müssen jede Zelle in dem 4 x 4-Informationsraster einbeziehen. Das bedeutet nicht, daß jede Firma oder jedes Land an allen Zellen beteiligt sein muß. Wie bei jeder Strategie sollte man in manchen Bereichen nachgeben, und die Ressourcen sollten dort konzentriert werden, wo die Erfolgschancen und die potentiellen Erträge am größten sind. Doch ein größeres Prinzip übersteigt einzelne Programme, Produkte und Projekte. Singapur und Frankreich sind in keinem Bereich der Technologie oder Hardware führend. Sie haben allerdings in entscheidenden Bereichen des Informationssektors Führungsstrategien entwickelt und angewandt. Um in der zweiten Hälfte unseres Informationszeitalters führend zu sein, müssen durch Aufbau und Nutzung der neuen Informations-Infrastruktur aus Volkswirtschaften informationalisierte Weltwirtschaften werden. Solche Strategien brauchen visionäre Vorkämpfer im öffentlichen wie im privaten Sektor, die über den Horizont der 1990er Jahre hinaus bis in die 2020er Jahre und weiter sehen können.

Können nicht alle gewinnen?

Die nächsten Jahre scheinen eine Verlagerung vom Wettrüsten zum Wettbewerb in kommerzieller Technologie zu verheißen. Durch Fortschritte in einer Rüstungsspirale steht die Welt unweigerlich schlechter da. Fortschritte in kommerziellen Informationstechnologien verbessern die Produktivität, bringen die Welt enger zusammen und heben die Lebensqualität. Zunehmend weltweiter Wettbewerb wird den Fortschritt der Informationswirtschaft nur beschleunigen. Dies ist der Hauptgrund dafür, daß sie eine kürzere Lebenszeit haben wird als frühere Wirtschaftsformen. Es bedeutet auch, daß wir die Segnungen dieser Wirtschaft eher genießen können als die jeder anderen. Warum dann den Wettbewerb so betonen? Können wir nicht alle durch Spezialisieren und Teilen die Früchte dieser neuen Zeit genießen?

Ja, es wird wechselseitiges Wachstum geben, angeregt durch Wettbewerb, und alle Beteiligten werden profitieren. Doch der Erfolg im Wettbewerb dieser neuen Zeit ist entscheidend für das künftige Wohl und Wehe der USA. Die neue Informations-Infrastruktur aufzubauen und zu nutzen, ist keine Option, kein Luxus – es ist eine Notwendigkeit für den Wettbewerb. Auf die USA kommt jetzt eine Krise der Konkurrenzfähigkeit zu, die das Land in die Knie zwingen könnte. Anhaltende Handelsbilanzdefizite und die steigende Auslandsverschuldung, mit der diese Defizite finanziert werden, sind schwere Bedrohungen. Es ist dringend notwendig, diese Trends durch eine Steigerung der Konkurrenzfähigkeit umzukehren. Am sichtbarsten ist diese Krise in den Finanzmärkten – den am stärksten informationalisierten und am heißesten umkämpften Sektoren der heutigen Wirtschaft.

Im letzten Jahrzehnt wurden die Finanzmärkte globalisiert wie nie zuvor. Neue elektronische Infrastrukturen schufen die Grundlage für den globalen Finanzmarkt. 1973 gründete eine Gruppe von Finanzinstituten die SWIFT (Society for Worldwide Interbank Financial Telecommunication, Gesellschaft für weltweite Finanz-Telekommunikation zwischen Banken), die das augenblickliche elektronische Transferieren von Geldern zwischen Mitgliedsinstitutionen ermöglicht. Der 1990 eingeführte Dienst der zweiten Generation, SWIFT II, erweitert die Kapazität, Geschwindigkeit, Zuverlässigkeit, Sicherheit und Vielfalt der angebotenen Dienste enorm. SWIFT ist für Mitgliedsinstitutionen rund um die Uhr verfügbar und eröffnet dadurch Möglichkeiten für Dienstleistungen rund um die Uhr. Über dem weltweiten Finanzmarkt geht die Sonne nie unter. Riesige Summen können jederzeit und augenblicklich um die Welt transferiert werden.

In der Zeit relativ geschlossener, nationaler Finanzmärkte bestimmte die Bundesbank Menge und Kosten des Geldes in den USA. Wenn die Bundesbank die Wirtschaft ankurbeln wollte, erhöhte sie die Geldmenge. Das tat sie, indem sie Sicherheiten von Mitgliedsbanken kaufte, was dem Banksystem eine Geldspritze gab und die Geldmenge erhöhte. Dann sanken die Zinsen, und dies führte zu mehr Wirtschaftstätigkeit. Das Monopol der Bundesbank auf die Geldpolitik endete in den 1980er Jahren. Heute bestimmen ausländische Investoren die Finanzen und die Wirtschaft wohl stärker, als die meisten Amerikaner wahrhaben wollen.

Ausländische Investoren kaufen beispielsweise meist 50% oder mehr der Staatspapiere, die bei Bundesauktionen ausgegeben werden. Investoren aus Japan und dem Mittleren Osten haben in diesem und anderen Finanzmärkten ein äußerst sichtbares Profil. Englische, deutsche, holländische und kanadische Investoren spielen eine stillere, aber größere Rolle. Noch stiller ist die Rolle lateinamerikanischer Investoren, die fast mit Sicherheit den größten Block amerikanischer Anlagewerte besitzen. Wir sind in unserem eigenen Land nicht allein.

Wenn ausländische Investoren amerikanische Wertpapiere kaufen, geben sie dem amerikanischen Finanzsystem effektiv eine Finanzspritze. Die Geldmenge steigt, und die Zinsen sinken tiefer, als sie sonst wären. Die Käufe ausländischer Investoren in den USA haben den Konjunkturzyklus im letzten Jahrzehnt abgeschafft. Innerhalb einer geschlossenen Volkswirtschaft treiben natürliche Kräfte die Wirtschaft durch ihren traditionellen Zyklus von Aufschwung und Abschwung, von niederen Zinsen bis zur Kreditverknappung. In einem globalen Kapitalmarkt werden diese Kräfte vom Fluß ausländischer Investitionen überwältigt. Es waren ausländische Investitionen, die die allgemeine Senkung der Zinsen verursachten, den Wert von Immobilien steigerten und den Wert des amerikanischen Aktienmarktes in den 1980er Jahren verdreifachten. Und wenn die USA ihre anhaltenden Probleme mit der internationalen Wettbewerbsfähigkeit nicht in den Griff bekommen, werden die Ströme der Investitionen aus dem Ausland umkehren und die amerikanische Wirtschaft auf unbestimmte Zeit ins Fegefeuer stürzen lassen.

Das globale Finanzsystem ist ein privater Markt. Es gibt keine Bundesbank oder Zentralbank, die globale Finanzströme beaufsichtigt und verwaltet. Die Investitionen fließen nach der Logik privater Investoren, nicht nach staatlichen Diktaten. Diese schlichte Tatsache ist die Erklärung dafür, wie Weltmärkte Länder bestrafen können, die keine wettbewerbsfähige Wirtschaft aufbauen. Anders als Staatsbürger können weltweite Investoren jederzeit die Vertrauensfrage stellen.

Australien ist ein Beispiel für die öffentlichen Konsequenzen privater Entscheidungen in der Weltfinanz. Australien verbraucht weit mehr, als es produziert, und in den ersten Monaten des Jahres 1989 gab es ein unerwartet hohes Handelsbilanzdefizit bekannt. Fast über Nacht stießen internationale Investoren australische Papiere ab. Doch die australischen Schuldner mußten noch immer Mittel auftreiben, um ihre Verbindlichkeiten zu decken. Dies setzte den begrenzten heimischen Kapitalmarkt unter erheblichen Druck, und die unvermeidliche Folge war ein steiler Anstieg der inländischen Zinsen. Sie stiegen praktisch über Nacht um 50% und verursachten Preisstürze bei Obligationen und anderen Anlagewerten. Die ausländischen Investoren hatten Australien buchstäblich in die Ecke gestellt.

Australien hatte die Grenzen seines internationalen Kredits erreicht. Seine massive Auslandsverschuldung, weltweit die höchste pro Kopf, machte der Finanzwelt immer mehr Sorgen. Und als ein unerwarteter Anstieg im Zahlungsbilanzdefizit des Landes sichtbar wurde – einem Defizit, das mit Auslandskrediten finanziert war –, gingen viele Investoren in andere Länder.

Australiens Wirtschaft muß jetzt anfangen, sich auf neue Realitäten einzustellen: höhere Zinsen, geringere Inlandsnachfrage, langsameres Wachstum und die Möglichkeit einer höheren Inflation. Noch wichtiger ist, daß das Land beginnen muß, seine Auslandsschulden zu bedienen, indem es seine Sparraten und Exporte steigert. Einschneidende wirtschaftspolitische und strukturelle Veränderungen werden nötig sein, um die Wirtschaftstätigkeit in diese Richtung zu lenken. Externe Realitäten erfordern die Restrukturierung der Volkswirtschaft.

Dasselbe gilt für die USA. Auslandskredite sind lebenswichtig für ihr anhaltendes Wirtschaftswachstum. Im Laufe der 1980er Jahre haben die USA netto rund 800 Milliarden Dollar von Ausländern geliehen. Was würde geschehen, wenn die USA an die Grenzen ihres internationalen Kredits stießen? Einen Vorgeschmack auf diese bittere Pille hatten wir beim Börsenkrach im Oktober 1987. Wenn internationale Investoren beginnen, sich von amerikanischen Finanzmärkten zurückzuziehen, werden wir eine dramatische Erhöhung der Zinssätze, Preisstürze bei Anlagewerten und negatives Wirtschaftswachstum erleben. Das wird wiederum den Bundeshaushalt unter enormen Druck setzen und starke politische Spannungen erzeugen. Wenn das zu abstrakt ist, stellen Sie sich einmal vor, wie es dem durchschnittlichen amerikanischen Hausbesitzer mit Gleitzins auf seiner Hypothek ergehen würde, wenn die Zinsen um 50% stiegen. Alle Übernahmen und Fusionen, die bis unters Dach mit Krediten zu Gleitzinsen verschuldet sind, würden mit dem Bauch nach oben schwimmen. Ganze Ebenen der Wirtschaftstätigkeit würden enorm schrumpfen, viele würden in den Bankrott getrieben. Die Zinsen, die der Bund zahlen muß, jetzt fast 200 Milliarden Dollar pro Jahr, würden uns noch tiefer hineinreißen.

Dies ist kein bloßer Alptraum: Es könnte geschehen. Es *wird* tatsächlich geschehen, wenn nicht etwas unternommen wird, um die amerikanische Wirtschaft zu restrukturieren. Entweder schaffen wir eine konkurrenzfähigere Volkswirtschaft, oder private Marktkräfte in amerikanischen Finanzmärkten werden uns von außen disziplinieren. Diese Disziplinierung von außen wird uns eine Lösung aufzwingen, die höhere Zinsen, Rückgang des Konsums, höhere Steuern und enorme Belastungen der Wirtschaft betont. Doch es muß nicht dazu kommen, wenn die USA auf ihrer Führungsposition in der Informationswirtschaft aufbauen kann.

Eine Führungsposition in der neuen Wirtschaft aufzubauen und zu nutzen, ist für die USA eine dringende Notwendigkeit – ebenso wie für andere Länder mit weniger extremen Verlustrisiken. Die Herausforderung an Unternehmen, Gemeinden und Länder, aktive, erfolgreiche Mitspieler in der neuen Wirtschaft zu sein, bleibt zentral. Im nächsten Jahrzehnt wird unsere Konkurrenzfähigkeit vom Aufbau und von der Nutzung der neuen Infostruktur abhängen, die die Konkurrenzfähigkeit der Wirtschaft unterstützt. Wenn wir dies versäumen, wird unsere Wirtschaft geschwächt, und die amerikanischen Institutionen der nächsten Generation werden in ihrem Wachstum behindert.

Wir möchten eine Struktur für das Salz der Desoxyribonukleinsäure (DNS) vorstellen. Diese Struktur hat neuartige Eigenschaften, die von erheblichem biologischem Interesse sind.

J. D. Watson und F. H. C. Crick, *Nature, 24. April 1953*

Kapitel 6

Zwischen Molekülen und Sternen: Dimensionen der nächsten Wirtschaftsordnung

An die Stelle der Informationswirtschaft von heute wird die Biowirtschaft treten – hier dargestellt durch die Doppelhelix als Dollarzeichen –, die Kommerzialisierung der Gentechnik, die neue Geschäfte und neue Organisationen entstehen lassen wird.

Der Planet Erde ist fast 4 Milliarden Jahre alt. Tiere erschienen vor rund 800 Millionen Jahren. Dinosaurier lebten etwa 160 Millionen Jahre und starben dann vor etwa 66 Millionen Jahren aus, zusammen mit 60–80% der anderen Tierarten dieser Zeit. Hominiden gibt es seit knapp 2 Millionen Jahren, den Homo sapiens seit etwa 250000 Jahren, und es ist zweifelhaft, ob es die Spezies auch nur annähernd so lange geben wird wie die Dinosaurier.

Alles hat seinen Lebenszyklus: das Universum, der Planet, Zivilisationen, Wirtschaftsformen, Unternehmen und Produkte. Formen der Sammler- und Jägerwirtschaft existierten zum Beispiel Hunderttausende von Jahren. Seither sind die Lebensspannen von Wirtschaftsformen immer kürzer geworden. Die Vorherrschaft des Ackerbaus dauerte weniger als zehntausend Jahre, die Industriewirtschaft etwas unter 200 Jahren, und unsere jetzige Wirtschaft hat die Hälfte ihrer siebzig- oder achtzigjährigen Lebenszeit hinter sich.

Das Ende der jetzigen Wirtschaft ist in Sichtweite, und der Anfang der nächsten wird wahrscheinlich während der Berufstätigkeit der jungen Leute eintreten, die heute zu arbeiten beginnen. Sie könnte durchaus kurzlebiger sein und als erste Wirtschaft weniger lange dauern als die vierzigjährige Laufbahn eines durchschnittlichen Berufstätigen.

Den Anfang des nächsten wirtschaftlichen Zyklus können wir schon sehen. Er hat sogar schon einen Namen: Biowirtschaft. Wie wird sie sein? Die Frage ist eine Mischung aus Neugier und dem Wunsch nach Gewißheit. Doch wenn wir die künftigen Folgen unseres gegenwärtigen Handelns abschätzen, haben wir die Möglichkeit, eine bessere Zukunft zu schaffen. Unser wahrscheinlich nächstes wirtschaftliches Leben und die Leben danach verheißen großartige Zeiten – doch in ihnen wird so radikal neudefiniert werden, was „Mensch" bedeutet, sogar was „Leben" bedeutet, daß wir das Gefühl haben, alles Bisherige sei nur Vorgeplänkel gewesen. In Amerika wünscht man künftigen Generationen mit dem beliebten Trinkspruch „You ain't seen nothin yet" – „Ihr habt noch gar nichts gesehen" – Wurzeln und Flügel. Jetzt sind wir in der nahen Zukunft gut verwurzelt. Es ist Zeit für die Flügel.

Die Minuten-Wirtschaft

Newtons wissenschaftliche Durchbrüche kamen über 70 Jahre, bevor ihre technischen Anwendungen dem Industriezeitalter auf die Beine halfen, und Einstein machte seine Entdeckungen etwa 50 Jahre vor dem Beginn dieser Wirtschaft. Der wissenschaftliche Durchbruch für die Biowirtschaft begann 1953 mit der Arbeit von J. D. Watson und F. H. C. Crick, den Entdeckern der Helixstruktur der genetischen Substanz DNS. Weniger als 40 Jahre später hat die Technologie schon begonnen, die Produkte der Genforschung auf den Markt zu bringen. Bedeutet das, daß auch die Dauer der Biowirtschaft erheblich verkürzt sein wird? Sie mag ihre Entwicklungsphasen schneller durchlaufen, aber wir glauben nicht, daß die nächste Wirtschaft kurzlebiger sein wird als die jetzige. Obwohl uns High Tech oft früher als erwartet in die Zukunft katapuliert, ist in der Medizintechnologie aufgrund vorgeschriebener Tests und staatlicher Beschränkungen häufig das Gegenteil der Fall.

Unternehmen und Branchen haben ihre eigenen Faustregeln, wie schnell sie Produkte „vom Konzept zum Kunden" bringen können und sollten. Trotz der scheinbar atemberaubenden Geschwindigkeit in der Computertechnologie ist zum Beispiel eine 5-5-5-Faustregel nicht unüblich: Fünf Jahre vom Konzept zum Prototyp, fünf Jahre vom Prototyp zum Produkt und fünf Jahre vom Produkt zu Milliardenumsätzen. Es dauerte jedoch über ein Jahrzehnt, bis der Transistor zu einem kommerziellen Produkt wurde. Ein weiteres Jahrzehnt dauerte es, bis auf Transistoren basierende Schaltkreise in Computer gelangten. Und sie wurden kaum von Vorschriften gehemmt. Wirkstoffe und Medikamente, die nicht biotechnologisch sind, haben einen Entwickungszyklus von 10–15 Jahren. So ist es nicht überraschend, daß die Biotech-Pharmaka noch länger brauchen.

Investoren und Öffentlichkeit haben zu früh zu viel erwartet, obwohl selbst unsere hochgespannten Erwartungen langfristig zu bescheiden sein können. An realistischeren Kriterien gemessen entwickeln sich die Biotech-Pharmaka recht gut. Bei Medikamenten allein beträgt der Jahresumsatz immerhin 1 Milliarde Dollar, und Effektenberater erwarten, daß sie bis 1993 auf 3 Milliarden und bis 2000 auf 6 Milliarden Dollar steigen werden. Allerdings gilt dies für die gesamte Industrie, nicht für eines ihrer Pharmaprodukte. Darauf werden wir bis in die 2010er oder 2020er Jahre warten müssen, wenn die alternde Informationswirtschaft der neu aufkommenden Biowirtschaft weicht.

Weil die Lebenszeit früherer Wirtschaftsformen von Jahrtausenden über Jahrhunderte auf Jahrzehnte geschrumpft ist, besteht die Versuchung, der Biowirtschaft einen noch kürzeren Lebenszyklus zu prophezeien. Doch Vorsicht – mit dieser Argumentation würden wir bei etwas landen, das viele erwarten: dem buchstäblichen Minutenmanager!

Das ist spektakulär, aber unsinnig. So gern wir klinische Versuche und behördliche Genehmigungsverfahren auch straffen würden – der Flexibilität und Kooperation von Biologie und Behörden sind natürliche Grenzen gesetzt. Krebserkrankungen werden oft erst nach 20 Jahren manifest, und die Ergebnisse klinischer Versuche können wenig dazu beitragen, den Genehmigungsprozeß zu beschleunigen. Erinnern wir uns, wie lange wir gebraucht haben, um die Gefahren von Asbest, Saccharin und Pessaren zu erkennen. Die fünf Bundesbehörden, die in den USA die Rechtshoheit über biotechnische Produkte haben, könnten besser koordiniert, sogar zu einer einzigen zusammengefaßt werden (was sie wieder schwer kontrollierbar machen würde) und klare Richtlinien erarbeiten. Doch wir würden noch immer Regelungen brauchen.

Wir sind noch Jahrzehnte vom Beginn der nächsten Wirtschaft entfernt, und einstweilen ist es für uns wichtiger, zu verstehen, auf welcher Grundlage sie sich entwickeln wird, als wie lange sie dauern wird. Drei Grundlagen oder Kerntechnologien werden enorme Tragweite für die Biowirtschaft haben: Entwicklungen bei *gehirnähnlichen Computern*, in der *Genetik* und in den Extremen der *Miniaturisierung*. Natürlich gibt es viele andere wichtige Belange und Entwicklungen, namentlich in Energie und Umwelt, doch diese drei zeichnen sich durch ihr Potential aus, die neue Wirtschaft zu prägen, deren Entstehungszeit gerade erst beginnt. Obwohl bei ihnen allen eine neue Wissenschaft beteiligt ist, ist vor allem der relativ nahe Bereich technischer Durchbrüche nötig, um diese drei zu dominanten Faktoren des Wirtschaftswachstums zu machen.

Heute hat Ihr Geschäft vielleicht nichts mit ihnen zu tun. Aber Sie können buchstäblich Ihr Geschäft darauf wetten, daß es morgen etwas damit zu tun haben wird. Wenn Ihr Geschäft zum Beispiel nichts mit Genetik zu tun hat, sollten Sie weder denken, daß Sie nicht auf sie achten müssen, noch daß Sie sich unverzüglich in die Anwendung der Genetik auf Ihr jetziges Geschäft stürzen müssen. Weder Ignoranz noch Voreiligkeit ist angebracht. Sie täten aber gut daran, sich die Technologien für die nächste Infrastruktur frühzeitig anzusehen und schon jetzt zu überlegen, wie sie eines Tages Ihr Geschäft und Ihre Organisation wieder neudefinieren werden.

Würden Sie eine Gehirnmaschine kaufen?

Es gibt zwei Arten von Computern in der Informationswirtschaft, und sie reflektieren die Unterschiede zwischen den beiden großen physikalischen Theorien, der Relativität und der Quantenmechanik. Diese beiden Theorien haben erhebliche und bislang unvereinbare Unterschiede, die sich auf die Entwicklung späterer Technologien ausgewirkt haben. Die Relativitätstheorie ist deterministisch, d.h. wenn spezifische Bedingungen vorgegeben sind, lassen sich genaue Ergebnisse vorhersagen. Die Quantenphysik hingegen ist probabilistisch, d.h. wenn spezifische Bedingungen beobachtet werden, kommt der Zufall ins Spiel, und nur wahrscheinliche Ergebnisse sind vorhersagbar.

Die jetzigen Computer funktionieren nach dem älteren, deterministischen Modell: Sie können nur tun, wozu sie programmiert sind. Mit Mehrdeutigkeit oder Annäherung kommen sie nicht gut zurecht. Die Computer hingegen, die in der nächsten Hälfte der Wirtschaft entwickelt werden, werden mit Unbestimmtheit weit besser arbeiten können. Sie werden aufgrund unbestimmter Eingaben Entscheidungen treffen. Sie werden die Funktionsweise des Gehirns imitieren und weit näher an Intuition, Urteilsvermögen, Ästhetik und Emotionen herankommen als die mächtigsten Supercomputer aus der ersten Hälfte dieses Zeitalters. Der erste Typ, der programmierte Computer, wurde in der ersten Hälfte des Informationszeitalters entwickelt; der zweite, die Gehirnmaschine, wird sich wahrscheinlich in der zweiten Hälfte der Wirtschaft entwickeln. Nun gibt es bei der Entwicklung dieser Gehirnmaschine zwei Vorgehensweisen. Die erste heißt *Künstliche Intelligenz* (KI). Die Metapher weist Maschinen ein lebendiges Denken zu; sie hat uns angeregt, mit der Architektur programmierter Computer, die die erste Hälfte der Informationswirtschaft charakterisierten, die Realität immer näher an diese Metapher heranzubringen.

Schon früh sahen die KI-Propheten die Verbindung zwischen Gehirn und Computer: Trotz aller Unähnlichkeit sind beide informationsverarbeitende Systeme. Leute wie John McCarthy, Marvin Minski, Herbert Simon und Alan Turing versuchten, die Psychologie des Gehirns zu simulieren, die sie auf eine Reihe formaler Regeln reduzierten. Die Regeln haben in sich keine Bedeutung. Für sie kommen Intelligenz und Einzigartigkeit von der Verfeinerung und besonderen Kombination der Regeln.

Manche der frühen Regeln schufen eine „Intelligenz“, die Schach spielen oder das Verhalten eines Schizophrenen simulieren konnte. Später schrieb der Künstler Harold Cohen das Programm „Aaron“, das schöne, originelle Freihandzeichnungen generiert. Jede ist bunt und einzigartig, doch alle haben Aarons künstlerischen Stil. Aaron ist programmiert, aber „er“ hat auch gelernt. „Expertensysteme“ sind ein Bereich der KI, der das Lernen des Programms betont. Ausgehend von einer Anzahl vorgegebener Regeln verfeinert das Programm seine Urteilsfähigkeit in Dingen wie Krankheitsdiagnosen oder Kreditwürdigkeit immer mehr. Trotz ihrer Fortschritte ist die KI jedoch nie über diese begrenzten Anwendungen hinausgegangen und hat ihre grandiosen Verheißungen nicht erfüllt.

Die andere Entwicklung in gehirnähnlichen Computern hat das größere Potential für die zweite Hälfte der Informationswirtschaft. Es sind *neuronale Netze.* Diese Computer haben einen ganz anderen philosophischen Hintergrund. Während KI reduktionistisch ist und von oben nach unten mit Regeln arbeitet, beginnt ein neuronaler Rechner unten und baut mit künstlichen Neuronen Intelligenz auf. Diese Computer-Architektur ist eng mit der Neuroanatomie verwandt und simuliert die Funktionsweise des Gehirns. Ihre Philosophie besteht darin, eine Gehirnmaschine zu bauen und Denken entstehen zu lassen.

Computer aus der ersten Hälfte dieser Wirtschaft arbeiten nach Programmen und Regeln. Wenn wir die Regeln lernen und genau befolgen, funktionieren sie. Wenn wir einen Befehl falsch eingeben oder zwei Zahlen vertauschen, funktioniert das System nicht. Selbst wenn es funktioniert, kann es nie mehr tun als das, wozu es programmiert ist. KI-Computer sind die neueste Entwicklung dieses Zweiges. Neuronale Computer hingegen arbeiten nicht mit Programmen, und jede Lösung ist eine Lernerfahrung. Sie funktionieren nicht mit Regeln, sondern arbeiten sich mit dem, was sie im Gedächtnis haben, an die beste Annäherung heran. Sie sind holistisch statt mechanistisch.

Neuronale Netze leisten mehr als Expertensysteme, denn obwohl beide als Grundlage für ihre Entscheidungen Muster aufbauen, können Expertensysteme nicht mit Fuzzy Logic umgehen. Neuronale Netze lernen zum Beispiel auf ganz ähnliche Weise wie ein Kind, eine handgeschriebene „1" von einer „7" und ein „M" von einem „N" zu unterscheiden. Dies ist ein durch Erfahrung erlerntes Verhalten, das den Kontext als Bezugsrahmen nutzt und mit uneindeutiger oder unvollständiger Information operiert. Das Gedächtnis hat die Form von Mustern, in denen die neue Information mit im Speicher vorhandenen abgeglichen wird, um den bestmöglichen Schluß zu ziehen.

Finanzdienste sind schon jetzt der Sektor, in dem am meisten mit Computern gearbeitet wird, und sie finden als erste praktische Anwendungen für neuronale Netze. Schon jetzt suchen sie zum Beispiel Geräte, die Handschrift korrekt lesen können. Handelsbanken, Versicherungen und Makler haben ein starkes Interesse, neuronale Computer zu benutzen, um auf Schecks und anderen Dokumenten handgeschriebene Zahlen zu lesen und Unterschriften zu prüfen. Außerdem verwenden sie neuronale Rechner, um Aktienpreise vorauszusagen sowie Hypotheken- und Kreditanträge zu prüfen. Unternehmen wie American Express und Morgan Stanley, aber auch kleinere Banken verfolgen ihre Entwicklung.

Über solche relativ simplen Anwendungen hinaus werden neuronale Computer benutzt werden, um Geräte zur Bild- und Spracherkennung sowie Allzweck-Roboter zu entwickeln. Sie alle müssen in einer Salve undeutlicher oder ungewisser Eingaben Muster erkennen. Eine Dreijährige kann eine Gabel und einen Löffel auf dem Tisch unterscheiden; ein CRAY-Supercomputer kann das nicht. Neuronale

Computer können lernen, Gabeln zu sehen, und dem Pentagon wäre es lieb, wenn sie Panzer und U-Boote sähen. Spracherkennung wird schon weltweit angewandt – bei Sicherheitssystemen und um Maschinen in Fabriken Kommandos zu geben. Zwar beherrschen sie schon bis zu mehreren hundert Wörter, aber diese Geräte lernen noch, zwischen „to", „too" und „two" („zu", „auch" und „zwei") zu unterscheiden. Besonders die Japaner wollen neuronale Netze zur gesprochenen Eingabe in der Textverarbeitung entwickeln, weil die Eingabe über Tasten auf Japanisch so schwierig ist. Wenn Maschinen Sprache und Bilder erkennen können, werden wir das Ausgangsmaterial für Allzweckroboter haben.

Bei KI wie neuronalen Netzen versuchen die Forscher zu verstehen, wie das Gehirn funktioniert, um bessere Computer zu bauen, die die Qualität von Intelligenz haben. Wie es bei neuen Technologien oft vorkommt, führen unterschiedliche Vorgehensweisen zu unterschiedlichen Architekturen, und es entbrennt ein Kampf um die Standards. Allmählich erobert eine Vorgehensweise den Markt, und dies kann mit technischer Überlegenheit zusammenhängen oder auch nicht. Allerdings müssen die konkurrierenden Technologien in diesem Fall nicht inkompatibel sein. Zur Zeit glaubt man, daß im Gehirn auf beide Weisen, programmiert und gelernt, Information verarbeitet wird; wenn dies zutrifft, würde es technisch und auf dem Markt zu einer ähnlichen Kompatibilität kommen. Wenn neuronale Netze halten, was sie versprechen, werden sie programmierte Computer wahrscheinlich ergänzen und mit ihnen kombiniert einen viele Milliarden großen Markt schaffen, zu dem Chips, Computer, andere Hardware und Software gehören. Es gibt bereits über ein Dutzend Firmen, die spezialisierte neuronale Computer und Software anbieten. Vielleicht noch wichtiger ist, daß Weltkonzerne wie Siemens, Sony und Fujitsu neuronale Netze entwickeln, um sie direkt in ihre neuen Produkte zu integrieren.

Man braucht Berechenbarkeit, um von der Wissenschaft zur Vermarktung der Biologie zu gelangen

Programmierte Computer und neuronale Computer sind Technologien der ersten bzw. zweiten Hälfte der Informationswirtschaft. Die *Gentechnik* ist das wahre Kind der Biowirtschaft. Die Wurzeln einer Wirtschaft liegen in ihrer Technologie, und noch davor in den wissenschaftlichen Prinzipien, auf denen diese beruht. Das bedeutet, daß es keine Biowirtschaft geben kann, ohne daß eine Biotechnologie und noch früher eine Biowissenschaft vorausgeht. Nimmt man die Reihenfolge vorwärts, so führt Wissenschaft erst dann zu Technologie, wenn ihre Prinzipien gut genug verstanden sind, um berechenbar zu sein. Eine vorhersagefähige Theorie ist wesentlich für die technische Entwicklung, und die Biologie ist die einzige Naturwissenschaft ohne vorhersagefähige Theorie.

Eine vorhersagefähige Theorie erklärt nicht nur, was schon geschehen ist, sondern auch, was geschehen wird, und warum. Wenn wir wissenschaftliche Prinzipien gut genug verstehen, um sie korrekt vorherzusagen, können wir mit diesem Wissen praktische Techniken wie Landwirtschaft und Medizin entwickeln. Die vorhersagefähige Theorie ist die Brücke zwischen Wissenschaft und Wirtschaft, und die Technik ist dasjenige, was über solche Brücken geht. Ist unser Verständnis jedoch fehlerhaft oder unvollständig, so können wir keine korrekten Vorhersagen machen, und es folgen keine praktischen Anwendungen. Da unser wissenschaftliches Verständnis vom Wetter beispielsweise unvollständig ist, sind unsere Wettertheorien nicht sehr geeignet für Vorhersagen, und die Wettertechnik als praktische Disziplin ist sehr unterentwickelt. Die Technologie erfordert eine vorhersagefähige Wissenschaft, und in dieser enormen Aufgabe ist die Biologie ein rechter Neuling.

Lange Zeit erwartete man am ehesten von der makrobiologischen Evolutionstheorie eine vorhersagefähige Theorie, doch sie hat nie zu einer Evolutionstechnik geführt. Die Theorien der Eugenik und des Sozialdarwinismus gingen von falschen Voraussetzungen aus und brachten keine lebensfähige Technologie hervor. Besser steht es mit vorhersagefähigen Theorien in der Mikrobiologie. Die makrobiologische Betrachtung der Evolution fragt, ob sich Arten entwickeln, und wohin die Entwicklung führt. Die Mikrobiologie fragt, wie sich jede neue Art entwickelt. Hier führen uns Fortschritte in der Genetik von wissenschaftlichem Verständnis zu technischen Anwendungen. Aufbauend auf dem strukturellen Verständnis der DNS hat die Genetik begonnen, von der Wissenschaft zur Technologie weiterzugehen. Die Biowirtschaft entwickelt sich auf dem Weg der mikrobiologischen Gentechnik statt dem der makrobiologischen Evolutionstechnik.

Vor Watson und Crick hielten viele Biologen die Mikrobiologie für eine Sackgasse, und noch Ende der 1950er Jahre galt Gentechnik als unmöglich. Trotz dieser Skepsis erwies sich 1973, daß es in der Gentechnik möglich ist, DNS zu teilen, zu kleben und neu zu reproduzieren; 1981 wurden Geräte zur Gensynthese entwickelt. Im Laufe des nächsten Jahrzehnts, während wir im reifen dritten Viertel der Informationswirtschaft sind, erwarten Wissenschaft und Wirtschaft Fortschritte in der Biotechnologie, die es der nächsten Wirtschaftsform erlauben, ihr erstes, embryonales Viertel zu beginnen.

Der Motor für diesen Fortschritt ist höchstwahrscheinlich das Projekt Menschliche Genome, das mit 3 Milliarden Dollar ausgestattet ist und innerhalb von 15 Jahren den gesamten genetischen Code des Menschen aufschlüsseln soll. In den USA wird diese koordinierte Anstrengung von Prof. Watson geleitet. Auch England und Frankreich sind maßgeblich daran beteiligt, und weiterhin sind Japan, die Sowjetunion, Italien und Kanada prominent. Die beiden zentralen Elemente sind ein „Lageplan" der 50–100000 Gene und die Bestimmung ihrer Sequenzierung. Für den „Lageplan" werden die Gene an den 23 Paaren fadenähnlicher Chromosome lokalisiert, und die

Sequenzierung zeigt die Anordnung chemischer Untereinheiten der DNS in jedem identifizierten Gen.

Bis zum Ende der 1980er Jahre waren weniger als 10% unserer Gene lokalisiert. Sequenzierung ohne Lokalisierung ist, als hätte man detaillierte Konstruktionszeichnungen für eine Überführung über die New Yorker Stadtautobahn, wüßte aber nicht, welche Überführung. Neue Fortschritte werden jetzt jedoch sehr schnell gemacht, und es gibt bereits Geräte, die automatisch lokalisieren und sequenzieren.

Die meiste Forschung zur Lokalisierung der Gene hat bisher nicht im Rahmen des Projekts Menschliche Genome stattgefunden, sondern in unabhängigen Anstrengungen zur Auffindung der genetischen Defekte, die die etwa 4000 Erbkrankheiten verursachen. Bereits identifiziert sind die Verursacher von zystischer Fibrose, Muskeldystrophie, Sichelzellenanämie und einer Klasse der Alzheimerschen Krankheit. Anderen ist man dicht auf den Fersen. Das defekte Gen, das die Huntingtonsche Krankheit verursacht, eine tödliche Gehirnerkrankung, ist jetzt auf einen Bereich von etwa 300000 DNS-Untereinheiten in der Nähe der Spitze von Chromosom 4 eingegrenzt. Dies ist nah genug, um die gesamte Sequenz zu bekommen, selbst wenn sie ihren Platz mit mehreren anderen Genen teilt und die Wissenschaftler mit der genauen Lokalisierung noch Probleme haben.

Wenn ein Gen lokalisiert und sequenziert ist, bleibt noch die enorme Aufgabe, zu lernen, wie sein Defekt eine Krankheit verursacht, wie man es reparieren und die Krankheit verhindern kann. Die Lokalisierung von Genen hat die Diagnostik revolutioniert, aber noch nicht die Behandlung. Kommerzielle Anwendungen werden wahrscheinlich noch einige Jahre nur Nischenmärkte betreffen. Sequenziergeräte sind frühe Kandidaten. Fabrikmäßig produzierte diagnostische Tests werden später folgen, und Designer-Pharmaka, die auf spezifische Gene zielen, noch später.

Trotz des Potentials der Biotechnologie, menschliche Krankheiten zu verhindern und zu behandeln, ist noch nicht klar, ob landwirtschaftliche oder pharmazeutische Produkte in der Biowirtschaft führend sein werden. Kommerzielle Anwendungen der Biotechnik in der Landwirtschaft sind ebenfalls sehr vielversprechend. Genetisch modifizierte Produktgruppen werden wahrscheinlich insekten- und frostresistente Nutzpflanzenarten, Mikroben, die Schädlinge vertilgen, Pflanzen, die Industrieöle und andere Chemikalien produzieren sowie in Geschmack und Nährwert verbesserte Nahrungsmittel umfassen. Mit Saatgut für die vier meistangebauten Pflanzen werden jährlich über 2 Milliarden Dollar umgesetzt, und chemische Pestizide sind in den USA ein Markt von 15 Milliarden Dollar. Wenn diese Produkte als die nächste Generation angesehen werden statt als Bedrohung für die jetzigen, ist das Potential groß. Insektenspray hat allerdings nicht den Glamour von Interferon, und so ist dieses Geschäft weniger glanzvoll als menschliche Biotechnologie. Deshalb sind die Finanzierungsprobleme hier noch akuter; dies führt zu längeren Zeiten bis zur Marktreife und zu sehr früher Konsolidierung in der Industrie. Die Biotech-Verheißung für die Landwirtschaft ist noch im Labor. Außerdem sind bei den wichtigsten Pflanzenarten wie Mais und Weizen noch keine zuverlässigen neuen Gene eingeführt worden. Die Gene für Geschmack und Beschaffenheit sind noch nicht identifiziert, und die Ansammlung von genug modifiziertem Saatgut wird ebenfalls Jahre dauern.

Fortpflanzungstechniken bei Vieh haben eine Geschichte, die vor die Entdeckung der DNS-Struktur zurückgeht. Das erste Kalb aus tiefgefrorenem Sperma wurde 1952 geboren. In den 1960er Jahren wurden Kälber mit Embryonenverpflanzung produziert, und 1973 aus einem tiefgefrorenen Embryo. Zur Zeit werden in den USA jährlich über 100000 Kälber aus tiefgefrorenen Embryonen produziert.

Ein anderer wichtiger Schritt wurde 1988 getan, als die Verbindung von Molekülen aufkam und preisgekrönte Tiere durch Klonen dupliziert wurden. Der Prozeß beginnt, wenn ein Preisbulle und eine

Preiskuh sich einmal paaren. Der Embryo wird entnommen, bevor die Zelldifferenzierung beginnt, und das genetische Material wird extrahiert. Dann wird das Material in viele modifizierte, unbefruchtete Eier eingebracht, die sich zu genetisch identischen Preisembryonen entwickeln. Diese wiederum können zum späteren Gebrauch eingefroren oder Leihmüttern eingesetzt werden. Das Resultat sind genetisch identische Kälber, und das Klonen kann über Generationen wiederholt werden. Die Kosten sinken, die Zuverlässigkeit steigt, und also wird es sicherlich vor dem Jahr 2000 eine standardisierte Bioproduktion von einheitlicher Qualität geben, wie die Industriewirtschaft sie bei der Massenproduktion in der Fabrik erreichte.

Die Fischzucht geht aus ähnlichen Gründen der größeren Erträge immer mehr zu ausschließlich weiblichen Beständen über. 1980 kam nur etwa 1% aller verbrauchten Fische aus Fischfarmen; heute sind es schon 10%, bis zum Jahr 2000 wahrscheinlich 20% und vielleicht über 50%, bevor die Biowirtschaft auch nur begonnen hat. Praktisch 100% der fast 60 Millionen Pfund Forellen, die wir jährlich verbrauchen, stammen aus Zuchten, und fast ein Drittel davon aus Fischfarmen in Clear Springs, Ohio.

Dort erwartet man, daß in drei Jahren alle gezüchteten Forellen weiblich sein werden. Weibchen sind besser in Aussehen, Beschaffenheit des Gewebes, Wachstum und Geschmack; Männchen sind kampflustig, verschwenden Energie, indem sie einander jagen und schmecken mulmig. Deshalb wird ausgewählten Forellenweibchen Testosteron gegeben, so daß sie Sperma produzieren, aber Weibchen bleiben. Dieses Sperma wird dann verwendet, um Eier zu produzieren, aus denen Weibchen schlüpfen. Die Idee ist, die wohlschmeckendste Forelle in der kürzesten Zeit mit dem wenigsten Futter und Wasser zu produzieren.

Während die Bio-Massenproduktion zunimmt, werden moralisch-politische Fragen in den Vordergrund des öffentlichen Interesses rücken. Jeremy Rifkin, einer der beredtesten Gegner der Biotechnologie, sagt, es sei „eine Vergewaltigung der Integrität einer Art“, ihre Reproduktion genetisch zu manipulieren. 40% aller Austern, die heute in den USA gegessen werden, sind sterilisiert, um ihre Energie zum Wachstum statt zur Fortpflanzung zu kanalisieren. Die Liste solcher Bioprodukte wird in den nächsten Jahren nur länger werden.

Nicht niesen: Die Maschine ist so groß wie ein Molekül

Isaac Asimovs *Fantastic Voyage* war 1966 ein Science Fiction-Bestseller; er handelt von fünf Menschen in einem Mini-U-Boot, die einem Sterbenden in die Arterie injiziert worden sind, um ein Blutgerinnsel zu erreichen und mit Laser zu zerstören. Ein Vierteljahrhundert später werden genau solche Mikrogeräte gebaut – allerdings ohne die Miniaturmenschen. Eine ganz neue Welt der Mikrogeräte ist im Entstehen; ein Großteil davon im Zusammenhang mit den großen Fortschritten in Computertechnik und Genetik.

Neuronale Computer erfordern neue wissenschaftliche Einsichten, bevor es große kommerzielle Durchbrüche gibt, und die Gentechnik erfordert lange Testzeiten, bis gesetzliche Beschränkungen aufgehoben werden. Mikrogeräte haben unter solchen Hemmnissen nicht zu leiden. Bei ihnen geht es mehr um neue Technik als um neue Wissenschaft, und sie werden eingesetzt, sobald die Technik und der Markt entwickelt sind. Viele sind als Prototypen schon gebaut, und die Fülle der denkbaren kommerziellen Anwendungen übersteigt die bisherige Entwicklung bei weitem.

Mehrere Institutionen sind in der Mikrotechnologie tätig. In den USA gehören dazu die Hochschulen Carnegie-Mellon (Zentrum für Molekularelektronik), U.C. Berkeley, Johns Hopkins, MIT, Stanford und die Universität von Utah. Hinzu kommen Großunternehmen wie IBM, General Motors und die Bell Labs bei AT & T, kleine

Firmen wie Microsensor Systems Inc. in Burke, Virginia und Medisense Inc. in Cambridge, Massachusetts. Auf staatlicher Seite beteiligen sich die DARPA, das Office of Naval Research (Forschungsbüro der Marine) und die National Science Foundation (amerikanische Wissenschaftsstiftung). Auch Berufsverbände wie die Fine Particle Society und die International Society for Molecular Electronics and Biocomputers organisieren diesen Bereich. In Japan befassen sich Institutionen wie das MITI und die Universität Tokio eingehend damit. Das MITI hat zum Beispiel vorgeschlagen, an die 70 Millionen Dollar für die Entwicklung medizinischer Mikroroboter auszugeben.

Was ist ein Mikrogerät? Ein Mikron ist der millionste Teil eines Meters; die Mikro(n)technologie baut also Dinge, die so fein sind wie ein Menschenhaar. Zu diesen Dingen gehören Mikrowerkzeuge und Mikrosensoren. 1988 bauten Wissenschaftler der Universität von Kalifornien in Berkeley zum Beispiel einen funktionierenden 100-Mikron-Motor (zwei Haaresbreiten), der 500mal pro Minute rotiert. Dieser Mikromotor wird von statischer Elektrizität angetrieben, nicht von magnetischer Anziehung wie ein herkömmlicher Elektromotor.

Die Gesetze der Physik und der Wirtschaft sind auf der Mikroebene sehr verschieden, und man muß beide verstehen, um die Dynamik der entstehenden Biowirtschaft zu begreifen. Wenn Wissenschaftler und Techniker mit Mikrogeräten arbeiten, geschehen seltsame Dinge. Reibung ist zum Beispiel ein größeres Problem, weil Staubpartikel von Barrieren wirken, und weil Mikrowerkzeuge sich nur langsam durch Luftmoleküle bewegen lassen. Zwar ist noch nicht klar, wo die Grenzen der Konstruktion sind, wie klein Dinge werden können, doch klar ist, daß „klein“ „schwierig“ bedeutet. Auf der Molekularebene ist ein Spinnengewebe so fest wie Stahl. Für Mikroingenieure besteht das größte Berufsrisiko anscheinend darin, das Gerät entweder einzuatmen oder durch ein Niesen wegzupusten.

Der Grundbaustein für Mikrogeräte dieser Generation ist Silizium, das extreme Verkleinerung bei hoher Qualität und geringen Kosten erlaubt. Die beweglichen Teile der Miniatur werden in einer Variante der Fotolithographie, mit der Computerchips hergestellt werden, auf das Silizium geätzt. Zu den geätzten Mikrowerkzeugen gehören Kugellager, Ausleger, Zerkleinerer, Kurbeln, Bohrer, Zahnräder, Gelenke, Linsen, Hebel, Pinzetten, Sägen, verschiedene Scheren, Federn und Ventile.

Ihr potentieller Nutzen ist so riesig, daß die Kosten für Entwicklung und Herstellung durch Massenproduktion exponentiell sinken würden. Man sagt, wenn Autos so schnell billiger geworden wären wie Computerchips, wäre es kostengünstiger gewesen, das Auto zu parken und aufzugeben, als Geld in die Parkuhr zu stecken. So weit kommen wir vielleicht nicht, aber durch die Verkleinerung der beweglichen und nicht nur der „denkenden" Teile könnte die Mikrotechnik für Geräte tun, was Transistor und integrierte Schaltkreise für die Elektronik getan haben. Wenn Mikrogeräte kommerziell lebensfähig werden, werden sie überall verwendet werden: in Badezimmern und Küchen, Spielsachen und Autos, Bauernhöfen und Fabriken, Operationssälen und menschlichen Körpern.

Sensoren spüren Dinge wie Gase, Druck und Hitze auf. Mikrosensoren spüren die gleichen Dinge auf, aber in mikroskopischen Mengen und Stellen. Die Mikrosensoren kombinieren Mikroelektronik und Mikrogeräte auf einem Chip. Eine dünne Silizium-Membran ist mit Widerständen gespickt. Der geringste Druck auf die Membran wird durch den elektrischen Widerstand der Siliziumkristalle registriert und durch elektronische Schaltkreise verstärkt. Delco Electronics liefert ihrer Mutterfirma General Motors zum Beispiel jährlich 7 Millionen mikroskopische Silizium-Drucksensoren, die Temperatur, Luftdruck und Beschleunigung in Autos und Flugzeugen messen.

Die Raumfähre *Discovery* hat über 250 Mikrosensoren, die Kabinen- und Hydraulikdruck sowie die Leistung der Hauptmotoren messen.

Ein weiterer Bereich enormer Anwendungsmöglichkeiten sind diagnostische Verfahren, Vorsorge und Behebung von gesundheitlichen Störungen. Mikrosensoren brauchen nur winzige Proben, um Resultate zu erbringen, d. h. schnellere und leichtere Diagnosen. Blutproben könnten zum Beispiel mit einem kleinen Stich entnommen und an Ort und Stelle analysiert werden. Forscher an der Johns Hopkins-Universität haben 1989 eine Pille hergestellt, die fast so klein ist wie eine Vitaminpille und ein mit einem Sender kombiniertes Thermometer enthält. Sie meldet heiße Stellen im Verdauungstrakt augenblicklich.

Andere „intelligente Pillen" können Information über Sekretion, Nervenfunktion und Herzschlag senden. Wenn diese Geräte von einem Arzt über ein externes Gerät magnetisch gesteuert werden, könnten sie einen beschädigten Nerv aufsuchen und reparieren. Aufgrund der Spezifizität, mit der sie funktionieren würden, könnten sie einzelne Zellen steuern. Dies erfordert wiederum technische, nicht wissenschaftliche Entwicklungen. Sie könnten zum Beispiel durch den Körper wandern, Krebszellen entdecken und sie einzeln zerstören, ohne umgebende, gesunde Zellen abtöten oder entfernen zu müssen. Durch die Entwicklung der Mikrotechnologien wird der menschliche Körper ein grenzenloser Raum.

Mikrogeräte haben in der Natur von jeher existiert, in Zellen und winzigen Organismen. Eine einzelne Bakterie kann sich in etwa 20 Minuten selbst kopieren. Innerhalb von Zellen produzieren Organellen auf mechanische Weise Proteine. DNS ist ein sich selbst reproduzierendes atomares Gerät, und solche natürlichen Geräte produzieren regelmäßig Bäume, Wale und Menschen. Die Gentechniker von heute programmieren bereits Zellen dazu um, neue Proteine zu produzieren. Sie arbeiten auf der molekularen Ebene mit Tausenden von Atomen und schaffen so größere Mäuse und Kühe, die mehr Milch geben. Können sie mit einem einzigen Molekül arbeiten?

Sobald einzelne Moleküle leicht isoliert werden können, wird man sie, wie die Wissenschaftler glauben, manipulieren können, um Dinge aus ihnen zu bauen. 1987 nahmen drei IBM-Forscher mit einem Raster-Tunnelmikroskop (STM, Scanning Tunneling Micros cope), das hundertmal stärker vergrößert als das Raster-Elektronenmikroskop der Genetiker, ein Foto von einem wirklichen, einzelnen Molekül auf. Mit diesem Ereignis stieg die wissenschaftliche Theorie von der Möglichkeit zur Wahrscheinlichkeit auf.

Die äußerste Grenze der Konstruktion ist die Arbeit mit einem Atom, um noch kleinere Motoren, Sensoren und Werkzeuge zu bauen. Dies sind die weitesten Perspektiven derjenigen, die Wissenschaft und Wirtschaft verbinden wollen. Ihre Brücke heißt „Nanotechnologie".[1] Ein Nanometer ist der tausendste Teil eines Mikrometers, ein Milliardstelmeter. Ein typisches Atom mißt zum Beispiel 0,2 Nanometer, und der Punkt am Ende dieses Satzes mißt etwa 70000 Nanometer. Wenn die hypothetischen Nanogeräte die Grenze der Konstruktion buchstäblich erreichen, werden sie Atom für Atom montiert.

Wenn Dinge Atom für Atom produziert werden können, wird es nie Mangel an Rohmaterial geben, und alle Produktion wird an Ort und Stelle mit dort verfügbaren Atomen geschehen. Die Molekularcomputer, die dies bewerkstelligen, werden Codes benutzen, ganz ähnlich wie die DNS, die die Weise imitieren, wie die Natur seit Jahrmilliarden Botschaften übermittelt. Der Weg zum absolut kleinsten Gerät könnte eine Kombination aus Biomimetik (von *mime*), Chemie, Proteinkonstruktion und STM-Mikroskopie beinhalten. In dieser fernen Zukunft werden Computer, Genetik und Mikrogeräte ein und dasselbe sein.

Dies sind allerdings nicht die Hilfsmittel der nächsten Wirtschaft, sondern weit fernerer Welten, wo Wissenschaft (Science) und Fiktion sich schneiden, wo Zukunftsforscher und Visionäre wohnen. Überlassen wir sie den Zukunftsforschern, kehren wir in die weniger ferne Zukunft zurück und versuchen wir, die Implikationen der heutigen Realitäten zu verstehen.

Stellen Sie sich zum Beispiel ein Unternehmen vor, dessen Wurzeln im Geschäft mit Kühlschränken liegen. Seit Tausenden von Jahren werden Getränke und Speisen auf die eine oder andere Weise gekühlt – indem man sie in kaltes Wasser oder in Eis legt. In warmen Regionen verwendete man Gewürze und Dörrverfahren, um Speisen haltbar zu machen. Eiskästen wurden 70 Jahre lang in amerikanischen Haushalten verwendet – von der Mitte des 19. Jahrhunderts bis in die 1920er Jahre –, doch heute sind sie etwas für Antiquitätensammler. Die heutige Technologie ist seit Jahrzehnten reif, und die „Haushaltsgerätekultur“ des Kühlschrankgeschäfts ist tief verwurzelt in dieser Branche. Zwar schenken nur wenige in der Branche einer Zukunft ohne Kühlschränke große Beachtung, doch eine neue Technologie in der nächsten Wirtschaft schafft vielleicht bessere Methoden, Getränke zu kühlen und Speisen frisch zu halten. Mit anderen Worten: Wir benutzen die effektivste verfügbare Technologie, und wenn diese sich grundlegend ändert, definieren wir entweder unser Geschäft neu, oder wir sind bald aus dem Geschäft.

Entwicklungen in der Verpackungsindustrie könnten in den nächsten paar Jahrzehnten einen solchen Wandel in der Kühltechnik bewirken. Es werden Verpackungen und Methoden entwickelt, die Lebensmitteln ein fast unbegrenztes Leben im Regal bescheren. Die Miniaturisierung in der nächsten Wirtschaft könnte den großen Metallkühlschrank auf einen dünnen Film zusammenschrumpfen lassen, der luftdicht um jedes Lebensmittel oder Getränk gepackt wird, so daß es temperaturkontrolliert auf dem Küchenregal liegen kann. Heute gibt es Dosen, die bei Zimmertemperatur gelagert werden können, aber das darin enthaltene Getränk augenblicklich kühlen, sobald sie geöffnet werden. Intelligente Kühlschränke können unsere Gesundheit überwachen, indem sie melden, was wir zu uns nehmen, so wie intelligente Toiletten jetzt unsere Gesundheit überwachen können, indem sie melden, was wir von uns geben. Verfahren zum Anbringen von Enzymen auf einem Chip sind schon in der Entwicklung; so werden die Technologien der Informations- und der Biowirtschaft verbunden. Wenn dies gelingt und mit den erwarteten Extremen der Miniaturisierung kombiniert wird, dann werden Nahrungsmittel, Kleidung, Maschinen und alle materiellen Güter biologisch überwacht, erhalten und verbessert werden. Bis die Biowirtschaft kommt, sollte die Firma, die Kühlschränke herstellt, vielleicht von der Kühltechnik auf Haltbarmachung und Verbesserung von Nahrungsmitteln umsteigen.

Erinnern wir uns: Alle Geschäfte wurden in der Industriewirtschaft industrialisiert und werden in der Informationswirtschaft informationalisiert. Es ist also logisch, daß alle Geschäfte die Kerntechnologien nutzen werden, um in der Biowirtschaft zu „bio-isieren". Und obwohl wir noch Jahrzehnte vom Beginn der Biowirtschaft entfernt sind, ist es jetzt Zeit, die Grundlagen zu verstehen, aus denen sie sich entwickeln wird.

Definieren Sie sich neu. „Sie" sind zu neunzig Prozent buchstäblich nicht „Sie"

Welche Art Organisation wird sich entwickeln, um Geschäfte des Biozeitalters zu führen? In den 1950er Jahren entnahmen Organisationsmodelle viele Prinzipien der Biologie. Blut als System, die Zelle und Homöostase waren Elemente der Biologie, mit denen man beschrieb, wie ein Geschäft sein gesundes Gleichgewicht wahren konnte. Die Begriffe waren nützlich, aber nur als Metapher, denn ihre wissenschaftliche Grundlage führte noch nicht zu technischen Anwendungen, ganz zu schweigen von darauf aufbauenden Geschäften und Organisationen.

Heute führen die Wissenschaftler eine sinnvolle Debatte über verbreitete Irrtümer, etwa die Vorstellungen, die Evolution sei zielgerichtet, die Bewegung impliziere ständigen Fortschritt und Organismen könnten ihre Evolution irgendwie lenken. Wenn wissenschaftliche Beweise solche Ideen widerlegen, werden sie gewiß auch die parallelen Vorstellungen von der Evolution und Verhaltensweise von Unternehmen widerlegen. Evolutionäre Parallelen zwischen biologischen und wirtschaftlichen Lebenszyklen werden neu überdacht werden, aber mit weniger selbstgefälliger Tendenz. Die Chaosforschung belegt, daß in nichtlinearen Systemen geordnete Formen innerhalb scheinbar chaotischer Phänomene existieren. Und die Phänomene sind so unterschiedlich wie Herzrhythmen, aufsteigende Rauchkringel, Wolkenformationen und Fluktuationen am Aktienmarkt. Zufall und Chaos, nicht Zielgerichtetheit und Fortschritt, werden wahrscheinlich unsere Wirtschafts- und Organisationstheorien im 21. Jahrhundert bestimmen.[2]

Da DNS ein Informationscode ist, kann das Management-Modell der Biowirtschaft dann Ähnlichkeit mit den Modellen haben, die sich für diese Informationswirtschaft entwickeln. In beiden Wirtschaften wird Information als nichtmaterielles Ding-an-sich behandelt, befreit von seinem Medium und umgewandelt von Softwareingenieuren oder Genetikern. Wir wissen allerdings, daß biologische Management- und Organisationsmodelle erst aufkommen werden, wenn die Biowirtschaft selbst reif ist. In der mittleren Hälfte der Biowirtschaft – in ihrem zweiten Viertel des Wachstums und im dritten Viertel der Reife – werden Unternehmen die bis dahin reifen Modelle aus der Informationswirtschaft beibehalten. In Übereinstimmung mit unserer These, daß Modelle für Management und Organisation erst aufkommen, wenn eine Wirtschaft in ihrem letzten Viertel ist, liegen bio-organisierte Firmen im Dunst einer sehr fernen Zukunft.

Es ist sehr wahrscheinlich, daß Organisationsformen im Embryonalstadium der Biowirtschaft stärker von klassischen Problemen neugegründeter Firmen bestimmt werden als von eigentlich biologischen Dingen. So sind zum Beispiel am Anfang der 1990er Jahre weniger als ein Viertel der 1 100 öffentlichen, privaten und Tochterfirmen im Biotech-Geschäft profitabel, wenn die Verluste auch zurückgehen. Zwei Drittel der 2 Milliarden Einkünfte der Branche kommen aus Produktverkäufen (der Rest aus Forschungsaufträgen), und die Bruttohandelsspanne liegt bei gesunden 56%. Genentech ist mit Abstand das größte Unternehmen und manchen Schätzungen zufolge fast halb so viel wert wie alle Biotech-Firmen zusammen. Seit Genentech 1980 an die Börse gegangen ist, sind in der gesamten Branche nur neun auf Biotechnologie beruhende Pharmaka auf den Markt gekommen. An die 150 waren in der klinischen Erprobung an Menschen, und acht erwarteten die behördliche Genehmigung, den letzten Schritt vor dem kommerziellen Verkauf. Zwei Drittel der Firmen haben jetzt mindestens ein Produkt auf dem Markt, doppelt so viele wie vor fünf Jahren, und 91% planen, bis Ende 1991 mindestens ein Produkt auf dem Markt zu haben. Trotz der Unsicherheiten in Finanzierung, Konsolidierung und weltweitem Wettbewerb sagt die Branche als ganze ein „zehnfaches Wachstum der Umsätze innerhalb von 5 Jahren und ein 25faches Wachstum der Umsätze innerhalb von 10 Jahren“ voraus.[3]

Das Ideal der 1970er und 1980er Jahre von der unabhängigen und integrierten, über die Börse finanzierten Firma mit patentfähigem Know-how existiert nicht mehr. Zwei von drei Biotech-Unternehmen erwarten, in den 1990er Jahren übernommen zu werden, und sogar noch mehr sind strategische Allianzen eingegangen, hauptsächlich zur Finanzierung von F & E und um Zugang zu Produktions- und Marketingmöglichkeiten zu bekommen. Sie reflektieren weiterhin die Spannung zwischen forschenden Wissenschaftlern und Risikounternehmern mit geschäftlichen Zielen. Bis 1989 beschäftigten nur 29 Firmen 300 oder mehr Mitarbeiter, und bei ihnen waren Kapitalisierung und Einkünfte generell besser. Die Gründer werden allmählich von professionellen Managern ergänzt und abgelöst. Der jetzige Stand der Biotechnologie sagt mehr über die Fähigkeit der Informationswirtschaft aus, die Geburt ihrer Nachfolgerin zu unterstützen, als über die Manager des Biozeitalters.

Bio-Organisationen sind unsere fernste Perspektive, im Dämmerlicht einer Wirtschaft, die im Entstehen ist und eigentlich noch nicht angefangen hat. Doch obwohl dies noch so fern ist, sind wir natürlich *jetzt* neugierig, wie die Bio-Organisation sein wird. Zu diesem Zeitpunkt können wir mit Spekulationen zu radikal anderen Sichtweisen von Management und Organisation durchbrechen. Und es ist logisch, zu spekulieren, daß künftige Management- und Organisationsmodelle der Wissenschaft der Biologie entsprechen werden, wie sie dann praktiziert wird.

Die meisten Biologen sehen verschiedene Lebensformen als nicht reduzierbare Einheiten, doch einige sehen Bakterien als die einzigen unteilbaren Einheiten und alle anderen Organismen als phantastische Zusammenballungen der einfacheren Bakterien. Dieser symbiotischen Sicht zufolge haben sich Pflanzen und Tiere entwickelt, weil Gruppen von Bakterien sich in spezifischen Formen zusammenschlossen, um sie zu bilden. Nur Bakterien sind wirklich Individuen; wir anderen – Termiten, Gänseblümchen, leitende Angestellte – hängen von den uns bildenden Bakterien ab, die sind, was wir zu sein glauben.

Termiten verdauen beispielsweise nicht wirklich Holz; sie leben von den Ausscheidungen holzfressender Einzeller, die sich in ihrem Hinterleib ansammeln. Das Gleiche gilt für Menschen. Wir verstehen uns zwar als einzigartige Individuen, doch erstaunlicherweise sind wir zum größten Teil nicht wir. Wir alle haben als befruchtete Eizelle begonnen, die sich immer wieder teilte, bis wir als Erwachsene rund zehn Billionen Zellen hatten. Doch in unserem Mund und Verdauungstrakt, auf unserer Haut und in verschiedenen anderen Winkeln leben *zehnmal* so viele Mikroorganismen – Bakterien, Hefen, Pilze, Viren, Protozoen und so fort – die jeweils ihre eigene, ganz andere genetische Struktur und Evolution haben. Entweder sind „Sie“ also zu 90% nicht Sie, oder wir müssen neu definieren, wer „Sie" und „ich" sind.[4]

Wenn unsere Definitionen unseres biologischen Ich so irreführend sein können, lohnt sich die Überlegung, daß unsere im Geschäft begründeten Definitionen von Organisation ebenso täuschen könnten. Unsere jetzigen Modelle sehen ein Unternehmen zum Beispiel so, wie die traditionelle Biologie ein Individuum sieht – als die Grundeinheit. In den letzten paar Jahrzehnten haben wir dies immer mehr verkleinert und die kleinste lebensfähige Geschäftseinheit gesucht, etwas, das symbiotisch innerhalb des größeren Wesens zusammenlebt.

Führt man diese Logik bis zum Extrem, so ist die unteilbarste Geschäftseinheit das Individuum; potentiell *ist* jeder Angestellte ein Geschäft. Vielleicht machen Nanotechnologie und Bioproduktion eines Tages sogar Geschäfte aus unseren winzigsten Teilen. In der Mitte des 21. Jahrhunderts betreiben Unternehmer vielleicht Geschäfte, deren gesamte Produktionsanlagen im Inneren ihres Körpers liegen. Eine solche Sicht paßt besser zur revisionistischen Biologie als zur Schulbiologie. Ähnlich werden Formen der Interorganisation weit mehr Bedeutung haben, als unser Verständnis von Organisationen bislang erklärt – mehr Bakterien in Form von Firmen schließen sich zu immer größeren Gebilden zusammen.

Molekulargenetiker sind nahe an einem Verständnis „gewisser Eigenschaften vielzelliger Systeme, die nicht aus einzelnen Zellen, sondern aus der Interaktion zwischen ihnen entstehen".[5] Wenn wir diese Denkweise auf Unternehmen anwenden, so stellen wir uns diversifizierte Firmen vor, die nicht durch das Wachstum von Teilen entstehen, sondern durch deren Wechselwirkungen. Bis jetzt waren Versuche mit diesen neuen Formen eher durch soziale und politische Philosophien und durch Theorien über die Einsparung durch Masse angeregt als durch die naturwissenschaftliche Erforschung mikroskopischer Wesen.

Supraleitendes Management und aktivierte Organisation

Kreatives Nachdenken über Management und Organisation muß nicht unbedingt warten, bis die wissenschaftlichen Grundlagen entwickelt genug sind, um Techniken darauf aufzubauen. Es kann in Metaphern fast spielerisch beginnen und dann vielleicht zu einem Durchbruch führen, der gleichzeitig praktisch magisch und magisch praktisch ist. Dieses spielerische Nachdenken, das sich aufgrund naturwissenschaftlicher Theorien künftige Management-Theorien vorstellt, läßt sich ernsthaft auf jede Entwicklung anwenden, um ihre Implikationen zu durchdenken.

Obwohl in der nächsten Wirtschaft wahrscheinlich biologische Belange vorherrschen werden, sind zum Beispiel neue Entwicklungen in der Energie erstaunlich parallel zu unseren Fragen über Organisation. Erdöl ist die letzte Hauptenergiequelle, bislang wirtschaftlich und ökologisch akzeptabel. Gerade eben akzeptabel. Alternative passive Quellen wie Wind und Sonne haben sich nie als kostenrentabel erwiesen, und die Öffentlichkeit hat die Gefahren der Kernenergie nie völlig akzeptiert. Im letzten Jahrzehnt haben wir zwei neue Energiealternativen bekommen, eine extrem heiße und eine extrem kalte. Auf der Suche nach fast kostenloser Energie stieß man auf Kernspaltung und Supraleitung, Feuer und Eis. Die eine generiert und die andere bewahrt enorme Energie in ihrem jeweiligen Temperaturextrem, aber jede wäre nur wirtschaftlich, wenn sie bei nahezu Raumtemperatur möglich wäre. Die Fusion war ein Fiasko. Fusion bei Zimmertemperatur wurde 1989 ein Thema für Witze, aber tatsächlich ist die heiße Fusion das größere Fiasko, weil die US-Regierung in den letzten 40 Jahren 8,3 Milliarden Dollar für ihre Erforschung ausgegeben hat – ohne Ergebnis.

Bei der Supraleitung werden hingegen weiter Fortschritte gemacht, und wenn sie kostenrentabel wird, könnte die Wissenschaft und

Technik der Supraleitung ein wunderbares Paradigma für die Überwindung uralter Organisationsprobleme werden:

Supraleitung

In der Wissenschaft	In Organisationen
1. Ein Supraleiter ist ein Material, durch das Energie ohne Widerstand fließt.	1. Eine supraleitende Organisation ist eine Organisation, durch die Energie ohne Widerstand fließt.
2. Gewöhnliche Energieleiter wie Kupfer produzieren Widerstand, der in Wärme umgewandelt wird, ein unerwünschtes und nutzloses Nebenprodukt.	2. Gewöhnliche Energieleiter wie Manager produzieren Widerstand, der in Bürokratie umgewandelt wird, ein unerwünschtes und nutzloses Nebenprodukt.
3. Unter bestimmten Bedingungen der Umgebung gibt es supraleitende Materialien, doch sie sind oft spröde, und man kann nur schwer mit ihnen arbeiten.	3. Unter bestimmten Bedingungen der Umgebung gibt es supraleitende Manager, doch sie sind oft spröde, und man kann nur schwer mit ihnen arbeiten.
4. Im Jahr 1986 wurde unerwartet zum erstenmal gezeigt, daß manche Materialien unter besonderen Bedingungen, die sich zu fast vertretbaren Kosten aufrechterhalten lassen, supraleitend sind.	4. Im Jahr 20?? wird vielleicht zum erstenmal gezeigt, daß manche Manager unter besonderen Bedingungen, die sich zu fast vertretbaren Kosten aufrechterhalten lassen, supraleitend sind.

5. Die Entdeckung wurde von Außenseitern gemacht, die „schwarz" arbeiteten, ohne ausdrückliche Zustimmung der Leitung.	5. In der Grundstruktur der supraleitenden Organisation können Außenseiter hypothetisch leichter gedeihen.
6. F & E sucht nach supraleitenden Materialien.	6. Wir suchen ständig nach supraleitenden Managern.

Ein anderes Beispiel dafür, wie aufgrund wissenschaftlicher Theorien Management-Theorien gedacht werden können, ist die faszinierende Frage, wie eine Zelle weiß, was sie sein und tun soll. Wir alle beginnen als befruchtete Eizelle, die sich im frühen Embryo in anfänglich identische Zellen teilt und dann zu einem Fötus aus Zellen mit vielen spezialisierten Funktionen wird. Woher wußten unsere Muskelzellen in diesem Prozeß, daß sie Muskelzellen werden sollten und nicht Knochen- oder Blutzellen? Die Wissenschaft kommt einer Antwort jetzt sehr nah, und dann wird diese Frage auch für unser Verständnis künftiger Organisationsmodelle relevant.

Harold Weintraub isolierte 1987 im Hutchinson-Krebszentrum in Seattle ein Gen, das die Eigenschaften von Muskelzellen bestimmt, das „myoD". In einer bemerkenswerten Versuchsreihe wurden Kopien des myoD-Gens in verschiedene Arten von Zellen eingebracht – zum Beispiel Fett, Knorpel und Haut; dadurch wurden sie zu Muskelzellen. Die Ergebnisse waren verblüffend, denn Muskeln haben eine äußerst komplexe Struktur, ganz anders als andere Zellen. Eine mit dem myoD eng verwandte Genfamilie bestimmt die spezialisierten Funktionen einer Zelle, indem sie große Zahlen anderer Gene aktiviert, wodurch den Zellen spezialisierte Funktionen „zugewiesen" werden. In den Zellen des frühen Embryos haben alle Gene das Potential, aktiviert zu werden. Sobald Zellen sich spezialisieren, verlieren sie aber anscheinend ihre Fähigkeit zur Teilung.

Die Implikationen und Analogien sind auffallend. In der Wissenschaft ist zum Beispiel wahrscheinlich zu erwarten, daß jemand ein myoD-Gen in Krebszellen einbringt, um sie an der weiteren Teilung zu hindern. Ein ähnlicher Prozeß findet in der Sprachentwicklung statt. Im Alter von einem Jahr haben Kleinkinder die Fähigkeit, jede menschliche Sprache zu lernen. Nur wenige Jahre später, wenn sie sich auf eine Sprache spezialisiert haben, schwindet ihre Fähigkeit, andere Sprachen zu lernen. Wir können dieses Wissen nutzen, um uns neue Methoden der Organisation vorzustellen. Wie die Zellen eines Embryos sind die Funktionen der Mitarbeiter am Anfang jeder Firma oder anderen Institution noch recht undifferenziert. Wenn die Institution wächst, spezialisieren sich die Mitarbeiter generell, und dann läßt ihre Fähigkeit zur Teilung nach, bis sie ganz aufhört. Wenn die Entsprechung des myoD für Organisationen nicht vorhanden ist, bildet die Organisation Metastasen, und das Geschäft geht ein.

Wir sehen aus diesen Beispielen der Supraleitung und der Zelldifferenzierung, daß wissenschaftliche Entdeckungen, wenn sie gerade gemacht worden sind und noch weit von der täglichen Anwendung entfernt sind, zu nützlichen Metaphern werden. Die Metaphern gewöhnen uns daran, auf neue Weisen zu denken, bevor wir Mittel haben, sie in die Praxis umzusetzen. „Turbogeladene Information", „Echtzeit-Organisationen", „aktivierte Organisationen" und „supraleitendes Management" sind Beispiele für diese Neigung. Metaphern für die nächste Wirtschaft warten schon in den jetzigen wissenschaftlichen Entdeckungen. Es wird viele Manager-Generationen dauern, bis einige davon Praxis geworden sind, aber allein die Vorstellung regt unser Denken an und gibt uns Bilder, wenn auch keine Pläne, von neuen Möglichkeiten.

Über die Vision 2020 hinaus: Wie können wir die Evolution akzeptieren und trotzdem glauben, daß sie bei uns stehenbleibt?

Bis wir in die Biowirtschaft eintreten, werden wir die Verschmelzung von Genetik und Computern erreicht haben. Diese Verschmelzung wird uns in zwei ganz verschiedene Richtungen führen: Eine wird biologisch und tiefer in uns selbst sein, die andere chemisch und viel weiter entfernt in Zeit und Raum.

Bei der Wendung nach innen wird es in der Biowirtschaft *organische Substanzen auf Kohlenstoffbasis geben, die wie Halbleiter funktionieren.* Computer werden in den Körper eingebracht; nicht wie Herzschrittmacher und Hörgeräte, die hineingeflickt werden, sondern – durch die Mikrotechnologie – wie Zellen, die in unsere Körper absorbiert und integriert werden. Bedenken Sie, daß 90% der Zellen, die wir als „wir" bezeichnen, nicht unsere Gene haben. Die Mikrotechnologie wird ihnen einige hinzufügen. Die Wissenschaft weiß noch nicht, wie ein Molekularcomputer aussehen wird, obwohl Forschungsstätten wie die Carnegie-Mellon-Universität Zentren für Molekularelektronik eingerichtet haben. Dennoch schrecken viele bei Worten wie „Biochip" zurück, weil sie Erwartungen wecken, die weit über die in nächster Zeit mögliche Realität hinausgehen. Prototyp-Speicher werden seit etlichen Jahren angekündigt, sind aber, wie die Biowirtschaft selbst, noch nicht da.

Bei der Wendung nach außen wird es in der Biowirtschaft *anorganische Substanzen auf Siliziumbasis geben, die gehirnähnliche Funktionen haben.* In künftigen Wirtschaften werden immer mehr Eigenschaften, die wir organischem „Leben" zuschreiben, auf nichtorganische Gebilde übergehen, die außerhalb unseres Körpers existieren. Aber sind Computer die nächste Lebensform? Prof. Robert Jastrow, der Gründer des Goddard-Instituts der NASA, kommt in seiner faszinierenden Untersuchung der Evolution von Intelligenzen auf der Erde zu diesem Schluß: „Das Zeitalter des Lebens mit Kohlenstoffchemie neigt sich auf der Erde dem Ende zu, und es beginnt ein neues Zeitalter des Lebens auf Siliziumbasis – unzerstörbar, unsterblich, unendlich erweiterbar.“[6] Langfristig mögen Forscher wie Jastrow recht haben, aber wir glauben, daß ein solches Zeitalter noch viele Wirtschaftsepochen entfernt ist und nicht in der nächsten anbricht.

Andere kommen der Wahrheit vielleicht näher. Roger Penrose, der Oxforder Mathematiker und Forschungspartner des berühmten Stephen Hawking, glaubt zum Beispiel, daß für die Funktion des Hirns wahrscheinlich Quantenphänomene relevant sind.[7] Er meint, sie könnten eines Tages Eigenschaften wie Intuition, Urteilsvermögen und Emotionen erkennen, sieht diese allerdings als Merkmale von Menschen und Tieren, nicht von Computern.

Die Rechenkapazität der heutigen neuronalen Netze ist noch immer geringer als die einer Küchenschabe, von einem intelligenteren Tier oder Menschen ganz zu schweigen. Beim Zusammenkommen von Genetik und Computern ist die Gehirn-Analogie deshalb nicht für den Umfang gültig, sondern für die Weise, in der Information mit neuronalen Computern verarbeitet wird. Computer werden mehr als genug Speicherkapazität haben, um ebenso viel Information aufzunehmen und zu behalten wie das menschliche Gehirn. Die Aufgabe für die Technologie nach den 2020er Jahren wird die Weise der Informationsverarbeitung sein. In der Mitte zwischen Molekülen und Sternen wird die Technologie des Gehirns ein Weg in unsere ferne Zukunft sein.

Der Weg in die Biowirtschaft wird der mikrotechnologische sein und über die Gentechnik führen. Unsere Reisen zu noch ferneren Wirtschaftsformen und Welten könnten jedoch über die makrobiologische Evolutionstechnik führen. Hierfür müßten wir uns selbst aus dem Mittelpunkt des Universums verabschieden. Dann könnten wir erstaunlich weit an unserer eigenen evolutionären Zukunft beteiligt sein. Viele schreckt die Vorstellung von Leben, das nicht auf Kohlenstoffbasis existiert. Sie fragen: Wie können die unfaßbaren Eigenschaften des Menschen an Computer weitergegeben werden? Wir müssen allerdings die Gegenfrage stellen: Wie können wir die Evolution akzeptieren und gleichzeitig glauben, sie bliebe bei uns stehen?

Wenn sie nicht bei uns stehenbleibt und wir die Evolution von intelligenteren Wesen als uns selbst akzeptieren, woher kommen diese dann? Wenn Arten nicht plötzlich *de novo* auftauchen, sondern sich aus früheren Arten entwickeln, könnten die Menschen dann nicht Formen entwickeln, die intelligenter sind als sie selbst? Wir glauben offenbar, daß die Affen dies taten. Sind wir nicht mindestens so fähig wie sie zu einem solchen kreativen Ladeprogramm waren? Wenn wir diese Spekulation zulassen, sollten wir von den wissenschaftlichen und technischen Fortschritten von heute die wahrscheinlichen Formen unserer künftigen Geschäfte, unserer künftigen Wirtschaften und vielleicht sogar unserer Nachfahren erwarten.

Anmerkungen

1. Kapitel: Gerade ausgewachsen, aber noch nicht reif

1. Englisch „informationalize“ (d. Ü.). Manche englischsprachigen Autoren ziehen „infotize“, „infomate“ oder „informate“ vor. Außerdem wird „Info“ mit anderen Wörtern zu „infotainment“, „infomediary“ (Informationsvermittler), „infotrate“ usw. kombiniert. Keines von diesen, einschließlich „informationalisieren“, klingt sonderlich gut. Wir verwenden es, weil es sich besser selbst erklärt und vollständiger ist, wenn auch schwerfällig. Wir vermuten, daß „industrialisieren“ ebenso unnatürlich klang, als es zuerst verwendet wurde.
2. Clifford Adelman, „On the Paper Trail of the Class of ’72“, *New York Times*, 22. Juli 1989, 25.
3. Berichtet in *Made in America, Regaining the Productive Edge* von Michael L. Dertouzos, Richard K. Lester und Robert M. Solow, Cambridge, MIT Press 1989, 84.

3. Kapitel: Den Turbolader in Ihrem Unternehmen finden

1. *Wall Street Journal*, 22. September 1988.

4. Kapitel: Ist es Zeit, Ihre Organisation kaputtzumachen, bevor sie Ihr Geschäft kaputtmacht?

1. Joseph Schumpeter, *Capitalism, Socialism, and Democracy*, New York, Harper & Row 1950, 83 (Kursiv und Großbuchstaben von Schumpeter).

2. In einem Artikel, der vor fast 20 Jahren im *Harvard Business Review* erschien, „Evolution and Revolution as Organizations Grow“, Juli/August 1972, beschreibt Larry Greiner ein Muster der Abwechslung von relativ langen stabilen Perioden und relativ kurzen Perioden radikalen Wandels. Jedes Lang-Kurz-Paar repräsentiere einen Zyklus, nach dem die Organisation eine höhere Ebene der Integration und Komplexität erreiche. In seinem Modell sterben Organisationen nie, wenn sie nicht kaputtgemacht werden. Sie schreiten zu immer größeren und besseren Formen fort. Eine weitere frühe Behandlung dieser Ideen findet sich in den Beiträgen in *The Organizational Life Cycle: Issues in the Creation, Transformation, and Decline of Organizations,* ed. John R. Kimberly und Robert H. Miles, San Francisco, Jossey-Bass 1980.
3. Vgl. William L. Shanklin, „Fortune 500 Dropouts“, *Planning Review* 14, Nr. 3 (Mai 1986), 12–17.
4. Ira Magaziner und Mark Patinkin, *The Silent War,* New York, Random House 1989, 297.

5. Kapitel: Auf Schienen, die man nicht gelegt hat, kann man nicht fahren

1. S. Umano, *The Law of Technological Civilization,* Tokio, Kodansha 1984.
2. Kakuei Tanaka, *Building a New Japan: A Plan for Remodeling the Japanese Archipelago*, Tokio, Simul Press 1972.
3. Shintaro Ishihara, *The Japan That Can Say No,* New York, Simon & Shuster 1991, 21.

6. Kapitel: Zwischen Molekülen und Sterben: Dimensionen der nächsten Wirtschaftsordnung

1. Für diejenigen, die jene fernen Perspektiven erkunden möchten, wurden die Grundlagen schon 1959 von dem außergewöhnlichen Wissenschaftler Richard Fenyman in einer Rede vor der American Physical Society dargelegt: „There's Plenty of Room at the Bottom" („Unten ist massenhaft Platz"). Die anerkannte Bibel der Nanotechnologie ist K. Eric Drexlers *Engines of Creation*, New York, Anchor Doubleday 1986.
2. Vgl. James Gleicks ausgezeichnete Einführung in diese Wissenschaft in *Chaos, Making a New Science,* New York, Viking 1987.
3. G. Steven Burrill und Ernst & Young High Technology Group, *Biotech 90: Into the Next Decade*, New York, Mary Ann Liebert 1989, 27. Ihr Jahresbericht ist wahrscheinlich der beste Führer zum Stand der Biotech-Industrie.
4. Der Klassiker *Lives of a Cell*, New York, Viking 1974, von dem Arzt Lewis Thomas argumentiert in diese Richtung. Ebenfalls bemerkenswert sind die Schriften des Yale-Molekularbiologen Harold J. Morowitz (vgl. zum Beispiel „The Ecosystem Within" in *Mayonnaise and the Origin of Life,* New York, Berkley Books 1986) und des Nobelpreisträgers Gerald M. Edelman, der das Institut für neurologische Wissenschaften an der Rockefeller-Universität leitet (vgl. zum Beispiel *Topobiology: An Introduction to Molecular Embryobiology,* New York, Basic Books 1989). Das Werk der Biologin Lynn Margulis von der Universität Mas-

sachusetts in Amherst ist hier wichtig. Das grundlegende Werk, das dem Durchbruch der Doppelhelix um drei Jahrzehnte voraus war, ist D'Arcy Thompsons *On Growth and Form* (1917).

5. Nicholas C. Spitzer vom Zentrum für Molekulargenetik der Universität Kalifornien in San Diego in „The Chicken and the Egg, Together at Last", *New York Times*, 22. Januar 1989.
6. Robert Jastrow, *The Enchanted Loom: Mind in the Universe*, New York, Simon & Shuster 1981, 162.
7. Roger Penrose, *The Emperor's New Mind: Concerning Computers, Minds, and the Laws of Physics,* New York, Oxford University Press 1989.

Danksagung

VISION 2020 wurde über einen Zeitraum von zweieinhalb Jahren geschrieben. Ein Buch zu schreiben kann eine lohnende oder eine schwierige Erfahrung sein, je nach der Beziehung zwischen den Autoren, und wir haben beide den Wunsch, die beiderseitige Freude und Achtung anzuerkennen, die unsere Anstrengungen geprägt hat. Zusätzlich zu seiner Rolle als Mitautor hat Stan die ursprüngliche Konzeption und die Anregung für dieses Buch eingebracht und das gesamte Manuskript in seiner Entstehung begleitet.

Das Buch gewann auf Kundenseminaren Gestalt, die wir für Applied Learning gemeinsam leiteten, das jetzt zur National Education Corporation gehört. Apple hat wertvolle Ausrüstung und technische Hilfe zur Verfügung gestellt, namentlich durch Greg Joswiak, und uns damit die Kommunikation zwischen unseren Büros an entgegengesetzten Enden des Landes erleichtert. Jim Routh, Lynné Des Lierres und Bob Glick waren sehr wichtig für ihre Hilfe im Büro an ihrem jeweiligen Ende.

Mehrere andere Unternehmen und akademische Zentren haben auf vielfache Weise Hilfe und Obdach gewährt. Sun Microsystems war ein wichtiger Sponsor für die Recherchen und das Schreiben. Die Beratung und Diskussion mit Führungskräften der Digital Equipment Corporation hat zur Ausrichtung und Gestaltung des Buches ganz erheblich beigetragen. Die Internationale Universität im japanischen Niigata, das Business Service Center in Perugia, Italien und IBMs brasilianisches Entwicklungsinstitut in Gavea haben zu verschiedenen Zeiten jeweils ausgezeichnete Rückzugsmöglichkeiten zum Denken und Schreiben geboten. Außerdem schulden wir der Graduate School of Business an der Universität von Südkalifornien sowie der School of Management an der Universität Boston Dank für ihre Geduld und Ermutigung.

Die Beiträge mehrerer Führungskräfte, Kollegen und Freunde haben uns geholfen, unsere Gedanken über einige zentrale Themen und die Organisation des Manuskripts zu schärfen. Besonders nennen möchten wir Mano Kampouris von American Standard, Robert Rochelle von Cambridge NeuroScience, Peter Maurice von Canada Trust, Gerhard Friedrich und Robert Hughes von Digital Equipment, Richard Rowe von Faxon, Barbara Babcock von der Gartner Group, Gary Getson von IBM Canada, Chuck Gibson von der Index Group, James Botkin von Interclass,, Roger Milliken von Milliken and Company, Peter Granick von Mobil Chemical, Howard Pifer von Putnam Hayes and Bartlett, Mary Standley und Ed Krueger von Southwestern Bell, Jerre Stead von Square D, Crawford Beveridge und Hilary Rochelle von Sun Microsystems sowie David Lee, früher bei TRW Information Services. Wichtige Anregungen und Feedback bekamen wir außerdem von Stephen Grossberg vom Center for Adaptive Systems an der Universität Boston, Brian Quinn von der Dartmouth Tuck School, Howard Stevenson von der Harvard Business School und Michael Washofsky von den Executive Education Programs der Universität Hawaii. Joel Friedman, George Gibson, Peeter Kivestu und William Patrick gaben uns wichtige Hinweise. Unser Literaturagent Rafael Sagalyn und unsere Lektoren Frederic Hills und Burton Beals haben die Flüssigkeit und Spannung des Buches sehr geschickt gestaltet. Wir danken auch Daphne Bien von Simon & Shuster, die immer hilfreich war. All diesen Menschen und Institutionen und vielen anderen, die wir nicht genannt haben, gilt unser Dank.

Am meisten Dank schulden wir unseren Familien für ihr Verständnis und ihre Opferbereitschaft. Bills geliebte Frau Anneke hat diesem Buch unschätzbare Unterstützung gegeben, während sie gleichzeitig ihre eigene Doktorarbeit abschloß. Stans liebe Frau Bobbi war eine stetige Quelle der Ermutigung, und sie hat viele Graphiken und Ideen beigesteuert. Wir möchten ihnen und unseren Kindern Len, Rick, Hilary, Lisa und Michael sowie Ben, Jay und Brad für ihre Liebe danken.

STAN DAVIS
Chestnut Hill
Boston, Massachusetts

BILL DAVIDSON
Redondo Beach
Kalifornien

Stichwortverzeichnis